DUMONT

PHILIPP HEDEMANN

DER MANN, DER DEN TOD AUSLACHT

BEGEGNUNGEN AUF MEINEN REISEN DURCH ÄTHIOPIEN

DUMONT

Gestaltung: Herburg Weiland, München
Titelfoto: laif, Redux, Damon Winter
Umschlagkarte: Gerald Konopik, DuMont Reisekartografie
Printed in Spain
ISBN 978-3-7701-8251-0

www.dumontreise.de

Für Shinta

INHALT

Vorwort

»Die Hyäne hinkt nur, bevor sie beißt«, lautet ein äthiopisches Sprichwort. Das ekelhafte Vieh, das gerade mit gesenktem Kopf und eingekniffenem Schwanz auf mich zu schleicht, hinkt. Eindeutig! Vielleicht war es doch keine so gute Idee, die Hyänen von Harar mit einem zwischen meinen Zähnen eingeklemmten Stöckchen, an dem ein stinkender Fetzen Kamelfleisch hängt, zu füttern.

Bevor ich bei Einbruch der Dunkelheit vorbei an zahllosen mit Münzen klimpernden und ihre Leprastümpfe präsentierenden Bettlern aus den Toren der heiligen Stadt im Osten Äthiopiens gehe, habe ich mich ein bisschen über Hyänen schlau gemacht. Der Leumund der Tüpfelhyäne, mit der ich es gleich zu tun haben werde, ist nicht unbefleckt.

»Unter sämtlichen Raubthieren ist sie unzweifelhaft die mißgestaltetste, garstigste Erscheinung; zu dieser aber kommen nun noch die geistigen Eigenschaften, um das Thier verhaßt zu machen«, schrieb Alfred Brehm vor rund einhundertfünfzig Jahren. Neuere Literatur über die Hyäne ist etwas weniger emotionsgeladen, aber nicht weniger Furcht einflößend. Auf Wikipedia heißt es ganz entgegen meiner Annahme, dass die Viecher sich nicht von Aas ernähren, sondern fast ihre gesamte Beute selbst erlegen: »Sie haben eine sehr hohe Bandbreite an Beutetieren, das Spektrum reicht von Insekten bis Elefanten.« Irgendwo zwischen Insekt und Elefant ordne ich mich ein. Wikipedia lehrt mich auch, dass Tüpfelhyänen Beißkräfte von über neuntausend Newton (was auch immer das heißen mag) entwickeln. Der nächste Satz ist für mich verständlicher. »Sie sind in der Lage, die Beinknochen von Giraffen, Nashörnern und Flusspferden aufzubrechen, die über sieben Zentimeter Durchmesser haben.« Ich fürchte, die Kiefer der Hyänen hätten mit meinen dünnen Beinchen nicht allzu viele Probleme.

Aber Yusuf Mumé Salih hat gesagt, es sei noch nie etwas passiert. Und er muss es wissen. Schließlich füttert er die Viecher seit zwanzig Jahren. Jeden Abend. Also verlasse ich mich auf seine Statistik, als ich mich mit dem Stock im Mund hinknie und Yusuf den Fleischfetzen an den Stock hängt.

Doch als die Hyäne auf mich zu humpelt, kommt mir doch eher mein Wikipedia-Wissen in den Sinn. Im Internet hieß es, dass Hyänen einen »gut entwickelten Analbeutel« haben, aus dem sie ein weißliches oder gelbliches, streng riechendes Sekret zur Reviermarkierung abgeben, aber ich rieche nur meinen eigenen Angstschweiß. Auch von dem sprichwörtlichen Kichern höre ich nichts. Kein gutes Zeichen! Denn laut Wikipedia würde das Kichern bedeuten, dass die Hyäne sich unterordnet. Das sich langsam auf mich zu bewegende Vieh akzeptiert mich also nicht als Leittier. Mist! Dann geht alles sehr schnell. Die unansehnliche Kreatur schnappt zu und verschwindet mit ihrer Beute. Hyänenmann Yusuf und die Statistik haben wieder mal recht behalten. Zum Glück.

Die Hyänenfütterung in Harar hat eine lange Tradition. Selbst Haile Selassie, der letzte Kaiser Äthiopiens, hat dem Ereignis schon beigewohnt. Der Brauch soll auf das 16. Jahrhundert zurückgehen. Damals ließ Emir Nur zum Schutz Harars eine mächtige Stadtmauer errichten. Doch das über drei Kilometer lange und bis zu fünf Meter dicke Bollwerk machte das Leben in der muslimischen Stadt nicht sicherer, sondern gefährlicher! Immer häufiger griffen nach dem Mauerbau Hyänen Menschen an. Also beschloss der Emir, den Hyänenkönig mit dem schneeweißen Fell zu treffen. »Der Hyänenkönig sagte dem Emir, dass er und sein Volk böse seien, da sie wegen des Mauerbaus nicht mehr in die Stadt könnten, um den Abfall und das tote Vieh zu fressen«, erzählt mir Edom Mulugeta, der mich zum Hyänenfütterungsplatz vor der Stadtmauer geführt hat.

Der Emir und der Hyänenkönig einigten sich auf einen Deal. Die Menschen mussten in ihrer neuen Mauer neben den sechs großen Toren mehrere kleine Schlupflöcher für die Hyänen schaffen und sie einmal im Jahr mit dem füttern, was sie selbst essen, mit dem *genfo* genannten Getreidebrei. Zum muslimischen Neujahrsfest servieren Priester den Hyänen seitdem eine Schale des Breis. Normalerweise steht Getreide nicht auf dem Speisezettel der Fleischfresser, doch an diesem Tag ist es für die Bewohner Harars überaus wichtig, dass die vegetarische Speise den Raubtieren mundet. Rühren sie den Brei nicht an, bedeutet das Unglück für die Stadt. Fressen sie alles auf, ist es auch nicht gut, denn dann droht den Hararis im kommenden Jahr Hunger. Am besten ist es, die Viecher lassen ein bisschen in der Schale zurück. »Wir gießen viel flüssige Butter auf den Brei. Nur wenn der Hyänenkönig in der Butter sein Spiegelbild erkennen kann, ruft er sein Volk, um auch vom *genfo* zu essen«, erklärt Edom mir.

Und die Hyänen dienen nicht nur als Orakel und kostenlose Müllabfuhr, sie säubern die Stadt auch noch von Dschinns. Menschen können diese bösen Dämonen nicht sehen, aber die Hyänen erspähen sie mit ihren Knopfaugen und schätzen sie als Delikatesse. »Nur die Fingernägel der Dschinns können sie nicht verdauen. Manchmal finden wir sie im Erbrochenen der Hyänen«, sagt Edom mit großer Ernsthaftigkeit.

Es ist fast drei Jahre her, dass Edom mir diese Geschichte erzählte. Wenige Tage zuvor hatte ich meinen Redakteursjob in London aufgegeben, war, ohne je zuvor in Äthiopien gewesen zu sein, in die Hauptstadt Addis Abeba gezogen. Meine Freundin hatte dort als Beraterin der deutschen Entwicklungshilfeorganisation Gesellschaft für Internationale Zusammenarbeit einen Job am Hauptsitz der Afrikanischen Union angenommen. Ich wollte als freier Korrespondent auf der Suche nach spannenden Geschichten durch das mir damals noch völlig unbekannte Äthiopien reisen. Ich wollte mehr über Geister fressende Hyänen erfahren, ich wollte ein einzigartiges, geheimnisvolles, widersprüchliches Land im Umbruch kennenlernen, das fast dreißig Jahre nach einer verheerenden Hungersnot, die eine Million Menschenleben forderte, das Image von Hunger, Not und Rückständigkeit endlich überwinden möchte.

Auf meinen Reisen habe ich Menschen getroffen, die hart daran arbeiten, dass sich das Bild Äthiopiens endlich ändert, und ich habe Menschen getroffen, denen es kaum besser geht als den Kindern mit den aufgeblähten Bäuchen und den großen Augen, die Mitte der Achtzigerjahre des vergangenen Jahrhunderts über Fernsehbildschirme auf der ganzen Welt flimmerten. Ich habe eine jahrtausendealte Kultur kennengelernt und spektakuläre Landschaften gesehen. Ich habe Freunde gefunden, ich habe gelacht, ich habe den Kopf geschüttelt, ich habe geflucht, ich habe manchmal die Hoffnung aufgegeben und sie meist schnell wieder gewonnen, ich habe Angst und Freude empfunden. Verstanden habe ich Äthiopien immer noch nicht. Aber ich habe mir Mühe gegeben.

Kapitel 1

Der Mann, der den Tod auslacht

In Äthiopien ist, das begreift man schnell, manches einfacher, wenn man es mit Humor nimmt. Doch für die meisten Menschen gibt es in dem nach wie vor armen Land nicht viel zu lachen. Auf meinen Reisen in andere afrikanische Länder höre und sehe ich erheblich mehr Menschen lachen. In Äthiopien hingegen umgibt die Menschen eine mal traurige, mal leidende, oft stolze und fast immer misstrauische Schwermütigkeit. Über das »krankhafte Misstrauen der Amhara«, einer der in Äthiopien dominierenden Ethnien, schrieb der polnische Journalist und Äthiopienkenner Ryszard Kapuściński vor fünfunddreißig Jahren: »Man kann niemandem trauen, nicht einmal einem anderen Amhara, man kann auf niemanden zählen, denn die Absichten des Menschen sind schlecht und verräterisch und alle Menschen Verschwörer. Die Philosophie der Amhara ist pessimistisch und traurig, und traurig sind daher auch ihre Augen, aber gleichzeitig wachsam und forschend, ihre Gesichter ernst, die Züge straff, und sie lächeln nur selten.« Für viele Amharen und andere Äthiopier gilt das noch heute.

Umso erstaunter war ich, als ein Freund mir erzählte, dass der amtierende Lachweltmeister – ja, den gibt es – ausgerechnet in Addis Abeba wohnt. Ich beschloss, eines seiner Lachseminare aufzusuchen. Als ich Belachew Girma das erste Mal sah, kugelte er sich, in einen weißen Kittel gehüllt, auf dem Boden und lachte hysterisch. Seine Augen traten hervor, Schweiß und Tränen rannen über sein erhitztes Gesicht, aus den Mundwinkeln quoll Spucke. Er zuckte mit den Beinen, ruderte mit den Armen, dann zerrte er an seiner eng gebundenen Krawatte, um Luft zu bekommen. Ist der Mann verrückt geworden? Hat er Drogen genommen? Muss ich einen Arzt rufen, fragte ich mich als der scheinbar Irre plötzlich aufstand, sich Schweiß, Speichel und Tränen aus dem Gesicht wischte, einmal tief durchatmete und dann mit einer erstaunlich tiefen und ernsten Stimme sagte: »Jetzt möchte ich, dass du so lachst.«

Ich weiß, dass ich das nicht kann. Belachew ist Lachweltmeister, ich bin Lachamateur. In Dachau lachte er im Jahr 2008 drei Stunden und sechs Minuten. Am Stück. Ich glaube, ich hatte in meinem ganzen Leben nur einen echten Lachkrampf, und der liegt Jahre zurück. Und auf Befehl lachen kann ich erst recht nicht. Doch laut Belachews Homepage kann man das lernen. Ich wollte es probieren.

Die zweiundzwanzig Äthiopier, die sich zum Lachseminar angemeldet haben, finden es sehr lustig, als ich das erste Mal versuche, auf Befehl zu lachen, und fangen an zu kichern. Ich finde es nicht so lustig, habe eher das Gefühl, sie lachen über mich, nicht mit mir. Nach ein paar endlosen Lachsekunden werde ich erlöst. Belachew geht zum nächsten Kursteilnehmer. Er hat offensichtlich schon ein bisschen mehr Routine als ich, sein Lachen klingt nicht so gekünstelt, nicht so gequält wie meins. Aber so richtig von innen kommt es auch noch nicht.

»Wir geben Training, wie man über Hunger und Zerstörung lacht«, hieß es auf der Homepage des Lachinstituts. Ich würde eigentlich lieber über heiterere Dinge lachen, aber wenn ich nach dem Training selbst über Bedrückendes, Trauriges und Furchtbares lachen kann, kann mir das auf meinen Reisen durch Äthiopien sicher nicht schaden, dachte ich mir. Also meldete ich mich bei dem komischen Vogel, der im Internet mal im Anzug, mal im T-Shirt, aber immer mit vor Lachen weit aufgerissenem Mund zu sehen ist, zum Seminar an. Die Teilnahme an vier Sitzungen der ersten Lachschule Afrikas kostet vierhundertfünfzig Birr, umgerechnet rund achtzehn Euro, etwa so viel, wie ein ungelernter Arbeiter im Monat verdient. Neben den lautstarken praktischen Übungen bekomme ich dafür per Powerpoint-Präsentation auch Kalenderspruchweisheiten wie »Wenn das Leben dir eine Zitrone gibt, quetsche sie aus und mache eine Limonade daraus«, oder »Niemand ist arm, solange er noch lachen kann«, verabreicht. Ich finde die Sprüche nicht soooo witzig, aber die Streber im Kurs quittieren alles mit schallendem Gelächter, versuchen gar, das Gegluckse des großen Meisters zu übertönen.

Alemayehu ist ein ergebener Jünger des Lachgurus. Als er mit Schnappatmung in das Dauerlachen des Weltrekordlers einstimmt, treten dicke Adern auf seiner Stirn hervor, doch auch die strammen Blutgefäße lenken den Blick nicht von seiner rechten Wange. Ein Krebsgeschwür, so groß wie eine Apfelsine, hat das Gesicht grotesk entstellt. »Ich kann den Krebs nicht weglachen, aber das Lachen hilft mir, mit ihm zu leben. Seitdem ich gelernt habe zu lachen, muss ich keine Schmerzmittel mehr nehmen«, sagt der achtundfünfzigjährige Ingenieur. Schulmediziner würden über den Musterschüler des Lachweltmeisters vielleicht lachen, Belachew tut es nicht. »Ich war mal HIV-positiv. Jetzt bin ich gesund. Gott hat mich geheilt, und Lachen ist die beste Medizin«, sagt er mit einer Stimme, die keinen Widerspruch duldet. Mit Gott und Galgenhumor begann vor über zehn Jahren Belachews sonderbare Wandlung vom suizidalen Drogenabhängigen zum dauerlachenden Selfmade-Psychologen.

Belachew erzählt mir, dass er einst Lehrer war, es sogar zum Direktor einer Grundschule gebracht hatte. Doch als Lehrer kann man in Äthiopien kaum Geld verdienen. Da legte der Pädagoge sich einen Hund zu, brachte ihm ein paar Kunststückchen bei und trat mit dem Tier auf. Das Publikum mochte den komischen Kerl mit dem Hund, und der komische Kerl mochte das Publikum. Nach der Hundenummer gründete er eine Band, zog mit der Truppe durchs Land. Die Gagen waren nicht schlecht. Belachew konnte sich bald einen kleinen Laden und ein Hotel kaufen. Außerdem blieb noch viel Geld für Qat. Jahrelang kaute Belachew die in Äthiopien weitverbreiteten, berauschenden Blätter. Den bitteren Geschmack spülte er mit reichlich Alkohol runter. Im Qat-Wahn lernte er die falschen Leute kennen, eröffnete einen Nachtclub, verdiente mit Prostituierten sein Geld – und schlief mit ihnen. Ihm war die Kontrolle über sein Leben entglitten.

Sein Hotel und sein Laden brannten ab. Als er beides gerade wieder aufgebaut hatte, wurden seine Anstrengungen durch eine Überflutung wieder zunichte gemacht. Als seine erste Frau krank wurde, ging auch Belachew zum Arzt. Kurz nachdem er die Diagnose HIV-positiv erhalten hatte, starben seine Frau und eine Liebhaberin. »Sie hatten es von mir. Ich wollte nicht mehr, ich wollte ihnen nachfolgen«, erzählt Belachew und zeigt mir ein Foto aus seinen dunkelsten Tagen. Im Qat-Delirium zielt er mit einem Revolver auf eine Flasche Bier, die er auf seinen Füßen balanciert. In jenen Tagen dachte er oft darüber nach, mit der Waffe nicht nur auf den Dämon Alkohol, sondern vor allem auf den eigenen Kopf zu zielen. Er machte es nicht. Stattdessen fielen dem vom Glauben abgekommenen Christen eine Bibel und eines der zahlreichen in Afrika kursierenden Selbsthilfebücher mittlerer Qualität in die Hand. Darin wurde die heilende Wirkung des Lachens angepriesen.

»Ich verschlang die beiden Bücher und beschloss, mein Leben zu ändern. Ich hörte auf, Qat zu kauen und zu trinken, und fing an, zu lachen, auch wenn ich eigentlich nichts zu lachen hatte«, erzählt Belachew. Zunächst lachte er meist gequält, in letzter Zeit immer häufiger zu Unterrichts- oder Rekordzwecken oder einfach nur so. In der Bibel liest Belachew täglich. Am besten gefällt ihm Vers 22, aus den Sprüchen, Kapitel 17: »Ein fröhlich Herz macht das Leben lustig; aber ein betrübter Mut vertrocknet das Gebein.« Die Bibel und das Lachen waren die Katalysatoren bei Belachews Wandel vom Saulus zum Paulus. Durch Belachew wurden zwei Mädchen zu Halbwaisen, jetzt hilft er Waisen dabei, sich zurück ins Leben zu lachen. Einmal in der Woche unterrichtet er ehrenamtlich an Schulen, regelmäßig erteilt er Waisen, Halbwaisen und Straßenkindern kostenlos Lachtherapie. Ich habe mir das mal angeschaut.

Zuerst blickt Helima noch verschüchtert zu Boden, als Belachew sich im Garten einer Einrichtung, die sich um Straßenkinder kümmert, vor sie kniet und laut beginnt zu lachen. Als der sechsfache Vater sich seinen für äthiopische Verhältnisse stattlichen Bauch bereits vor Lachen hält, stimmt endlich auch Helima in das Gegluckse ein, bald laufen ihr Tränen über die Wangen. »Wenn Belachew kommt, bin ich immer glücklich. Er hat mir gezeigt, wie man einfach so anfangen kann zu lachen«, sagt die Zehnjährige, die vor fünf Jahren mit ihrem Vater auch ihr Lachen verlor.

»In Äthiopien gibt es viele Probleme. Wenn wir lachen, können wir sie einfacher lösen«, erklärt Belachew mir. Im »Guinness Buch der Rekorde« findet man seine Spitzenleistung übrigens nicht, weil die Bibel der Höchstleistungen Dauerlachen nicht als Rekord akzeptiert. Den Halter des inoffiziellen Rekords wurmt das, denn für ihn ist Dauerlachen eine sportliche Höchstleistung wie andere eingetragene Rekorde auch: »Wenn du mehr als drei Stunden am Stück gelacht hast, bist du fix und fertig. Das ist ein Work-out für den ganzen Körper. Du hast danach Muskelkater an Stellen, von denen du gar nicht wusstest, dass du da Muskeln hast. Im Kopf bist du danach leer wie ein neugeborenes Baby, und du willst nur schlafen«. So beschreibt der Lachsportler, der kaum Witze kennt, eine Erfahrung, die ich wohl auch trotz Training beim großen Meister nie machen werde. Spaß gemacht hat das Lachseminar trotzdem. Oft, wenn mir auf meiner Reise durch Äthiopien überhaupt nicht nach Lachen zumute war, habe ich an Belachew gedacht. Manchmal hat es geholfen.

Kapitel

2

Mittelalter und Moderne

In Addis Abeba koexistieren Mittelalter und Moderne. Doch die Moderne, die manchmal wie die Zukunft aussieht, zeigt dem Mittelalter immer häufiger und immer schneller, dass ihre Zeit gekommen ist. Vor unserem Haus stampft ein etwa vierzehnjähriges Mädchen mit einem schweren, unförmigen Stamm Getreide. Ihre Muskeln treten an ihren sehnigen Oberarmen hervor, bevor sie den Stößel, der fast so groß wie sie selbst ist, mit voller Wucht in den grob behauenen, hölzernen Mörser donnern lässt. Ich sehe sie, wenn ich am Schreibtisch sitze.

Das Mädchen lebt mit seiner Familie in einer Hütte aus Ästen, Lehm, Plastikplanen und Wellblech. Fließend Wasser gibt es dort nicht. In unserem von einem Wachmann beschützten Haus, das nur durch eine hohe, mit rasiermesserscharfem NATO-Draht bewehrte Mauer von der Hütte des Mädchens getrennt ist, gibt es fließend Wasser. Meistens zumindest. Es sei denn, es wird mal wieder gebaut. Dann macht der Wasserversorger einfach die Leitung dicht, und unser kompletter Stadtteil sitzt auf dem Trockenen. Spätestens nach ein paar Tagen kann man das riechen. Doch das ist die Ausnahme. Dennoch sieht es oft so aus, als könnte das Mädchen jederzeit unter die heiße Dusche steigen, und ich wäre derjenige, der in einer Hütte lebt. In der Trockenzeit mischen sich oft Schweiß und Staub auf meiner Stirn. In der Regenzeit spritzt mir der Schlamm auf der unbefestigten Straße, die zu unserem Haus führt, bis an die Waden. Das Mädchen dagegen wirkt stets wie aus dem Ei gepellt, sieht immer so aus, als hätte es sein einziges Kleid und seine Schuluniform gerade aus der Reinigung geholt.

Manchmal sehe ich das Mädchen, wenn ich mir morgens auf dem Balkon mit einer elektrischen Bürste die Zähne putze. Ich muss mir dabei einen meiner Frontschneidezähne mit den Fingern festhalten. Als ich vierzehn Jahre alt war, bin ich zusammengeschlagen worden; der Zahn stand danach waagerecht im Mund. Die schlimmsten Schmerzen, an die ich mich erinnern kann, hatte ich als ein Arzt ihn wieder gerade bog und mit meiner Zahnspange fixierte. Die »Brutalotherapie« wirkte, zumindest achtzehn Jahre lang. Bis ich in Äthiopien auf einem Kugelschreiber kaute, und es plötzlich laut krachte. Sofort unterstellte ich dem Stift minderwertige Qualität, doch als ich den Plastikschreiber aus dem Mund nahm, war er völlig unversehrt. Im nächsten Augenblick fiel mir mein Zahn aus dem Gesicht. Schmerzen hatte ich keine, da die Wurzel bereits einige Jahre zuvor gezogen worden war. Doch als ich in den Spiegel schaute, musste ich mit Erschrecken feststellen, dass ein einziger fehlender Zahn ein Gesicht ziemlich verändern kann. Nicht unbedingt zum Besseren.

Ich suchte in Addis Abeba allerlei Zahnärzte auf. Sie versuchten mit einer Art Fimo, Metall, Porzellan und Schrauben ihr Bestes. Einmal hatte ich einen phosphorisierend weißen Zahn, der im Dunkeln leuchtete, einmal fühlte ich mich an meine Wackelzahn-Grundschulzeit erinnert, einmal sah ich aus wie der Beißer aus den James-Bond-Filmen. Eines hatten alle Ersatzzähne gemein: Sie waren als Kauwerkzeuge weitestgehend ungeeignet und blieben nicht lange in meinem Mund. Einmal fiel mir der Zahn aus, als ich zu Besuch in Berlin war. In Deutschland gehört man ohne Frontschneidezahn nicht mehr dazu. Aus den Gesichtern der Menschen, die ihren Blick nicht von der klaffenden Lücke in meinem Gesicht abwenden konnten, konnte ich diese Gedanken ablesen: Seltsam, der Typ sieht gar nicht so aus, als würde er sich prügeln. Und warum ist sein Gesicht sonst ganz unverbeult? Ist er gefährlich? Warum geht er nicht zum Zahnarzt? Putzt er sich nicht die Zähne?

In Addis Abeba musste ich mich diesen Fragen nicht stellen. Wer in Äthiopien einen von zweiunddreißig Zähnen verliert, der lebt in der Regel mit einunddreißig Zähnen weiter. Wenn man trotz der Lebenserwartung, die derzeit bei knapp über sechsundfünfzig Jahren liegt, sehr alt wird, bleiben am Ende manchmal nicht allzu viele Zähne übrig. Während der bisweilen fehlende Zahn mich in Deutschland von der Mehrheitsgesellschaft trennte, gab er mir in Äthiopien endlich die zuvor so oft vermisste Street Credibility. »Du bist nicht so ein *ferenji,* der wegen jedes kleinen Wehwehchens gleich zu einem Arzt nach Europa oder Amerika fliegt«, sagte mir der Besitzer eines kleinen Ladens, in dem ich oft Eier, Milch und Brot kaufe, anerkennend. Als *ferenji* werden in Äthiopien alle Ausländer bezeichnet. Das aus dem Arabischen stammende Wort bezeichnete ursprünglich die aus dem mittelalterlichen Frankenreich stammenden Franken, wurde jedoch schon bald für alle Europäer verwendet.

Als ich ohne Zahn zum Einkaufen kam, zahlte ich das erste Mal keine *ferenji*-Preise mehr. Das änderte sich auch nicht mehr, nachdem eine Berliner Implantologin mir einen künstlichen Zahn eingesetzt hatte. Ihre Dienste waren deutlich teurer als die ihrer

Kollegen in Addis Abeba, aber immerhin hält der Zahn sich jetzt schon ein paar Monate in meinem Mund, auch wenn ich ihn beim Putzen festhalten muss.

Aber eigentlich wollte ich nicht von meinem Wackelzahn, sondern von den Zähnen des Mädchens mit dem Mörser und den starken Armen erzählen. Während ich mir die Zähne elektrisch und mit einer Pasta für schmerzempfindliche Zähne poliere, schrubbt sie sich die Zähne mit einem am Ende ausgefransten Stöckchen. Manchmal winkt sie mir dabei lächelnd zu. Ich lächele dann mit dem Schaum im Mund, der weißer als meine Zähne ist, zurück. Ihr Lächeln ist so strahlend weiß und makellos, dass sie problemlos Werbung für einen der vielen Zahnärzte machen könnte, die ich in Addis Abeba aufgesucht habe.

Neben der Hütte des Mädchens ist in den letzten Jahren ein hässlicher, achtstöckiger Klotz aus blaugrün getöntem Glas und einer metallisch glänzenden Fassade entstanden. Eigentlich sah er schon bei der Eröffnung wie eine kariöse Bauruine aus. Blaues Glas altert schnell und nicht in Würde. Doch meine Nachbarn sind stolz darauf, dass nun endlich auch in unserem Viertel so ein moderner Block steht. Bei seinem Bau konkurrierten noch Mittelalter und Moderne. Tagelöhner in zerfetzten Lumpen errichteten aus Eukalyptusbäumen, die an den dreitausend Meter hohen Hängen, die Addis Abeba umgeben, geschlagen wurden, schiefe Baugerüste. Teilweise barfuß (Sicherheitsschuhe und Helme kosten wahrscheinlich mehr, als diese Lohnsklaven im Monat verdienen) balancierten die Arbeiter auf einem zwischen zwei Stöcken genagelten Stück Blech monatelang Steine über die brüchigen Stämme. Die Gerüste erinnerten mich an alte Gemälde vom Turmbau zu Babel. Einige Monate bevor der neue Stolz unserer Nachbarschaft fertig wurde, hüllten die Arbeiter die Baustelle in riesige, blaue Tücher. Zunächst hätte die Verpackung Christo alle Ehre gemacht, doch schnell riss der Wind die Laken von den Eukalyptusstämmen, bald hingen sie nur noch in Fetzen von der Baustelle. Als die Arbeiter das schiefe Gerüst schließlich entfernten, kam dahinter zu meinem Erstaunen tatsächlich eine völlig lotrechte Glasfassade zum Vorschein. Ein weiterer Punktsieg für die Moderne.

Kapitel 3

Stadt der Träume

Addis Abeba bedeutet Neue Blume. Und die Stadt ist tatsächlich neu. Kaiser Menilek II. gründete sie erst vor hundertfünfundzwanzig Jahren. Doch schön und duftend wie eine Blume ist die Metropole, die von ihren Bewohnern meist nur Addis genannt wird, nicht überall.

»Unter Kaiser Haile Selassie war Addis noch schön. Aber jetzt bauen sie hier überall diese Wolkenkratzer und vergessen ihr Erbe, ihre Kultur, ihre Geschichte. Aber auf mich hört ja keiner.« Fekade Selassie Bezabeh ist eigentlich ein besonnener Mann. Aber wenn es darum geht, was *sie* mit *seinem* Addis machen, wird er böse. Vielleicht, weil er weiß, dass es *sein* Addis bald nicht mehr geben wird.

Ich treffe Bezabeh im Café Ras Mekonnen in Piazza, dem alten Stadtzentrum. Tief über ein Notizbuch gebeugt, sitzt er an einem Tisch in der Ecke. Als ich ihn frage, was er schreibe, antwortet er: »Die Geschichte Addis Abebas«. Es gibt wohl kaum ein Volk, das von Geschichte so besessen ist, wie die Äthiopier. In den Augen vieler Äthiopier haben andere Völker nur eine Vergangenheit, sie selbst hingegen haben eine Geschichte. Und Geschichte, das sind Geschichten, die von Generation zu Generation weitergegeben werden. Oft mündlich. Immer noch. Und was an diesen Geschichten nicht passt, weil es dem von Tradition, Kirche oder Staat verordneten Blick auf die Vergangenheit widerspricht, wird passend gemacht. Oder die offensichtlichen Widersprüche werden einfach akzeptiert. Oder zumindest mit zwei zugedrückten Augen übersehen.

Nachdem wir auf Englisch ein bisschen über Geschichte philosophiert haben, sagt Bezabeh plötzlich: »Wir können auch deutsch sprechen, wenn Sie möchten.« Als Haile Selassie der letzte Kaiser Äthiopiens war, besuchte der Hobbyhistoriker sechs Jahre lang die deutsche Schule in der äthiopischen Hauptstadt. Das ist ungefähr vierzig Jahre her, doch der Mann mit dem Notizbuch lebt gerne in der Erinnerung, in der Vergangenheit. »Die Lehrer hießen Frau Hämele, Herr Maschmeyer, Herr Büsner, Herr Becker«, sprudelt es fast akzentfrei aus dem Mann hervor, der nie in Deutschland war. Schon lange hat ihn niemand mehr nach der guten, alten Zeit gefragt. »Kaiser Haile Selassie war ein guter Mann. Er hat Kultur, Bildung und Philosophie in die Stadt gebracht. Dann kamen die Kommunisten. In Moskau hat es nicht funktioniert und in Addis auch nicht«, schimpft der Bauingenieur, Maler, Universalgelehrte und Mann von vorgestern. Denn auch die Kommunisten sind in Äthiopien schon längst wieder Geschichte. Der Soldat und spätere sozialistische Diktator Mengistu Haile Mariam, der 1974 den letzten Kaiser stürzte, wurde bereits 1991 selbst gestürzt.

Ich frage Bezabeh, wie alt er sei. Seit wann es das Café, in dem er die Geschichte Addis Abebas aufschreibt, gibt, weiß der Historiker genau, wie alt er selber ist, weiß er nicht auswendig. Nicht so wichtig. Weil ich es dennoch wissen möchte, holt er einen kleinen Taschenrechner aus der Hosentasche und rechnet es aus. Einundfünfzig Jahre. Ein knappes halbes Jahrhundert Erinnerungen. Der Traum des Royalisten ist es, dass die Erinnerungen nicht den Neubauten weichen müssen.

Vor dem Ras Mekonnen liegen Bettler auf der Straße und rufen mir *»Ferenji, ferenji«* hinterher. Viele von ihnen sind krank oder verletzt, viele stellen ihre Wunden und Missbildungen zur Schau. Äthiopier sind sehr stolz, doch wer in Piazza auf der Straße liegt, kann sich Scham und Würde meist nicht mehr leisten.

Auch Genet fragt mich nach Geld. Sie hat ihre Würde (noch?) nicht verloren. »Ich könnte als Hure zweihundert Birr pro Nacht verdienen, aber das mache ich nicht«, sagt die Zwanzigjährige, während sie ihrer fünf Monate alten Tochter Tsigereda die Brust gibt. Zweihundert Birr sind rund acht Euro. Ihr Baby hat Genet in eine spitzenbesetzte Decke aus falscher Seide gewickelt. Eine Mutter, die Mitleid mit dem auf der Straße geborenen Baby hatte, hat sie ihr geschenkt. Genet hätte die Decke niemals bezahlen können. Wenn es gut läuft, kommt sie am Tag auf fünfundzwanzig Birr, rund einen Euro. Davon müssen sie und ihre Tochter leben. Irgendwie. »Ich hatte mal einen Freund, der auf mich aufgepasst hat«, erzählt die zierliche Frau, die seit fünf Jahren in einem Pappkarton-Unterschlupf hinter einer Kirche wohnt. »Aber nachdem er mich geschwängert hatte, hat er mich verlassen. Jetzt passt meine Tochter Tsigereda auf mich auf. Sie vergewaltigen keine Frauen mit Babys«, sagt die Mutter, die aus dem Süden Äthiopiens in die Hauptstadt kam und davon träumt, irgendwann am Straßenrand Tee zu verkaufen. Träume sind auf der Straße oft klein und doch schwer zu verwirklichen. Um zwei Thermoskannen und ein paar Gläser kaufen zu können, bräuchte Genet rund dreihundert Birr, etwas mehr als zwölf Euro.

Vorbei an ungezählten Frauen wie Genet laufe ich weiter zum Tomoca. Es ist das wohl berühmteste Café der Stadt. Seit 1953 wird hier Kaffee geröstet. Viele Bewohner Addis Abebas nehmen lange Wege in Kauf, um hier einen Macchiato zu trinken. Ein alter Mann räumt an den Stehtischen die Gläser ab. »Mein Name ist Doktor Ase Bekele. Ich habe Literatur, Geografie, Englisch, Biologie und vieles mehr studiert. Ich kannte Haile Selassie gut und habe für den Präsidenten gearbeitet. Jetzt überwache ich die Verstaatlichung dieses Cafés«, doziert er feierlich. In Wirklichkeit aber ist der gebildete Mann, der davon träumt, dass alles seine Ordnung hat, Kellner in dem Café, das kein Mensch verstaatlichen will.

Vom Tomoca schlendere ich weiter Richtung Westen, Richtung Mercato. Das Gewühl enger Gassen gilt als der größte Markt Afrikas. Viele Teile der Stadt sind noch mittelalterlich organisiert. Längst nicht alle Häuser und Hütten sind an die Kanalisation angeschlossen, entsprechend riecht es in den Straßen. Wie mittelalterliche Zünfte haben die Handwerker und Händler sich die Stadt aufgeteilt. In der einen Gasse sind die Gerber zu Hause, in der anderen die Stoßdämpferhändler. Nur im Gewühl des Mercato scheint diese Ordnung aufgehoben zu sein. Hier gibt es auf kleinstem Raum alles. Träger und Esel schleppen Hirse und Kühlschränke durch die engen Straßen, Händler preisen Bananen und iPhones an. In kleinen Läden wird die Kaudroge Qat verkauft. Um die Blätter vor dem Austrocknen zu bewahren, haben die Händler sie in Bananenwedel gewickelt. In den Gassen irren viele Männer umher, denen die Blätter die Sinne verwirrt haben.

Auch Gebretsadik ist verwirrt. Allerdings nicht vom Qat, sondern von allem anderen. Vor zwei Monaten ist der Bauer aus einem über achthundert Kilometer entfernten Dorf aus dem Norden Äthiopiens nach Addis gekommen. Die Stadt mit ihrem rastlosen Treiben, Lärm und Gestank überfordert ihn wie so viele andere, die aus der Provinz in die einzige Metropole des Landes gekommen sind, um hier ihr Glück zu suchen. Mit Besen und handgefertigten Wischmops auf der Schulter läuft er von morgens bis abends durch die Straßen und versucht, die Reinigungsgeräte zu verkaufen. An guten Tagen verdient er umgerechnet 2,15 Euro. Was er sich vom Munde absparen kann, legt er für die Verwirklichung seines Traumes zur Seite. »Ich möchte in mein Dorf zurückkehren und eine kleine Ziegenherde haben«, sagt der Besenverkäufer. Sein Traum kostet ungefähr zweihundertfünfundfünzig Euro oder einhundertzwanzig gute Tageseinnahmen.

Dort, wo das Gedränge am dichtesten ist und nicht nur die *ferenji* besonders gut auf ihr Portemonnaie aufpassen müssen, arbeitet Selemawit in einem mit Hemden und Hosen vollgestopften Laden. Sie verkauft mir ein mittelmäßig gefälschtes Abercrombie-&-Fitch-Hemd für kleines Geld. Sie verdient im Monat nicht viel mehr, als mich das Hemd kostet, und träumt davon, irgendwann einen eigenen Laden zu haben. Wenn dann noch ab und zu ein *ferenji* vorbeikommt, der so schlecht verhandelt wie ich, wird alles gut.

Nur wenige Hundert Meter vom Lärm, Chaos und Gestank des größten Marktes Afrikas entfernt, finde ich mich plötzlich in einer anderen Welt wieder. In einem Café der äthiopischen Kette Bilo's ist es sauber, leise und teuer. So wie es hier aussieht, stellen sich viele Äthiopier ganz Amerika oder Europa vor. Nur wenige Tische sind besetzt. An einem sitzt Lia. Die Einundzwanzigjährige hat sich mit ihrer großen Schwester Eden verabredet. Eden wohnt eigentlich in London, ist nur zu Besuch bei der Familie in Addis und hatte gerade einen Friseurtermin. Auf dem Tisch zwischen den Schwestern liegen zwei iPhones. Lia und Eden finden sich in Facebook vermutlich besser zurecht als in den chaotischen Gassen des Mercato, der hier, im Bilo's, sehr weit weg zu sein scheint.

Lia studiert in Addis Abeba Architektur. »Mein Traum ist es, dass Addis einmal so aussehen wird wie Shanghai«, erzählt die Studentin, die die ultramoderne chinesische Hafenstadt besucht hat, in perfektem Englisch mit amerikanischem Akzent. Die angehende Architektin will nicht nur träumen, sie will machen. »Viele gut ausgebildete, junge Menschen verlassen Äthiopien, weil sie anderswo mehr Geld verdienen können. Doch ich will bleiben. Ich will *hier* etwas verändern«, erzählt die junge Frau.

Einer der bereits fleißig an Lias Traum baut, ist Tomas. Mit einer aus Baudraht gebogenen Brille ohne Gläser auf der Nase schaufelt er auf einer Baustelle Schotter. Hinter ihm stützen schiefe Eukalyptusstämme eine frisch gegossene Betondecke. In ein paar Monaten wird hier eine verspiegelte Shopping Mall eröffnen. Lia wird hier vielleicht einkaufen gehen, Tomas nicht. Er verdient bei der Knochenarbeit auf der Baustelle pro Tag umgerechnet rund einen Euro. Er träumt zwar davon, Ingenieur zu werden. Doch der Traum wird wohl unerfüllt bleiben. Tomas hat nur sechs Jahre lang die Schule besucht. Ich frage ihn, warum er die Drahtbrille trägt. »Weil fast alle Ingenieure eine Brille tragen«, sagt der ungelernte Bauarbeiter.

Vorbei an Sargmachern und Antiquitätenhändlern, an Ministerien, am größten Krankenhaus der Stadt, am staatlichen Fernsehsender, an einer Stele, die Nordkorea dem äthiopischen Diktator Mengistu Haile Mariam als Zeichen der Freundschaft schenkte, und am Nationaltheater laufe ich die Churchill Avenue, Addis' Prachtboulevard, bergab. Am Straßenrand verkaufen Losverkäufer Träume. Ganz unten, am Ende der breiten Straße, liegt der neunzig Jahre alte Bahnhof, von dem schon seit Jahren kein Zug mehr ins 781 Kilometer entfernte Dschibuti gefahren ist. Zwischen den Gleisen grasen Schafe. Prachtwaggons, mit denen Haile Selassie sein Reich bereiste, erinnern an die Zeiten, von denen Fekade Selassie Bezabeh aus dem Café Ras Mekonnen so gerne spricht.

Kapitel 4

Der Traum in der Kiste

Wenn das Leben hässlich ist, braucht man einen Traum. Negusse träumt seinen Traum, während er in der Nähe des Bahnhofs auf einer kleinen Bambusbank sitzt und wartet. In seinem Traum besitzt Negusse ein Hochhaus. Im Erdgeschoss befindet sich ein Café, im obersten Stockwerk ein Restaurant und dazwischen liegen Büros. Und der Cafébesitzer, der Restaurantbesitzer und alle, die in den Büros arbeiten, zahlen Miete. An Negusse.

Im echten Leben ist Negusse Schuhputzer. In Addis gibt es Tausende *listro* genannte Jungs, die sich als Schuhputzer durchschlagen. Sie putzen Schuhe, weil sie sich das Geld für eine Schuluniform verdienen wollen, weil ihre Eltern sie schicken oder weil sie alleine sind und einfach nicht wissen, wie sie sonst überleben sollen. Wenn ich zu Fuß in der Hauptstadt unterwegs bin, ruft mir alle paar Meter ein Junge »Mister, shoeshine« hinterher. Bei Negusse sage ich das erste Mal: »Okay«. Bislang hielt mich das Unbehagen, hoch oben auf einem Stuhl zu sitzen, während ein Junge mir zu Füßen im Staub hockt und mir für sehr wenig Geld die Schuhe putzt, davon ab.

In der Grundschule habe ich das »Schuhputzerlied« gelernt. Einige Zeilen sind mir noch heute in Erinnerung: »Oh, buenos dias, Señor, ich putze gern Ihre Schuh', egal, ob schwarz oder braun, in jeder Farbe!« Ich habe mir schon damals gedacht, dass es wohl nicht ganz stimmt, dass Kinder gerne die Schuhe von fremden Señores putzen. Ich glaube, das Lied ist nicht mehr politisch korrekt, heutige Grundschüler müssen es wohl nicht mehr singen.

Während Negusse vor mir kniet, frage ich ihn, ob er gerne meine Schuhe putzt. »Schuhputzer ist kein schlechter Beruf. Zumindest besser als Hühnerzüchter und Viehhirte. Das habe ich früher gemacht«, antwortet mir der gerade mal dreizehnjährige Junge, der noch keinen Flaum über der Oberlippe hat, aber schon den dritten Beruf ausübt. »Als Hirte suchst du oft Schatten und findest keinen. Als *listro* kannst du immer im Schatten arbeiten. Und abends hast du Geld in der Hand. Das hast du als Hirte auch nicht«, sagt der Sohn eines Bauern.

Ich will mehr wissen, doch ich spüre, dass Negusse nicht weiter reden möchte. Zumindest nicht hier. Er freut sich, dass sich endlich mal jemand für ihn interessiert, aber er will nicht mehr erzählen, weil sich mittlerweile eine neugierige Menschentraube um uns gebildet hat. Also fahren wir zusammen zu Dawit Shanko, um uns dort in Ruhe weiter zu unterhalten. Ich habe Dawit in Berlin kennengelernt. Er war früher selbst *listro* in Addis. Als Elfjähriger fing er an, Schuhe zu putzen. Obwohl er vor und nach der Schule putzte, brachte er stets sehr gute Noten nach Hause und wurde 1985 als einer von nur zehn Schülern aus ganz Äthiopien ausgewählt, um in der DDR Vermessungstechnik zu studieren. Mittlerweile leitet er in Berlin eine eigene Galerie, in der er unter anderem Tausende hölzerner Schuhputzer-Boxen aus Addis Abeba ausstellt. In der äthiopischen Hauptstadt organisierte er eine Konferenz für alle in der Stadt tätigen *listro,* schuf so etwas wie eine informelle Gewerkschaft der bislang stimmlosen Schuhputzer. »Ich will nicht Kinderarbeit fördern. Ich möchte lediglich, dass den arbeitenden Kindern der Respekt gezollt wird, den sie verdienen. Und ich will den *listro* zeigen, dass auch für sie ein besseres Leben möglich ist, wenn sie an sich glauben und mit anderen selbstbewusst für ihre Rechte eintreten«, sagt Dawit.

Als wir zu ihm fahren, sitzt Negusse vorne neben mir. Ich glaube, er sitzt das erste Mal in einem Auto. Ich zeige ihm, wie man den Gurt anlegt, trotzdem verheddert er sich darin. Als er seine Hände endlich aus den Schlingen befreit hat, lässt er einen Arm lässig aus dem runtergekurbelten Fenster baumeln und grinst mich an. In meinem Geländewagen sitzt man höher als in den meisten anderen Fahrzeugen, endlich muss Negusse nicht zu allen aufblicken! Als wir bei Dawit ankommen, bietet dieser uns eine Cola an. Negusse lehnt ab, dabei wäre er wahrscheinlich der einzige äthiopische Junge, der die süße Brause nicht mag. Der Schuhputzer hat die vorsichtige Schläue eines Kindes, das zu früh erwachsen wurde, das sich zu früh um sich selbst kümmern musste. Es macht ihn misstrauisch, dass ihm jemand etwas anbietet, ohne dass er dafür arbeiten muss. Auch als Dawit das säuerliche, schwammartige Fladenbrot *injera,* ohne das eine Mahlzeit für die meisten Äthiopier keine Mahlzeit ist, mit Rindfleisch in scharfer Soße serviert, schaut er uns zunächst nur beim Essen zu, bevor er endlich selbst zugreift. Doch dann nagt er die Knochen bis aufs letzte Fitzelchen ab.

»Ich verdiene am Tag ungefähr vierzig Birr. Zwanzig davon spare ich für mein Hochhaus. Acht Birr brauche ich, um mir *injera* zu kaufen. Fleisch leiste ich mir nur einmal im Monat. Denn eine Mahlzeit mit Fleisch kostet mindestens fünfundzwanzig Birr«, erzählt Negusse, nachdem er aufgegessen hat. Ich hatte es vorher nicht für möglich gehalten, dass irgendjemand in Addis von acht Birr, umgerechnet zweiunddreißig Cent, pro Tag leben kann.

Drei Wochen bevor ich Negusse traf, beschloss er, nicht mehr nur von seinem Hochhaus zu träumen, sondern dafür zu arbeiten. Reisende, die in sein Dorf vier Stunden südlich von Addis kamen, hatten dem Kind erzählt, dass man als *listro* in der Hauptstadt hundert Birr, rund vier Euro, pro Tag, verdienen kann. Viel Geld, fand Negusse. Er verkaufte alle seine Hühner, kaufte sich ein One-Way-Busticket nach Addis und brach voller Angst und voller Hoffnung in sein neues Leben auf. Außer dem, was er am Leib trug, hatte er nur eine Plastiktüte dabei. Darin fand alles, was er besaß, leicht Platz: eine Hose, ein Hemd, ein Paar Schuhe. Doch diese guten Klamotten trägt Negusse nur, wenn er am Sonntag nicht im Staub oder im Schlamm kniet, sondern mit frisch geputzten Schuhen zur Kirche geht.

In Gedjo, Negusses Dorf, gibt es rund dreihundert Häuser. In Addis Abeba hat sich noch niemand die Mühe gemacht, die Häuser zu zählen, geschweige denn die Einwohner. Aber nach Schätzungen leben in der einzigen wirklich großen Stadt Äthiopiens ungefähr fünf bis sechs Millionen Menschen. In der chaotischen Metropole angekommen, fragte Negusse sich zum Stadtteil Arat Kilo durch. Er wusste, dass ein paar ältere Jungs aus seinem Dorf sich dort bereits als Schuhputzer durchschlagen. Obwohl er ein weiterer Konkurrent auf Addis' hart umkämpften Straßen war, ließen die fünf Jungs ihn nicht hängen, nahmen ihn bei sich auf. Zwei Zimmer, fünf dünne Matratzen, eine Glühbirne, ein bettlägeriger Vermieter, der von jedem der Mieter pro Monat siebzig Birr, knapp drei Euro, verlangt. Ein fairer Preis. Negusse weiß, dass viele *listro* direkt neben ihren Ständen schlafen, weil sie sich die schnell steigenden Mieten in der Hauptstadt einfach nicht leisten können. Doch auch in Negusses unbeheizter Kammer auf knapp dreitausend Metern Höhe wird es nachts bitter kalt. In seinen Lungen rasselt es, unter seiner Nase hängt ständig ein Tropfen.

Sobald Negusse in Addis angekommen war, rief er seine Familie an. Sein älterer Bruder Temesgen fragte, ob er den kleinen Bruder in der großen Stadt abholen solle, seine Mutter weinte am Telefon. Ich frage Negusse, ob auch er habe weinen müssen. »Nein, es gab keinen Grund zu weinen«, sagt Negusse, und es soll stärker klingen, als es klingt. Noch am selben Tag, an dem das Kind seine Eltern über seinen neuen Lebensplan informierte, kaufte es einem anderen Schuhputzer, der nach vier Jahren auf den Straßen Addis Abebas sein Glück in Südafrika suchen wollte, dessen gesamte Ausrüstung ab: fünfzehn Bürsten, acht Schwämme, drei Dosen Schuhcreme (schwarz, braun, farblos), zwei Flaschen verdünntes Terpentin (zum Reinigen der Sohlen), eine Holzkiste für seine Ausrüstung – und putzte sein erstes Paar Schuhe.

Seitdem sitzt der als Hirte aufgewachsene Junge, der die Ruhe mag, sechsmal in der Woche zehn Stunden pro Tag an einer lauten Straße und wartet auf Kundschaft. Im Durchschnitt setzen sich jeden Tag zwanzig Männer und Frauen auf seine Bank. Nur abbürsten kostet einen halben Birr, umgerechnet zwei Cent, mit Schuhcreme bis zu zehn Birr, vierzig Cent. Wenn die Kunden nach ein paar Minuten wieder aufstehen, blitzen ihre Schuhe. Negusses Füße, die wie bei jedem pubertierenden Jungen viel zu groß für den schlaksigen Körper wirken, stecken ohne Socken in billigen, schmutzigen, kunstledernen Slippern. »Wozu soll ich für meine Schuhe teure Schuhcreme verschwenden? Nur wenn ich sonntags in die Kirche gehe, ziehe ich mir meine guten, sauberen Schuhe an«, sagt Negusse.

Ich möchte von ihm wissen, was das für Leute sind, die sich von ihm die Schuhe putzen lassen. »Ich weiß nicht, was das für Leute sind«, antwortet der Junge. »Sie fragen mich viel, ich frage sie nie etwas. Ich will nicht reden. Ich will arbeiten und Geld verdienen. Aber ich glaube, die meisten sind keine Bauern. Ich glaube, viele von ihnen arbeiten in Hochhäusern.«

Der Schuhputzer schaut seinen Kunden nicht in die Augen. An ihre Gesichter kann er sich nie erinnern, an ihre Schuhe immer. Braune Herrenschuhe aus weichem Leder, rote Turnschuhe mit loser Sohle, schwarze Damenschuhe mit einem wackeligen linken Absatz. Negusse kennt die Schuhe seiner Stammkunden wie ein Arzt seine langjährigen Patienten. Der Dreizehnjährige behandelt sie alle mit derselben Sorgfalt, aber nicht alle behandeln den gründlichen Schuhputzer gleich. »Frauen geben mehr als Männer, *ferenji* mehr als Äthiopier«, sagt Negusse. Aber dafür quatschen die *ferenji* auch mehr. Immer wieder kommt es vor, dass Ausländer dem fleißigen Jungen sagen, er solle lieber zur Schule gehen, als fremden Leuten die Schuhe zu putzen. Negusse versteht das Gerede nicht. Weil er kein Englisch versteht und weil er nicht versteht, was die komischen Ausländer eigentlich von ihm wollen. Wenn er mit dem Schuhputzen und sie mit dem Reden fertig sind, kratzt er sich mit dem Fingernagel eine Zahl in die Haut des Unterarms. Irgendetwas zwischen einem halben und zehn Birr. Die kleinen Kratzer zeigt er dann den Ausländern, die meist kein Wort der Landessprache Amharisch beherrschen. Negusses Fingernagel ist sein Kugelschreiber, seine Haut sein Bon.

Doch immer wieder kommt es vor, dass Kunden nicht den vereinbarten Preis zahlen wollen. Aber Negusse lässt sich nicht um seinen gerechten Lohn bringen. Er besteht auf dem, was ihm zusteht. »Einige von meinen Freunden sind von Kunden deshalb schon geschlagen worden, aber ich lasse mich nicht schlagen. Wenn jemand versuchen würde, mich zu hauen, würde ich laut nach der Polizei rufen. Die wird mir dann schon helfen«, glaubt Negusse. Ich hoffe für ihn, dass sein Vertrauen in die vielen Männer in den blauen Uniformen auf den Straßen Addis Abebas nicht enttäuscht wird. Sicher bin ich mir nicht.

Ich frage ihn, ob er es entwürdigend findet, dass er im Dreck kniet, während seine Kunden von der Bank auf ihn herabblicken. Eine blödsinnige Frage, findet Negusse. »Die Schuhe sind nun mal an den Füßen, und die Füße sind unten am Menschen. Wenn ich sie putzen will, muss ich mich hinknien. Das heißt doch nicht, dass ich etwas Schlechteres als die Menschen auf der Bank bin«, sagt er mit dem ihm eigenen Pragmatismus, der ihn nicht alles hinterfragen und vieles leichter ertragen lässt. Negusse will nicht nachdenken, Negusse will Geld für sein Hochhaus verdienen. Dass er nur knapp vier Jahre zur Schule ging und kaum lesen und schreiben kann, soll ihn nicht von seinem großen Plan abhalten. »Wer ein Hochhaus bauen will, muss nicht lange zur Schule gegangen sein, er muss viel Geld haben«, sagt der Schuhputzer.

Abyou sieht das anders. Auch der Fünfunddreißigjährige war mal Schuhputzer in Addis. Mittlerweile trägt er Anzug. Als wir einmal zusammen in einem Straßencafé saßen, sagte er einem Schuhputzer, dass seine feinen Lederschuhe leider wirklich nicht geputzt werden müssten. Sie blitzten bereits. Abyou sagte das sehr freundlich. Den kleinen Jungen, der es gewohnt ist, von den Kellnern des Cafés rüde vertrieben zu werden, verstörte das fast. Acht Stockwerke über dem Straßencafé hatte Abyou gerade Feierabend gemacht. Das Hochhaus gehört der äthiopischen Lauflegende Haile Gebrselassie. Haile ist mittlerweile auch einer der erfolgreichsten Geschäftsmänner des Landes. Im obersten Stockwerk arbeitet Abyou seit einem Jahr als sein persönlicher Assistent. Er hat einen Dienstwagen, verdient für äthiopische Verhältnisse sehr gut.

»Schon als ich mit zehn Jahren als Schuhputzer anfing, wusste ich, dass ich mich eines Tages hocharbeiten würde«, sagt Abyou selbstbewusst. Er war sieben Jahre alt, als sein Vater als Soldat fiel. Der Staat unterstützte den guten Schüler, seine Mutter und seine drei Geschwister nur mit einer kümmerlichen Witwenrente. Um weiterhin zur Schule gehen zu können, musste Abyou sich als ältester Sohn ab sofort Geld als Schuhputzer verdienen. »Ich war stolz, wenn ich mir einen Stift für die Schule von meinem eigenen Geld kaufen und meiner Mutter Geld geben konnte, damit sie Essen für uns besorgte«, erinnert Abyou sich. Bis er zwanzig Jahre alt war, putzte er Schuhe. Jeden Birr, den er sparen konnte, steckte er in seine Ausbildung. Er ging zwölf Jahre zur Schule, machte eine Ausbildung zum Hotelkaufmann, ging nach der Arbeit zur Abendschule, ließ sich zum Buchhalter ausbilden, arbeitete neun Jahre in einem Ministerium, bis er von Haile Gebrselassie abgeworben wurde. »Meine Mutter hatte nie die Chance, zur Schule zu gehen. Sie kann bis heute nicht lesen und schreiben. Aber sie erzählte mir von einem Freund meines Vaters, der als Kind Schuhputzer war und später Arzt wurde. Er war immer mein Vorbild«, berichtet Abyou. Der ehemalige Schuhputzer ist überzeugt, dass auch Negusse seinen Traum vom Hochhaus verwirklichen kann.

Als ich Negusse noch einmal treffe, erzähle ich ihm, dass der Ex-*listro* Abyou glaube, dass er sich von der Straße hochputzen könne. Negusse muss darüber lachen: »Woher soll Abyou wissen, ob ich es schaffen werde? Das kann nur Gott wissen. Aber wenn es klappt, dann lasse ich mir jedes Mal, bevor ich in mein Hochhaus gehe, die Schuhe putzen. Und dann zahle ich so wie die *ferenji*.«

Kapitel 5

You, you! Money, money!

Wer Addis Abeba verlässt, begibt sich auf eine Zeitreise. Auf dem Land hat das Mittelalter die Moderne meist noch fest im Griff. Ich begebe mich mit meinem eritreischen Freund Solomon und meinem deutschen Freund Falk auf die Reise durch Zeit und Raum. Solomon kam vor neun Jahren, versteckt zwischen Lkw-Reifen, auf der Ladefläche eines Lastwagens der Vereinten Nationen nach Äthiopien. Er floh aus dem Nachbarland Eritrea vor dem folternden Diktator Isayas Afewerki. Am Grenzübergang wollte ein eritreischer Soldat die Ladung kontrollieren. Zwanzig Minuten redete der Fahrer aus dem Kongo, der Solomon in seinem Truck versteckt hatte, auf den schwer Bewaffneten ein. Solomon hörte jedes Wort, zitterte am ganzen Leib. Wer beim Versuch, aus dem international isolierten Land zu fliehen, erwischt und nicht gleich erschossen wird, landet in einem der berüchtigten Foltergefängnisse, die viele Häftlinge nicht lebend verlassen. Solomon wurde nicht erwischt, lebt seither als Flüchtling in Äthiopien. Amharisch beherrscht er so perfekt, dass kaum ein Äthiopier merkt, dass er aus dem Land stammt, mit dem Äthiopien zwischen 1998 und 2000 einen blutigen Grenzkrieg führte, dem auf beiden Seiten bis zu Hunderttausend Menschen zum Opfer fielen. Ich reise gerne mit Solomon. Er hat mir schon viele Türen geöffnet, oft für mich übersetzt. Selbst wenn ich die Sprachen Äthiopiens perfekt beherrschte, hätte ich ohne Solomon nur halb so viel vom Land erfahren. Ein *ferenji*, der ohne einheimische Begleitung kommt, ist vielen Äthiopiern suspekt. Was will der *ferenji*? Warum fragt er so viel? Solomon konnte diese Fragen fast immer zur Zufriedenheit der anfänglich häufig misstrauischen Menschen beantworten.

Falk kam vor einer Woche mit dem Flugzeug aus Deutschland nach Äthiopien, um mich zu besuchen. Mit ihm bin ich zur Schule gegangen, ihn kenne ich seit fast zwanzig Jahren, er ist einer meiner besten Freunde. Falk ist das erste Mal in seinem Leben in Afrika. Im Gegensatz zu Solomon, der nicht nur wie ein Äthiopier spricht, sondern auch wie ein Äthiopier aussieht, fällt er in Äthiopien auf. Falk, der gerade aus dem norddeutschen Winter gekommen ist, ist zunächst ziemlich weiß, bald ziemlich rot und mit 1,96 Meter mindestens einen Kopf größer als die meisten Äthiopier. Und Falk hat das, was man in Deutschland einen Bauchansatz nennen würde. Es ist kein Bauch, es ist nur ein Ansatz. In Deutschland fallen die paar Pfunde über dem Gürtel nicht auf, in Äthiopien, wo ein Bäuchlein Statussymbol und das untrügliche Zeichen eines gewissen Wohlstands ist, schon. Immer und überall.

Bevor wir aufbrechen, wollen wir den Beifahrersitz meines Nissan-Terrano-Geländewagens reparieren lassen. Die Rückenlehne ist schief, gibt nach hinten nach. Als ich Kfz-Mechaniker Sirak frage, woran das liegen könne, lacht er nur und klopft meinem Beifahrer Falk auf den Bauch. Als Falk alleine durch Addis spazierte, kamen zwei Mädchen auf ihn zu und fragten, ob sie mal seinen Bauch anfassen dürften. Wenn wir auf unserer Reise in Bars gingen, in denen Livemusik gespielt wurde, wurde Falk von den Musikern und Tänzern oft aufgefordert, einen »Bauch«-Tanz aufzuführen. Frauen, Männer und Kinder sagten ihm mit Blick auf das leicht gewölbte Hemd bisweilen ehrfurchtsvoll: »You are a very strong man.« In Deutschland hat das noch nie jemand zu Falk gesagt.

Mit repariertem Beifahrersitz, zwei Ersatzreifen und Werkzeug für die aufgrund der teilweise sehr rauen äthiopischen Pisten mit Sicherheit anfallenden Reparaturen machen wir uns auf den Weg. Durch schwarze Abgaswolken, die die klapprigen Busse und die vierzig Jahre alten blau-weißen Lada-Taxis ausspucken, an denen ein deutscher TÜV-Inspektor wohl locker mehrere Hundert Mängel finden würde, quälen wir uns durch die Stadt, die eigentlich nur aus Baustellen und Staus besteht. Addis putzt sich heraus. Seit über achtzig Jahren. Als der britische Journalist und Schriftsteller Evelyn Waugh 1930 zur Krönung Haile Selassies nach Addis kam, notierte er: »Die ganze Stadt machte den Eindruck einer einzigen Baustelle. An jeder Ecke standen halbfertige Bauten.« Die beiden Sätze gelten heute noch genau so.

Als wir die steile Straße erreichen, die auf Addis' heiligen Hausberg, den dreitausendzweihundert Meter hohen Entoto, führt, beginnt die Zeitreise. Bald sind wir fast das einzige Auto auf dem schmalen Asphaltband, das sich den Berg hochwindet. Dafür säumen Hunderte Fußgänger den Straßenrand. Wir sind nicht die Einzigen, die reisen. Ganz Äthiopien scheint auf den Beinen zu sein. Kinder in blauen, grünen oder roten Uniformen gehen zur Schule, Alte kommen in weißen Gewändern von der Kirche. Frauen in Kleidern, die so sehr vor Dreck starren, dass die Farbe nicht mehr zu erkennen ist, schleppen auf dem Rücken riesige Bündel Eukalyptusreisig in die Stadt, in der das Holz zum Kochen gebraucht wird. Die teilweise über einen Zentner schweren Bündel sind so riesig, dass die von der Last gebeugten Frauen oft fast die ganze Straße einnehmen.

Matemi ist eine der gebeugten Frauen. Zwei- bis dreimal pro Woche steht sie vor Sonnenaufgang auf. Wenn die Temperaturen auf dem Entoto noch einstellig sind, sammelt sie in den Wäldern an den Hängen des heiligen Berges dürre Eukalyptuszweige und schnürt sie zu einem etwa vier Meter langen Bündel zusammen. Mit dem Holz auf dem Rücken marschiert sie bis ins zehn Kilometer entfernte Addis Abeba, um das Reisig auf dem Markt zu verkaufen. Jeder Schritt schmerzt Matemi. Im Rücken, den sie kaum noch strecken kann; in den Knien, die unter der Last zittern; in den Schultern, in die die schmalen Seile, mit denen Matemi das Holz zusammengebunden hat, sich einschneiden; in den Füßen, die nur in ausgetretenen billigen Plastik-Flipflops stecken; in ihren breiten Hüften, die unter ihrem Hohlkreuz weit nach hinten ausladen. Bei manchen Holzsammlerinnen hat die Last schon zu Frühgeburten geführt. Ich hebe Matemis Bündel hoch und hieve es auf meinen Rücken. Ich schaffe es gerade so, bis zum Markt würde ich auf keinen Fall durchhalten.

Noch nie habe ich einen Mann die schweren Äste schleppen sehen. »Das ist Frauensache. Ich würde mich schämen, wenn die Leute meinen Mann mit einem Holzbündel auf dem Rücken sehen würden«, sagt Matemi. Wenn Schultern, Rücken, Knie, Hüfte oder Füße nicht mehr können, setzt Matemi ihr Bündel auf einer Mauer am Straßenrand ab. Niemals legt sie es auf den Boden. Nachdem sie mit der Last bereits einige Kilometer marschiert ist, würde sie es ohne Hilfe nicht mehr hochheben können. Während sie rastet, hält manchmal ein klimatisierter Minibus an, der eine Gruppe mit Kameras bewaffneter Touristen ausspuckt. Die Touristen rufen dann »Oh my god, that's horrible« und drücken ab. Matemi weiß nicht, wie viele Bilder es von ihr und ihren Holzbündeln in Fotoalben auf der ganzen Welt gibt. Jedes Mal, wenn es klickt, hält sie die Hand auf. Manchmal gibt ein Tourist ihr ein paar Scheine, bevor er wieder in den Bus steigt und davonbraust.

Nachdem sie die Zweige verkauft hat, wird Matemi die sich in Haarnadelkurven den Berg emporschraubende Straße wieder zurück in ihr Dorf Weserbi laufen. Der Bus benötigt nur wenige Minuten, Matemi zwei Stunden. Aber der Bus kostet zwei Birr, umgerechnet neun Cent. Für die qualvolle Schlepperei bekommt die Zweiunddreißigjährige, die aussieht, als würde sie den Knochenjob seit mindestens vierzig Jahren machen, gerade mal 1,30 bis 1,70 Euro. Davon neun Cent für den Bus auszugeben, käme Matemi nicht in den Sinn.

Also geht die Holzsammlerin zu Fuß. »Ich schleppe seit zwanzig Jahren Holz. Ich habe eigentlich immer Rückenschmerzen. Ich schicke meine Töchter zur Schule, damit sie nie in ihrem Leben Holz schleppen müssen«, erzählt die Mutter, die nie lesen und schreiben gelernt hat. Wie fast alle Mütter in Äthiopien, träumt sie davon, dass ihre Töchter Ärztinnen werden, wie fast alle Mütter in Äthiopien wird sie enttäuscht werden. Denn in Äthiopien gibt es kaum Ärzte. 2007 sollen lediglich 0,22 Ärzte auf 1000 Einwohner gekommen sein. Anders gesagt: Ein Arzt musste sich um 4545 Menschen kümmern. In Deutschland sind es nicht mal 300 Patienten pro Doktor.

Während die Holzsammlerinnen sich ins Tal quälen, fahren wir weiter bergauf. Unter uns liegt Addis unter einer Haube aus Dieselabgasen und dem Qualm der unzähligen Feuer, auf denen gekocht wird. Hier oben, umgeben von Eukalyptusplantagen, riecht die Luft frisch wie ein Hustenbonbon. Während unten in der Stadt Frauen mit hohen Absätzen, engen Jeans und großen Sonnenbrillen mit dem iPhone am Ohr shoppen gehen, tragen Mädchen hier in Flipflops oder ganz ohne Schuhe, in weiten Kleidern und mit traditionell geflochtenen Haaren in gelben Plastikkanistern Wasser vom Brunnen nach Hause. Wasser holen ist wie Holz schleppen Mädchen- und Frauenaufgabe.

Falk hatte in Deutschland eine Straßenkarte für Äthiopien besorgt. Im Land sind gute Karten kaum erhältlich. Wozu auch? Die meisten Leute wissen genau, wo sie hinwollen, brauchen dafür kein Stück Papier, auf dem ihr Weg eingezeichnet ist. Unsere Karte hat den Maßstab 1:1,8 Millionen. Ein Zentimeter auf dem Papier entspricht achtzehn Kilometern auf der Straße. Auf Straßenkarten für Deutschland entspricht ein Zentimeter meist zwei bis sieben Kilometern. Doch für Äthiopien reicht der große Maßstab allemal. Um von Addis nach Norden zu gelangen, gibt es auf unserer Karte nur einen roten Strich. Während unserer Reise wird es Tage geben, an denen sich die Frage nach rechts oder links nicht ein einziges Mal stellt. Einfach immer geradeaus.

Sobald wir Addis Abeba verlassen haben, haben wir auch für viele Kilometer das letzte mehrgeschossige Gebäude hinter uns gelassen. Neben der einzigen asphaltierten Straße weit und breit sehen wir zwischen den winzigen Feldern nur noch runde, aus Eukalyptusstämmen zusammengezimmerte, mit Lehm verputzte und mit Stroh gedeckte Hütten, die sich zu winzigen Dörfern zusammengefunden haben. Oft führt weder eine Stromleitung noch eine asphaltierte Straße zu den Streusiedlungen. Wer Wellblech statt Stroh auf dem Dach hat, ist stolz, denn das billige Blech ist auf dem Land teilweise noch ein echtes Statussymbol. Auf den Feldern sehen wir Bauern, die den vom Ochsen gezogenen Pflug durch die steinigen Felder quälen. Andere lassen ihre Tiere stundenlang über das auf einem runden Platz zusammengetragene Getreide trampeln, während sie das Stroh immer wieder mit der aus einer Astgabel geschnitzten Forke in die Luft werfen. Der trockene Wind verweht das leichte Stroh, trennt so die Spreu vom Weizen. Kinder am Straßenrand winken uns zu, oft rufen sie uns ein mal schüchtern, mal freundlich, mal aggressiv klingendes »You, you! Money, money« oder *»ferenji«* hinterher. »Am schlimmsten finde ich es, dass sie manchmal ›Heiland, Heiland‹ rufen. Wieso sind wir für die der Heiland?«, fragt Falk mich. »Die rufen nicht

›Heiland‹, die rufen ›Highland‹«, sage ich. Highland war die erste Mineralwasser-Marke in Äthiopien. Die Zwei-Liter-Plastikflaschen kosten umgerechnet rund fünfzig Cent. Wenn sie voll sind. Doch für die Kinder haben auch die leeren Flaschen noch einen Wert. Die leichten, aber stabilen Behälter sind für sie und ihre Familien ein wertvoller Haushaltsgegenstand.

Nach zwei Stunden Fahrt durch eine hügelige Landschaft, in der die Zeit seit Tausenden von Jahren weitestgehend stillzustehen scheint, erreichen wir ein Hochplateau, von dem aus wir den Jema, einen Zufluss des Blauen Nils, erblicken. Hunderte Meter tief hat sich der Strom, der jetzt, in der Trockenzeit, nur wenig Wasser führt, in den Fels eingefressen. Fast jeder Tourist hält hier an, um ein Foto der spektakulären Landschaft zu machen. Als wir aussteigen, sind wir sofort von einer Schar Kinder umgeben, die uns kunstvoll geflochtene Körbe entgegenhalten und »Good price, good price!« schreien.

Ein bis drei solcher Körbe für umgerechnet rund zwei Euro verkauft die siebenjährige Asnakech jeden Tag. Und natürlich, so versichert sie, verwende sie das Geld ausschließlich, um sich Uniform, Hefte und Stifte für die Schule zu kaufen. Die Kinder wissen genau, was die *ferenji* von ihnen hören möchten. Als ich sie frage, warum sie denn jetzt nicht in der Schule sei, antwortet Asnakech, dass sie heute erst am Nachmittag Unterricht habe. Es stimmt, dass Schule in Äthiopien im Schichtbetrieb stattfindet. Anders ließe sich das in einem Land mit mehr als neunzig Millionen Einwohnern, von denen fünfundvierzig Prozent unter vierzehn Jahre alt sind (in Deutschland sind es gerade mal dreizehn Prozent) auch gar nicht bewerkstelligen. Doch ich befürchte, dass Asnakech mir erzählt hätte, dass sie bereits am Morgen in der Schule gewesen wäre, wenn ich sie am Nachmittag getroffen hätte. Die rudimentären Englischkenntnisse ihrer älteren Freunde und Geschwister, die mir ihre Körbe unter die Nase halten, sprechen jedenfalls nicht dafür, dass sie den Englischunterricht allzu oft besuchen. Laut den offiziellen Statistiken der äthiopischen Regierung werden mittlerweile fast alle Kinder eingeschult. Die Fortschritte sind unbestreitbar. Doch zur Schule gehen und etwas lernen ist nicht dasselbe.

Ich habe einige äthiopische Schulen besucht. Oft drängen sich mehr als sechzig Kinder unterschiedlichen Alters in den teilweise baufälligen Klassenzimmern. Längst nicht immer sitzen sie an Tischen und auf Bänken, oft kauern sie einfach auf dem festgestampften Lehmboden. Der Besuch der Grundschule ist kostenlos; doch für Bücher, Hefte, Stifte und die Schuluniform müssen die Kinder oder ihre Eltern selbst aufkommen – und viele können sich das einfach nicht leisten. Wenn ein Junge während der Erntezeit seinen Eltern auf dem Feld helfen muss oder ein Mädchen jeden Tag zur oft viele Kilometer weit entfernten nächsten Wasserstelle gehen muss und deshalb nicht zur Schule kommen kann, haben die meisten Lehrer dafür Verständnis. In Gambella, einer Provinz im äußersten Westens Äthiopiens, habe ich einmal einen Lehrer getroffen, der mir berichtete, dass oft nur fünf seiner sechzig Schüler zum Unterricht kämen, weil die anderen, freiwillig oder auf Druck ihrer Eltern, lieber für umgerechnet fünfundachtzig Cent pro Tag auf der riesigen Farm eines indischen Investors arbeiteten. Eines Investors, der in Äthiopien, das immer noch auf Lebensmittelhilfslieferungen angewiesen ist, Getreide für den Export anbaut.

Und nicht nur die Schüler, auch die schlecht bezahlten Lehrer fehlen oft. Ihr Gehalt ist so mickrig, dass sie es häufig selbst auf dem Feld aufbessern müssen. Im Zweifelsfall geht die Arbeit auf dem eigenen Acker vor. Wenn ein Lehrer krank ist, gibt es keine Vertretung, die einspringen kann. Und selbst wenn alle regelmäßig zum Unterricht kommen, ist der Lernerfolg nicht garantiert. Viele Lehrer sind fachlich und didaktisch katastrophal ausgebildet. Oft habe ich gesehen, wie sie ihre Schüler stundenlang das an die Tafel geschriebene Alphabet im Chor laut aufsagen lassen.

Das beherrschen die Kinder bald wie im Schlaf, doch ihren Namen können sie teilweise auch nach Jahren noch nicht fehlerfrei schreiben.

Oft müssen die Kinder zudem vor Schulbeginn auf dem kleinen Feld ihrer Eltern mitarbeiten. Und nach dem teilweise kilometerlangen Schulweg sind sie sowieso meist einfach zu müde und zu hungrig, um sich im Klassenzimmer noch konzentrieren zu können. Trotzdem ermahne ich Asnakech, häufiger in die Schule zu gehen, rede von Bildung als Schlüssel zu einem besseren Leben und so weiter und so fort. *Ferenji*-Gerede. Asnakech hat es sicher schon oft gehört. Sie nickt brav, verspricht mir, häufiger in die Schule zu gehen. Als Belohnung kaufe ich ihr einen Korb ab. Etwas Dümmeres und Kontraproduktiveres hätte ich wahrscheinlich nicht machen können.

Kurz nachdem wir Asnakech getroffen haben, biegen wir von der Hauptstraße auf die schmale Straße nach Debre Libanos ab. Sie soll uns zu einem der wichtigsten (und davon gibt es in Äthiopien viele) Klöster des Landes führen. Auf der Straße kommt uns Mönch Abba Wolde-Giyorgis entgegen und bedeutet uns anzuhalten. »Ich grüße euch. Wollt ihr mein Kloster besuchen?«, fragt der Gottesmann und reicht uns als Willkommensgeschenk *dabbo*, heiliges Brot, durch das geöffnete Fenster. Eigentlich ist es für einen seiner Glaubensbrüder gedacht, der vor ein paar Tagen gestürzt ist und sich jetzt im Krankenhaus behandeln lassen muss. Abba Wolde-Giyorgis hat sich zu Fuß auf den Weg gemacht, um dem alten Mönch einen Besuch abzustatten. »Hoffentlich kommt er bald wieder nach Hause. Im Kloster leben wir nur mit Gott. Deshalb ist es der schönste und friedlichste Ort der Welt«, sagt der etwa Vierzigjährige, und das Strahlen in seinen Augen lässt keinen Zweifel daran, dass er genau das meint, was er sagt. Das heilige Brot kauend, fahren wir langsam weiter. Immer wieder müssen wir Affen, die auf der Straße tollen, und Kindern, die uns für einen Birr (umgerechnet vier Cent) leere Flaschen verkaufen wollen, ausweichen. Solomon kauft eine Flasche. Er will sie im Kloster mit heiligem Wasser füllen.

Am Kloster begrüßt uns Mönch Habte-Giyorgis. Seit achtundzwanzig Jahren lebt er hier. Genau wie sein Glaubensbruder, der uns das heilige Brot geschenkt hat, möchte er nirgendwo anders zu Hause sein. »Wenn ich in Addis leben würde, würden mir die Sinne verwirrt. Vielleicht würde ich irgendwann schwach werden und sündigen«, erzählt uns der Geistliche in der großen, aber nicht unbedingt schönen, 1961 von Kaiser Haile Selassie erbauten Kirche. Habte-Giyorgis führt auch Frauen durch das berühmte Gotteshaus, allerdings nur tagsüber. »Abends müssen die Frauen gehen, damit wir hier Ruhe haben. Meine Mönchsmütze ist mein Weib. Ich bin nur mit ihr verheiratet«, sagt der Gottesmann.

Die selbst auferlegte Enthaltsamkeit scheint dem Mönch auch nach fast dreißig Jahren noch nicht in Fleisch und Blut übergegangen zu sein, zu gerne möchte er mit uns »über die modernen Frauen in engen Jeans und T-Shirts« in Addis sprechen. Doch noch lieber spricht der offensichtlich immer wieder gegen seine Triebe ankämpfende Mönch über den Heiligen Tekle Haymanot, der das Kloster im 13. Jahrhundert gegründet haben soll. »Tekle Haymanot stand, ins Gebet vertieft, zweiundzwanzig Jahre auf einer Stelle. Ohne zu essen und zu trinken. Als ihm das eine Bein abfiel, betete er noch sieben Jahre auf einem Bein weiter, bis er starb«, weiß der Mönch zu berichten. Als wir fragen, wie man neunundzwanzig Jahre, sieben davon nur auf einem Bein, ohne Essen und Trinken überleben könne, antwortet Habte-Giyorgis, dass dies kein Problem sei. Der Heilige Abba Samuel habe es so sogar fünfhundertsechsundzwanzig Jahre ausgehalten.

An der Stelle, an der Tekle Haymanot neunundzwanzig Jahre gebetet haben soll, rinnt heiliges Wasser aus dem Berg. Habte-Giyorgis will heute jedoch lieber nicht davon trinken, er hat Magenprobleme. Auf dem schmalen Pfad, der sich durch einen Wald von der Kirche zur Quelle emporwindet, liegen jede Menge leere

Tablettenpackungen, weggeworfen von Pilgern, die sich scheinbar auch nicht ausschließlich auf die heilende Wirkung des Wassers verlassen wollten. Unsere Reiseapotheke ist gut gefüllt, doch Solomon möchte die gerade erstandene Flasche mit dem Elixier, das gegen Gebrechen jeder Art helfen soll, füllen und für etwaige, auf der Fahrt zu erwartende Beschwerden mitnehmen.

Vielen Äthiopiern ist Debre Libanos auch acht Jahrhunderte nach seiner Gründung noch einer der heiligsten Orte des Landes, doch Marschall Rodolfo Graziani entweihte den Ort am 24. Mai 1937. Graziani war einer der militärischen Befehlshaber, die Äthiopien zwischen 1935 und 1941 im Auftrag des »Duce«, des italienischen Faschisten Benito Mussolini, mit einem brutalen Eroberungskrieg überzogen. Der skrupellose Soldat, der unter dem Namen der »Schlächter von Äthiopien« in die Geschichtsbücher einging, sagte 1936: »Der Duce wird Äthiopien besitzen – mit oder ohne Äthiopier.« Am 19. Februar 1937 versuchten äthiopische Freiheitskämpfer den Schlächter zu stoppen, doch das Attentat scheiterte. Graziani reagierte mit einer rachsüchtigen Vergeltungsaktion, der landesweit Tausende Zivilisten zum Opfer fielen. Auch vor den Mönchen von Debre Libanos schreckte der Italiener nicht zurück. »Dreihundertzwanzig Mönche und Laien hatten sich an diesem Tag im Kloster versammelt, um den Heiligen Tekle Haymanot zu feiern. Sie alle wurden von den Italienern getötet, das Kloster wurde niedergebrannt. Erst vierundzwanzig Jahre später errichtete Haile Selassie an der Stelle des Blutbads diese Kirche«, berichtet uns Habte-Giyorgis. Als die Sonne untergeht und alle Frauen die Klosteranlage verlassen müssen, verabschieden auch wir uns vom Mönch.

Kapitel 6

Zornige, junge Männer

Wie Wasser ins Tal fließt, so laufen in Äthiopien die Menschen von den Bergen zu den Straßen, den Flüssen der Moderne. Als wir am nächsten Morgen unsere Reise nach Norden fortsetzen, tauchen von überall her Kinder, Frauen und Männer auf. Aus dem Nichts. Wenn wir unterwegs pinkeln müssen, fahren wir so lange bis wir uns absolut sicher sind, dass die Gegend zumindest im Umkreis von einigen Kilometern unbewohnt ist. Doch nur in den seltensten Fällen gelingt es uns, den Hosenstall wieder zu schließen, bevor von irgendwo ein Kind angerannt kommt und *»You!«, »How are you, Mister?«, »Where you go?«, »Pen«* oder *»Money«* ruft. Dass wir beim Pinkeln keine Lust haben, über unser Befinden oder unsere Reiseplanung Auskunft zu geben oder Almosen zu verteilen, können sich die meisten Äthiopier scheinbar nur schwer vorstellen. Denn sie sind beim Pinkeln ziemlich ungeniert und äußerst multitaskingfähig. Privatsphäre ist Luxus, und Luxus gibt es in Äthiopien nur selten. Die sanitäre Versorgung ist immer noch katastrophal. Mehr als die Hälfte der Bevölkerung hat keine Toilette, auf dem Land sind es noch weniger. Bislang habe ich gedacht, dass jeder Mensch beim Verrichten seines Geschäfts gerne seine Ruhe hätte; seitdem ich in Äthiopien lebe, bin ich mir da nicht mehr so sicher. Während ich mich beim Pinkeln gerne hinter einem Baum verstecke, bevorzugen viele Äthiopier offensichtlich die offene Weite. Während ich mit dem Rücken zur Straße stehe, machen manche äthiopische Männer es lieber andersrum. Es könnte ja jemand vorbeifahren, den man kennt, dem man mit der freien Hand zuwinken könnte. Während ich beim Pinkeln auf dem Handy eingehende Anrufe ignoriere, haben viele äthiopische Männer kein Problem, beides zeitgleich zu handlen. Vielleicht pinkelt der Anrufer ja auch gerade.

Mit jedem Meter, den wir auf der abschüssigen Straße nach Bahir Dar an Höhe verlieren, steigt die Temperatur. Und wir verlieren schnell Höhe. In Serpentinen schrauben wir uns hinab zur Schlucht des Blauen Nils. Ich wollte die Haarnadelkurven zählen, doch dann fing ich an, die ausgebrannten und bis zur Unkenntlichkeit zerquetschten Wracks von Tanklastwagen, Bussen, Jeeps und Autos zu zählen, die die fiesen Kurven nicht gepackt haben, und komme durcheinander. Ich glaube, es waren mehr Wracks als Kurven. Und es waren eine ganze Menge Kurven. Über der Straße hängt der Gestank von schlecht verbranntem Diesel, den teilweise kriminell überladene Lastwagen ausstoßen, die sich im Schneckentempo die Steigung hochquälen. Der Geruch der heißgelaufenen Bremsen der Lkws, die noch langsamer als wir ins Tal quietschen, kündigt an, dass es bald weitere Wracks zu zählen geben wird.

Als wir mit laut heulender Motorbremse vorsichtig ins Niltal rollen, sehen wir am rechten Straßenrand einen roten Toyota Pick-up. In den tief ausgefahrenen Spurrillen ist der Fahrer offensichtlich ins Schlingern geraten und mit den beiden rechten Reifen in die breite Rinne gerutscht, die in der Regenzeit das zum Nil stürzende Wasser aufnimmt. Am linken Straßenrand liegen der Fahrer und sein Beifahrer im Schatten und schlafen. Nachdem sie festgestellt hatten, dass sie ihren schweren Geländewagen nicht alleine wieder auf die Straße bekommen, haben sie offensichtlich beschlossen, die Zeit sinnvoll zu nutzen und erst einmal ein Mittagsschläfchen zu halten. Ein mit einem Sturmgewehr bewaffneter Mann, der in der nächsten Kehre eigentlich die Ladung eines umgekippten Lastwagens bewachen sollte, tut es ihnen gleich.

Kurz nachdem wir den in der Regenzeit nur wenig Wasser führenden Blauen Nil auf einer modernen und militärisch gesicherten Brücke überquert haben und uns auf der anderen Seite des Flusses wieder in engen Kehren den Canyon emporschrauben, kommen wir an einer kleinen Hütte vorbei. Ein Mädchen mit einem Korb Tomaten und zwei Getreidesäcken sowie ein junger Mann mit einer Kalaschnikow sitzen davor. Der junge Mann könnte der äthiopischen Regierung bald sehr gefährlich werden. Und die Regierung ihm, wenn sie von seinen Plänen erführe. Deshalb möchte er nicht, dass ich seinen richtigen Namen verrate. Ich nenne ihn hier Tesfaye.

Tesfayes Familie hat sich jahrelang das Essen vom Munde abgespart, damit er, einer von vier Söhnen und zwei Töchtern, Jura studieren kann. Die Investition würde sich schnell amortisieren, wenn Tesfaye, wie von der Uni versprochen, nach dem Diplom einen gut bezahlten Job in der Regierung bekäme. Tesfaye hat sein Abschlusszeugnis in einer feierlichen Zeremonie vor drei Jahren überreicht bekommen. Danach war er arbeitslos, half auf dem kleinen Feld seiner Eltern mit. Vor zwei Jahren drückte man dem Universitätsabsolventen eine Kalaschnikow in die Hand, zeigte ihm, wie man schießt, und machte ihn zum Hilfssheriff. Für vierhundertfünfzig Birr, umgerechnet achtzehn Euro im Monat. Vor Steuern. Dafür riskiert Tesfaye jeden Tag sein Leben.

»Einmal haben Banditen die Straße blockiert, einen Lastwagen so zum Anhalten gezwungen und überfallen. Meine Kameraden und ich haben uns mit den Banditen eine Schießerei geliefert. Vier haben wir erwischt, sie sitzen jetzt im Knast«, berichtet Tesfaye nicht ohne Stolz. Doch seit der Schießerei traut er sich nicht mehr, in der Hütte am Wegesrand zu übernachten. Jede Nacht könnten die Komplizen der Banditen wiederkommen, um Rache zu nehmen, um Tesfaye im Schlaf zu erschießen. Wenn er Nachtschicht hat, versteckt der Hilfssheriff sich deshalb in den Feldern rechts und links der Straße. Jedes Mal an einem anderen Ort, damit die schwer bewaffneten Banditen ihn nicht finden. Nachts, wenn die Hyänen auf der Suche nach Beute umherschleichen, wird es kalt im äthiopischen Hochland, doch Tesfaye hat weder ein Zelt noch einen Schlafsack noch eine Isomatte. Ihm wurden nur Uniform, Jacke, Stiefel und die Kalaschnikow gestellt, und von seinem mageren Sold kann er sich keine vernünftige Ausrüstung leisten.

Tesfaye ist wütend, sehr wütend. »Ich habe nicht studiert, um für einen Hungerlohn mein Leben zu riskieren. Ich würde gerne heiraten, aber welche Frau will einen Mann, der noch bei seinen Eltern wohnt, weil er sich nichts anderes leisten kann?«, fragt Tesfaye. Die Antwort kennt er selbst. Tesfaye ist nicht alleine. Zwar hat die äthiopische Regierung in den letzten Jahren mit deutscher Hilfe im gesamten Land Universitäten gebaut, doch oft gibt es für die qualifizierten und hoch motivierten Absolventen später keine Jobs. Von Tesfayes Freunden, die mit ihm Jura studiert haben, hat keiner einen Job als Anwalt oder Richter gefunden. Dafür haben sie Zeit, viel Zeit. Zeit, die sie vor dem Fernseher oder in den Internetcafés mit den schrecklich langsamen Verbindungen verbringen. Auch wenn die äthiopische Regierung sich bemüht, Nachrichten, die in Äthiopien für Unruhe sorgen könnten, gar nicht erst ins Land dringen zu lassen, haben Tesfaye und seine Freunde von den zornigen, jungen, arbeitslosen Männern gehört, die während des Arabischen Frühlings im Norden des Kontinents reihenweise Regierungen zu Fall gebracht haben.

»Das kann auch hier passieren. Wenn meine Freunde und ich in einem Jahr keine vernünftigen Jobs haben, greifen wir zu den Waffen«, droht der frustrierte Wachmann, und es klingt so, als meine er es ernst. Das weiß auch die Regierung im fernen Addis Abeba. Vor Kurzem kamen Beamte in Tesfayes Dorf und boten den frustrierten Universitätsabsolventen günstige Kredite an, falls sie sich eine Kuh kaufen wollten. Zudem versuchten sie, alle jungen Männer, die an dem Treffen teilnahmen, mit zweihundert Birr (umgerechnet etwas mehr als acht Euro) zu besänftigen. Zumindest bei Tesfaye hat es nicht gewirkt. »Ich will keine Kuh. Ich will nicht Bauer werden. Ich bin Jurist«, donnert der zornige Mann, der die Waffe, die die Regierung ihm gegeben hat, notfalls gegen diese richten will.

Emebet hat Tesfayes wütenden Drohungen aufmerksam zugehört, dabei ab und zu von ihren Tomaten genascht. Dann fragt sie uns, ob wir sie zum Markt in der nächsten Stadt mitnehmen könnten. Bereits seit vier Stunden warte sie an der Straße auf eine Mitfahrgelegenheit. Würde sie mit ihrem Korb und den Säcken mit Hirse und Mais auf der Straße laufen, bräuchte sie sechs Stunden. Auf einem kleinen Pfad durch die Berge oberhalb der Straße wären es »nur« vier Stunden, doch vor der Abkürzung hat Emebet Angst. »Eine Frau aus meinem Dorf ist in den Bergen auf dem Weg zum Markt vergewaltigt worden. Seitdem nehme ich die Straße«, erzählt sie, als sie es sich auf unserer Rückbank bequem gemacht hat. Angst, sich zu drei fremden Männern, zu Solomon, Falk und mir, ins Auto zu setzen, hat die Sechzehnjährige nicht.

Mir fällt die Tätowierung aus aneinandergereihten Kreuzen, die wie ein Vollbart ihr hübsches Gesicht umrandet, auf. »Ich mag es nicht. Eine alte Frau aus meinem Dorf hat es gemacht, als ich noch klein war. Es hat wehgetan, aber ich konnte mich nicht wehren. Wenn ich einmal Töchter habe, werde ich es ihnen nicht antun. Es ist nicht modern«, sagt Emebet und bedeckt mit ihrer linken Hand verschämt ihr Kinn, sodass ich im Rückspiegel nur noch die »Koteletten« des Tattoo-Barts sehen kann. Viele der Frauen, die im überwiegend christlichen Norden Äthiopiens auf den Feldern arbeiten, tragen diese traditionellen Tätowierungen auf der Stirn, auf den Wangen und am Hals; in den größeren Städten sehe ich die Zierde nur noch selten. Die unter die Haut gestochene Asche soll den starken Glauben der Trägerin unter Beweis stellen, sie schmücken und vor Unglück bewahren.

Doch in den sich rasch modernisierenden Städten haben sie mittlerweile fast die umgekehrte Wirkung. Frauen mit Tätowierungen im Gesicht haben es schwerer, einen Mann oder einen Job zu finden, weil sie schon im Gesicht die mittlerweile oft als Rückständigkeit empfundene Tradition ihrer Eltern zur Schau tragen. Das will Emebet ihren Töchtern ersparen. Als wir sie am Markt absetzen, schenkt sie uns ein paar ihrer Tomaten. Es sind die süßesten Tomaten, die ich je gegessen habe. Nachdem wir sie probiert haben, sind wir zuversichtlich, dass das Mädchen, das so gerne »ein modernes Gesicht« hätte, sie schnell loswird und noch im Hellen zurücktrampen kann. Dass ihre Tätowierung sie vor allen Gefahren der Finsternis behüten kann, glaube ich nicht.

Als es dunkel wird, erreichen wir auf einer Schotterpiste Gish Abbay. Obwohl keine einzige Laterne die Hauptpiste erleuchtet, scheint das ganze Städtchen auf den Beinen zu sein. Männer, Frauen, Kinder, Kühe, Esel, Ziegen, Schafe. Im Schritttempo bahnen wir uns einen Weg durch Mensch und Tier. In Gish Abbay entspringt aus einer heiligen Quelle der Kleine Nil, der sich als Blauer Nil in der sudanesischen Hauptstadt Khartoum mit dem im Lake Victoria in Uganda entspringenden Weißen Nil vereinigt, um schließlich nach insgesamt fast fünftausend Kilometern Reise im ägyptischen Alexandria ins Meer zu fließen. In unserer Landkarte ist in Gish Abbay ein großes, weißes H für Hotel eingezeichnet. Wir rechnen mit einer stattlichen Unterkunft, doch zunächst können wir in dem Städtchen ohne befestigte Straße nichts entdecken, was unseren Vorstellungen von einem Hotel auch nur nahekommt. Wir fragen einen jungen Mann, der Hand in Hand mit einem Freund einen Abendspaziergang macht. »Es gibt gleich hier vorne ein Hotel, aber ich glaube, da wollt ihr nicht bleiben. Fahrt lieber zu dem dort hinten, das ist besser«, empfiehlt der freundliche Spaziergänger.

Wenn das Hotel, in dem wir absteigen, das bessere ist, bin ich froh, dass wir das schlechtere nicht gesehen haben. Hotelmanagerin Mekdes bietet uns zwei Zimmerkategorien an. Mit gefederter Matratze für fünfzig Birr (2,03 Euro), mit Schaumstoffmatratze für vierzig Birr (1,63 Euro). Das Klo für alle Zimmer, dessen Anblick bei mir spontan zu einer mehrtägigen, psychosomatischen Verstopfung führen sollte, befindet sich im Hof. Alle Zimmer können zum selben Preis auch als Doppelzimmer gebucht werden. Das ist auch für äthiopische Verhältnisse sehr günstig, das Preis-Leistungs-Verhältnis ist trotzdem schlecht. Denn Mekdes, die scheinbar nicht nur das Hotel, sondern auch die dazugehörige Bar und das Restaurant alleine betreibt, ist leider nicht dazu gekommen, das benutzte Kondom des Vormieters (oder Vorvormieters?) aus unserem Zimmer zu entfernen oder die Kammer zumindest einer oberflächlichen Reinigung zu unterziehen.

Mein Freund Falk war, wie gesagt, noch nie in Afrika, streng genommen war er noch nie in einem wilderen Land als Slowenien, und dieses Hotel macht ihm Angst. Ich kann ihn verstehen. Er möchte nicht alleine in einer der muffigen Kammern schlafen, also sparen wir uns 2,03 Euro und nehmen zusammen ein Zimmer mit einer gefederten Matratze. Solomon ist unerschrockener, bezieht alleine ein Federkernmatratzen-Zimmer.

Am späten Abend sind wir die einzigen Gäste im Hotelrestaurant. Solomon bestellt ein traditionelles Trockenfleischgericht. Mekdes nimmt dafür Fleischstreifen, die sie über einem offenen Feuer aus Kuhdungfladen geräuchert hat, von einer Art Wäscheleine und serviert sie mit zerfetztem *Injera.* Falk und ich entscheiden uns gegen diese Spezialität des Hauses, für Spaghetti mit irgendetwas Braunem. Ich habe Solomons Essen nicht probiert, aber ich glaube, es hat besser geschmeckt als unsere Nudeln.

Die zwanzigjährige Mekdes bedient uns äußert zuvorkommend, setzt sich später zu uns an den Tisch und erzählt uns ihre Geschichte. Mit drei Jahren versprachen ihre Eltern sie einem wesentlich älteren Mann. Als sie elf Jahre alt war, zwang dieser sie zum Sex. Danach wollte sie nie wieder etwas mit Männern zu tun haben. Bis sie sich in der Schule in einen gleichaltrigen Jungen verliebte, mit ihm eine heimliche Affäre begann. Dann passierte etwas, über das Mekdes immer noch nicht sprechen möchte, das sie jedoch zwang, von zu Hause wegzulaufen. »Zu meiner Familie werde ich nie zurückkehren können, aber hier, hier werden sie nie nach mir suchen«, erzählt die junge Frau. Sie träumt davon, irgendwann ihr eigenes Hotel zu eröffnen und nicht mehr auf den Hungerlohn angewiesen zu sein, den ihr der Hotelbesitzer zahlt. Er weiß, dass seine Angestellte, die auf der Flucht vor ihrem alten Leben ist, keine Alternative zum Job in seiner Herberge hat.

In ihren wenigen, kurzen Arbeitspausen sitzt Mekdes am liebsten im Restaurant vor dem ununterbrochen laufenden Fernseher. »Ich mag Fernsehen. Da gehen die meisten Geschichten am Ende irgendwie gut aus«, erklärt die junge Frau, in deren Leben bislang scheinbar das wenigste gut ausging. Irgendwann sagt sie: »Jetzt habt ihr mich so viel gefragt, jetzt will ich euch auch mal etwas fragen: Seid ihr bei euch in Deutschland genau so nett zu ausländischen Gästen wie wir in Äthiopien?« Wir sagen »ja«, und hoffen, dass wir sie nicht angelogen haben.

Während wir uns mit Mekdes unterhalten, versuchen Solomon, Falk und ich den perfekten, äußerst schwer zu ermittelnden Alkoholisierungsgrad zu erreichen. Genug Bier, um in unseren 2,03-Euro-Zimmern möglichst schnell einzuschlafen, nicht so viel, dass wir nachts auf die zu Verstopfung führende Toilette müssen. Wir haben den richtigen Punkt nicht getroffen. Es war zu wenig Bier. Bevor wir ins Bett gehen, sprüht Falk sich, seinen Schlafsack und das gesamte Zimmer mit einem Spray voll, das ihm Malaria übertragende Mücken vom Leib halten soll. Meinen Einwand, dass es hier, auf dieser Höhe keine Malariamücken gebe, lässt er nicht gelten. Flöhe gibt es in unserem Bett jedoch sehr wohl. Und die, das merken wir in den nächsten Tagen, haben sich von Falks Anti-Malaria-Spray nicht beeindrucken lassen. Als ich trotz Flöhen, Falk und Malariaspray gerade einschlafen will, höre ich, wie es an der Tür eines Nachbarzimmers klopft. Dann höre ich, wie Mekdes leise mit dem Lastwagenfahrer, der darin übernachtet, diskutiert, bevor sie die Tür von innen hinter sich schließt. Drei Jobs reichen offensichtlich nicht aus, damit sie sich den Traum vom eigenen Hotel irgendwann erfüllen kann.

Kapitel 7

Wann hattet ihr das letzte Mal Sex?

Ich bin froh, als Falk die Nacht am nächsten Morgen um sechs Uhr für beendet erklärt. Aus hygienischen Gründen beschließen wir, auf eine Dusche zu verzichten, verabschieden uns bei Mekdes, die in der Bar schon das Frühstück vorbereitet, und machen uns auf den Weg. Wir sind nicht die Einzigen, die früh unterwegs sind. Der Duft unzähliger Eukalyptusfeuer erfüllt bereits die noch kalte Luft, Frauen rösten auf eisernen Platten über offenen Feuern frische Kaffeebohnen. Aus den Wiesen, aus denen dichter Nebel aufsteigt, strömen in weiße Tücher gehüllte Menschen. Sie alle haben dasselbe Ziel wie wir. Die heilige Quelle des Kleinen Nils.

Schon Caesar wollte wissen, wo der Nil entspringt, Kaiser Nero stattete eine Expedition aus, um die Quelle zu finden, und ab 1768 suchte der schottische Entdecker James Bruce den Ursprung des sagenumwobenen Flusses. Am 4. November 1770 erreichte Bruce schließlich sein Ziel. In seinem Buch »Zu den Quellen des Blauen Nils« beschrieb der Adlige die letzten Meter seiner Suche später so: »Ich riss mir die Schuhe von den Füßen und rannte den Hügel hinunter auf ein Stück Rasen zu, das etwa zweihundert Meter entfernt lag. Der Abhang war mit Blumenbüschen bewachsen. Einige Male stürzte ich schwer. Mühsam watete ich durch den Sumpf und erreichte den Rasenfleck. Da stand ich dann in Verzückung. Ich hatte den Platz erreicht, der dreitausend Jahre lang die Fantasie der berühmtesten Männer beschäftigt hatte.«

Ich glaube, wir haben unser Auto genau an der Stelle abgestellt, von der aus der tollpatschige Bruce losrannte, der vierundzwanzig Jahre später bei einem Sturz von der Treppe in seinem Haus sterben sollte. Wir behalten unsere Schuhe an, stürzen nicht schwer und wissen, dass einhundertfünfzig Jahre bevor Bruce den Grashang hinunterpurzelte, bereits die Missionare Pedro Paéz und Jerónimo Lobo die Quelle des Blauen Nils »entdeckten«, auch wenn der eitle Schotte dies nie anerkannte.

Als wir an der durch einen hölzernen Zaun geschützten Quelle ankommen, haben sich uns schon rund fünfzig Kinder, Männer und Frauen angeschlossen, die alle wissen wollen, was die drei Fremden an der Quelle wollen. Einer von ihnen weist uns darauf hin, dass wir zunächst am Kloster oberhalb des Borns um Zutritt zum heiligen Wasser bitten müssen. Die schnell wachsende Karawane folgt uns bergauf und geleitet uns zu Mönch Abba Gebre-Maryam. Als die Morgensonne langsam über die Wipfel der Eukalyptusbäume klettert, erzählt der Gottesmann, was es mit der Quelle unterhalb seiner Kirche auf sich hat. Wie alle Menschen, die sich bereits am frühen Morgen hier zum Gebet eingefunden haben, ist er überzeugt, dass der hier entspringende Fluss einer der vier Arme des in der Bibel beschriebenen Stromes ist, dessen Quelle im Paradies liegt. Im 1. Buch Mose heißt es: »Und es ging aus von Eden ein Strom, zu wässern den Garten, und er teilte sich von da in vier Hauptwasser. (...) Das andere Wasser heißt Gihon, das fließt um das ganze Mohrenland.«

An der Quelle des Gihon sitzen wir gerade. »Heute nennen wir den Gihon Nil, aber der Fluss stellt immer noch eine Verbindung zwischen Himmel und Erde dar. Im Himmel führt er Milch und diente schon Adam und Eva. Erst auf Erden wird die Milch zu Wasser. Doch als Jesus geboren wurde, da führte der Fluss wieder für einen Tag Milch«, erklärt uns der Mönch.

Jesu Geburt liegt auch nach dem äthiopischen Kalender, der unserem, dem gregorianischen Kalender, um mehr als sieben Jahre hinterherhinkt, mehr als zweitausend Jahre zurück, die Milch hat sich längst wieder in klares Wasser verwandelt, doch es soll immer noch heilende Kräfte besitzen. »Blindheit, Magenprobleme, Teufelsbesessenheit, Unfruchtbarkeit, aber auch moderne Krankheiten wie Aids: das Wasser kann alles heilen. Das verdanken wir Abune Zerabruk«, erklärt Abba Gebre-Maryam uns. Der Heilige Zerabruk soll im 8. Jahrhundert dreißig Jahre an der Quelle des Flusses gebetet und so manchen Kranken mit dem Wasser geheilt haben. Als er so beliebt war, dass er selbst dem König gefährlich wurde, ließ der ihn kurzerhand in den Kerker stecken. Doch zuvor soll Zerabruk seine sieben heiligen Bücher dem Fluss anvertraut haben. Als er nach der Entlassung aus der Haft Jahre später zur Quelle des heiligen Stromes zurückkehrte, soll der Fluss die gänzlich unversehrten und trockenen Bücher wieder hervorgebracht haben. Auf diese Legende bezieht sich auch der Name der Stadt Gish Abbay, der nichts anderes bedeutet als: Bringe hervor, Nil! Wie dem auch sei. Abune Zerabruk, der Besitzer der heiligen Schriften, starb, so die Überlieferung, im gesegneten Alter von 482 Jahren. Und seine sieben Bücher werden heute in der Kirche oberhalb des Flusses aufbewahrt. Natürlich sehen sie immer noch blendend aus, allerdings darf nur ein auserwählter Mönch sie mit eigenen Augen betrachten. Aber es wird schon stimmen.

Über der Quelle des Kleinen Nils wurde später eine Kirche errichtet, die dem Heiligen gewidmet ist. Nur Geistliche haben Zutritt zum Heiligtum, einfache Pilger füllen sich das heilende Wasser an der rund hundert Meter entfernten Stelle, an der wir vor Sonnenaufgang abgewiesen wurden, in Kanister und Flaschen und lassen es an einer nahe gelegenen Kapelle von Priestern segnen. Als ich Abba Gebre-Maryam frage, ob wir die Quelle jetzt besuchen dürften, wird der Mann, der vorher so begeistert von den Wundern des Wassers gesprochen hat, plötzlich einsilbig. »Wann hatten deine Freunde das letzte Mal Sex oder haben ejakuliert?«, fragt der Kirchenmann meinen Freund Solomon, der ihm offensichtlich weniger suspekt ist. Über Sex wird im konservativen Äthiopien eigentlich nicht offen gesprochen, doch wenn es gilt, die heilige Quelle zu schützen, wird sich selbst über dieses Tabu hinweggesetzt. Denn nur Menschen, die mindestens achtundvierzig Stunden enthaltsam waren, dürfen die Quelle besuchen. Solomon versichert dem Mönch, dass er die letzten Tage mit uns verbracht habe und zumindest für diesen Zeitraum für unsere Keuschheit garantieren könne. Gänzlich beruhigt ist der Mönch noch immer nicht. Es gibt noch eine weitere Sorge, doch auch die können wir ihm nehmen. Wir sind keine Pfingstler, die gekommen sind, um die Quelle zu entweihen. Nachdem wir eine stattliche Spende für die Kirche entrichtet haben, lässt man uns schließlich barfuß zum heiligen Wasser.

Kapitel

8

Der Mann, der den Tod wegwäscht

Der Ursprung des Kleinen Nils ist eine von unzähligen heiligen Quellen in Äthiopien. Auch auf dem Entoto, dem heiligen Hausberg Addis Abebas, sprudelt es und lockt viele zwielichtige Gestalten der Professionen Aidsheiler und Teufelsaustreiber an. Einen von ihnen habe ich vor unserer Reise aufgesucht und mich behandeln lassen. Rein prophylaktisch natürlich.

Als ich Bahtawi Gebre-Medhin das erste Mal sah, goss er im Morgengrauen eiskaltes Wasser aus einem gelben Plastikkanister für billiges Speiseöl auf sieben Frauen, die nur mit Unterhosen bekleidet, vor ihm kauerten. Tigist, eine der Frauen, schrie, als wäre der Leibhaftige hinter ihr her. Die ausgemergelte Frau zuckte wie bei einem epileptischen Anfall, ruderte mit den dünnen Ärmchen. Erst als der Priester ihr ein großes, hölzernes Kreuz an die Stirn presste und beschwörend auf sie einredete, beruhigte Tigist sich. Mit *tsebel,* dem heiligen Wasser, würde der orthodoxe Priester ihr den Teufel austreiben und sie heilen. Von Aids. Das glaubte die von der unheilbaren Krankheit gezeichnete Frau zumindest. Dafür wohnte sie seit Monaten bei dem Mann, der sich mit einer grünen Regenhose gegen die eiskalten Wasserspritzer schützt. Nachdem Tigist wieder zu sich gekommen war, streifte sie sich ein zerschlissenes Kleid über, verbeugte sich tief vor dem Priester und schlich auf wackeligen Beinen davon.

Auch wenn in den Baracken rund um den Hof, auf dem der Priester jeden Morgen tauft, auch kranke Europäer und Amerikaner wohnen, die ihre letzte Hoffnung auf den Mann mit dem Wasser setzen, war der Heiler offensichtlich skeptisch, als er mich sah. Bevor ich mit ihm sprechen durfte, musste ich, wie jeder Kranke, der ihn aufsucht, sein großes, hölzernes Kreuz küssen. Ich hoffte, er würde nicht bemerken, dass meine Lippen ins Leere küssten, das Holz um einige Zentimeter verfehlten. Ich glaubte nicht, dass das von unzähligen Kranken geküsste Holz mich gesünder machen würde. Ich fragte den Kirchenmann: »Warum hat die Frau eben so schrecklich geschrien?« »Sie hat nicht geschrien. Es war der Teufel, der in ihr wohnt. Das *tsebel* hat ihn verbrannt. Er wird ihren Körper bald verlassen«, antwortete der Wunderheiler. Dann war die Audienz beendet. Bahtawi Gebre-Medhin hatte keine Zeit zu verlieren. Ich sollte am nächsten Tag im Morgengrauen wiederkommen. Jetzt musste der Fünfundvierzigjährige schließlich noch rund einem Dutzend Männern und Frauen Dämonen und Krankheiten aus ihren Körpern spülen. Die erste Gruppe Aidskranker, Lahmer, Blinder und vom Teufel Besessener hatte der orthodoxe Priester bereits um drei Uhr nachts abgefertigt. Im Gegensatz zu den Kranken der Sieben-Uhr-Schicht hatten sie noch einen Job, mussten deshalb mitten in der Nacht kommen.

Am nächsten Tag war ich in der Morgendämmerung erneut auf dem heiligen Berg. Ich glaube, der Priester ahnte, dass ich nicht an die Kraft seines Wassers glaube. Um mir das Gegenteil zu beweisen, gebot er mir, mich auszuziehen. Blökende Schafe und zitternde Kranke beäugten mich neugierig, als der Priester den ersten Schwall Wasser über mich goss. Ich musste laut stöhnen. Ich glaube, es lag daran, dass das Wasser einfach saukalt war. Der Priester glaubt, es lag daran, dass das Wasser wirkte und irgendetwas mit meinem Stöhnen aus mir entwich. Er taufte mich auf den Namen Gebre-Selassie, Diener der Dreifaltigkeit. Danach wollte ich mich mit meinem Hemd abtrocknen, doch der Priester hielt mich auf. Das heilige Wasser darf nicht abgerieben werden, es muss auf der Haut trocknen. Wenn ich am nächsten Tag nicht krank sein sollte, müsste es wirklich mit einem Wunder zugehen.

Bahtawi Gebre-Medhin ist nicht der einzige Scharlatan, der in Äthiopien verzweifelten Menschen verspricht, sie mit heiligem Wasser von unheilbaren Krankheiten zu heilen. Aber er ist so etwas wie ein Superstar unter den Wunderheilern. Die Zahl seiner Jünger wächst stetig, aus der ganzen Welt pilgern sie mittlerweile auf den Entoto. Der heilige Berg ist so etwas wie das Lourdes Äthiopiens, nur dass die Pilger nicht in Bussen und Flugzeugen, sondern zu Fuß und auf lange Stäbe gestützt kommen. In seinem kleinen, mit Kunstblumen und Heiligenbildern vollgestopften Büro hat der Priester mit alterschwachen Filzstiften eine Statistik auf Millimeterpapier gemalt. Im Jahr 1998 kamen 404 »Patienten«, 2003 waren es bereits 11 301, bis zum Jahr 2005 waren schon 431 000 bei ihm. Dann hörte Bahtawi Gebre-Medhin auf zu zählen. Vielleicht, weil die Zahlen ohnehin nie stimmten. »Alle, die die Behandlung bis zum Ende durchgezogen haben, konnte ich heilen«, sagt er mir. Als Beweis kramt der Heiler eine Mappe mit zerknitterten Dokumenten hervor: »Solomon G., HIV-positiv.« Abgestempelt von einem Krankenhaus in Addis. Dahinter hat der Priester einen weiteren, ebenfalls vom Krankenhaus abgestempelten Wisch geheftet: »Solomon G., HIV-negativ.« Zwischen den beiden Tests war Solomon G. bei Bahtawi Gebre-Medhin. Dass im medizinisch katastrophal unterversorgten Land, in dem nach Schätzungen mehr als zwei Millionen HIV-Infizierte leben, Blutproben oft verwechselt und Tests schlampig durchgeführt werden, lässt der Heiler nicht gelten.

Wenn es nach Bahtawi Gebre-Medhin geht, kann sein Wasser jeden heilen. Der Priester mit den angeblich übermenschlichen Kräften erzählte mir: »Das Wasser ist von Gott und dem Kreuz Jesu geheiligt. Schon im fünften Kapitel Johannes steht, dass das Wasser jeden heilen kann, ›mit welcherlei Seuche er behaftet war‹. Der Patient muss nur daran glauben und Buße tun. Wer das bestreitet, bestreitet die Existenz Gottes.« Im streng religiösen Äthiopien ein Totschlagargument.

Würde es mir so schlecht gehen wie den Jüngern des Wunderheilers, würde ich daran zweifeln, dass es einen Gott gibt, oder zumindest seine Allmacht in Frage stellen. Doch oft habe ich in Äthiopien erlebt, dass diejenigen, die vom Leben am wenigsten gesegnet sind, in ihrem Glauben am unerschütterlichsten sind. Niemand aus der Karawane der Aussätzigen und an Leib und Seele Kranken, die sich im Morgengrauen mit leeren Plastikkanistern einen steilen, steinigen Pfad durch dichten Eukalyptuswald hinabschleppt, würde sich dazu versteigen, die Existenz Gottes in Frage zu stellen. Gott und sein Knecht Bahtawi Gebre-Medhin sind die einzige Hoffnung, die ihnen geblieben ist – und hier stirbt die Hoffnung tatsächlich zuletzt.

Unter den Verzweifelten waren auch der Soldat Mulugeta und seine Frau Hiwot. Die Fünfundzwanzigjährige hatte sich mit einem einst weißen Tuch ihren dreijährigen Sohn Abebe auf den Rücken gebunden. Aus weit aufgerissenen Augen starrte der Junge mit dem Gesicht eines Greises in den Himmel. Nirgendwo blieb der leere Blick haften. Der Junge wimmerte. Nur ein für seinen kleinen Körper viel zu tiefes Husten unterbrach alle paar Sekunden das Stöhnen. »Am Sonntag klagte Abebe über Schmerzen im Bein, am Dienstag war er vom Hals abwärts gelähmt. Er hat so furchtbare Schmerzen«, erzählte mir sein Vater mit Tränen in den Augen, während er zärtlich das dünne Bein seines Sohnes streichelte, das schlaff am ausgemergelten Körper des Kindes baumelte. Drei Tage waren der Soldat und seine Frau aus der Provinzhauptstadt Debre Zeyit mit ihrem kranken Kind durch die Krankenhäuser der Hauptstadt geirrt. Dem Jungen war Blut abgenommen, der Stuhl war untersucht worden, Röntgenstrahlen hatten den kleinen Körper durchleuchtet, doch kein Arzt hatte sagen können, was dem Kind fehlte, wie ihm geholfen werden könnte. Schließlich hatten Mulugeta und seine Frau vom *tsebel,* dem heiligen Wasser, gehört.

Ich habe keine Ahnung von Medizin, und ich glaube an die Kraft von Placebos, doch ich hatte gespürt, wie kalt das *tsebel* ist. Ich glaubte nicht, dass Abebe die eiskalten Güsse überleben würde. Was sollte ich tun? Sollte ich, der junge, theologisch völlig ungebildete *ferenji,* die Weisheit des großen Meisters und die Kraft des Wassers, an die die Eltern ihre letzte Hoffnung knüpften, anzweifeln und Abebe wieder ins Krankenhaus bringen, wo man ihm angeblich nicht helfen konnte? Ich rang mit mir, dann versuchte ich, möglichst diplomatisch zu sagen, dass wir es vielleicht doch noch mal in der Klinik versuchen sollten. Abebes Mutter wollte den Ärzten eine weitere Chance geben, doch Abebes Vater war überzeugt: Nur das Wasser könnte seinen Sohn noch retten. Der Vater setzte sich durch.

Ich ging mit dem stöhnenden Kind und den Eltern den steilen Pfad hinab. Nach fünfzehn Minuten kamen wir im Talgrund an. Hier steigt das Wasser aus dem Bauch des Berges ans fahle Morgenlicht. Als wir an einer aus Eukalyptusstämmen, Plastikplanen und Wellblech zusammengezimmerten Kirche, an der sich bereits Hunderte Verzweifelte eingefunden hatten, ankamen, mussten wir unsere Schuhe ausziehen. Als die ganz in gelbes Ölzeug gewandeten Prediger das eiskalte Wasser auf Dutzende eng zusammengepferchte, nackte Frauen schütteten, setzte ein gewaltiges Brausen, Schreien und Wehklagen ein. Mit irrem Blick ging eine junge Frau auf einen der Priester los. Zwei Adjutanten mussten die Frau mit den aufgeschürften Knien festhalten, während der Priester ihr mit einem großen Holzkreuz auf den Rücken schlug und ihr einen weiteren Kanister eiskaltes Wasser über den Kopf kippte. »Es tut mir so leid, dass ich auf den Priester losgegangen bin. Aber das war nicht ich, das waren die Teufel«, erzählte die junge Frau, als wenige Minuten später Dutzende brüllende, nackte Männer getauft wurden.

Unter ihnen war auch Yonas. Jahrelang hatte der achtunddreißigjährige Drogenabhängige im kalifornischen San José gelebt. Als eine schwere Depression ihn quälte, hatte er versucht, sich zu erhängen. Nach dem gescheiterten Selbstmordversuch hatte sein Bruder ihn zurück nach Äthiopien geholt. »In Amerika haben die Ärzte mir alle möglichen Pillen verschrieben. Sie haben nichts gebracht. Erst das heilige Wasser konnte die Teufel aus meinem Körper vertreiben«, berichtete der in die Heimat zurückgekehrte Äthiopier. Viele der Männer, die gerade mit ihm getauft wurden, waren mit schweren schmiedeeisernen Ketten an den Handgelenken gefesselt. »Die kommen aus dem Irrenhaus. Wir müssen sie fesseln, sonst würden sie vielleicht jemanden umbringen oder davonlaufen«, erzählte Gashaw mir. Er hatte sich ein graues Kreuz auf seinen hellgrünen Hausmeisterkittel genäht und schlug den jungen Männern mit einem langen Eukalyptusstab auf den nackten Rücken. Jahrelang war er selbst vom Teufel besessen. Seitdem das heilige Wasser ihn geheilt hat, arbeitet er ehrenamtlich als Wächter und Ordner in der Wellblechkirche.

Ich hatte Angst. Ich versuchte, stets eine Mauer im Rücken zu haben. Ich war der einzige *ferenji* hier unten. Was, wenn zwei der aneinandergeketteten Männer im Wahn meinen Hals zwischen ihre Kette nähmen? Manche der Männer und Frauen hatten sich in ihrer Raserei blutig geschlagen. In kleinen Pfützen mischte sich das Blut mit dem heiligen Wasser. Ich achtete darauf, mir nicht die nackten Füße aufzuschürfen und nicht in die rötlichen Pfützen zu treten.

Im hundertfachen Geschrei der Aidskranken und vom Teufel Besessenen trug Mulugeta sein gelähmtes Kind zu einem Priester. Als der Prediger mit dem weißen Turban das Kind mit eiskaltem Wasser von seinem unbekannten Leiden heilen wollte, scharte sich eine Gruppe Pilger um Vater, Sohn und Prediger. Ein heftiger Streit brach aus. Die Pilger waren, genau wie ich, der Meinung, dass das halbtote Kind die eiskalten Güsse nicht überleben würde; der Prediger beharrte darauf, dass dies die einzige Rettung wäre. Was ich nicht konnte, gelang den Pilgern. Sie steckten Mulugeta einige Scheine zu, umgerechnet nur ein paar Cent, damit er sein Kind ins Krankenhaus bringen konnte. »Das heilige Wasser kann viel, aber dieses Kind können nur noch Infusionen retten«, sagte Wahid zu mir. Der Lastwagenfahrer hatte sich selbst drei Jahre lang den rituellen Waschungen unterzogen, täglich fünf Liter des heiligen Wassers getrunken. »Danach war ich HIV-negativ. Den Test habe ich zu Hause«, erzählte der Vater eines fünfjährigen Sohnes.

Ich stieg mit Mulugeta, Hiwot und dem halbtoten Abebe den steilen Pfad wieder hoch. Mit uns schleppten sich Dutzende Kranke, die zum Teil kaum noch sich selbst tragen konnten, mit vollen Kanistern den Berg hinauf. Denn wer von Bahtawi Gebre-Medhin getauft werden möchte, muss das Heil bringende Elixier selbst zum großen Meister tragen. Der Prediger hatte sich den Pfad ins Tal vor fast zwanzig Jahren gebahnt, nachdem die Jungfrau Maria ihm in einer Vision den Weg zum heiligen Wasser offenbart hatte. Nur spärlich soll es damals geflossen sein. Zwei Jahre will der Gottesmann mit eigenen Händen den tiefen Brunnen gegraben haben, der jetzt jeden Morgen das Ziel des traurigen Pilgerzugs ist.

Zunächst hatte Bahtawi Gebre-Medhin seine Anhänger in unmittelbarer Nähe der Quelle getauft; doch als immer mehr von der Schulmedizin aufgegebene Heilsuchende kamen, vertrieben andere Priester und Einheimische den Guru aus dem Tal. Auch sie wollten mit dem Wasser Geschäfte machen, aber der Erfolg des Priesters aus dem Süden des Landes machte ihnen die Kundschaft streitig.

Der vertriebene Wunderheiler machte aus der Not eine Tugend, baute oberhalb des Quells eine Art Spital. Oder ist es ein Hospiz? Durch eine zwei Meter hohe Mauer aus Eukalyptusstämmen vor den Neiderblicken der anderen Scharlatane geschützt, tauft er jetzt dort seine Anhänger, verwandelt zweimal am Tag den Staub mit heiligem Wasser in zähen Schlamm. Manche Patienten lassen sich ambulant behandeln, andere stationär. Die vierundzwanzig den Hof umgebenden, rund vier Quadratmeter großen Hütten vermietet der Heiler an seine Patienten. Für umgerechnet fünf Euro im Monat. Um die Wunderquelle hat sich mittlerweile eine kleine Stadt des Elends und der Krankheit gebildet, in der die Unheilbaren oft jahrelang auf Erlösung warten – und sie schließlich im Tod finden.

Mit Mulugeta, Hiwot und Abebe ging ich zügig an den Baracken vorbei. Die besorgten Eltern hofften, dass der Priester nicht sähe, wie sie mit dem kranken Kind in das Auto des *ferenji* stiegen. Ich fuhr die drei zum Black Lion Hospital, dem größten Krankenhaus in Addis Abeba, gab ihnen Geld für die Untersuchung und die Behandlung. Die Ärzte entdeckten auf der Lunge des Jungen einen Schatten. Wäre er später gekommen, hätten sie wohl nichts mehr für ihn tun können. Jetzt hofften alle, dass Abebe wieder vollkommen gesund würde.

Am nächsten Tag kehrte ich noch einmal zum Wunderheiler zurück. Dass ich den kleinen Abebe ins Krankenhaus gebracht hatte, erzählte ich ihm nicht. Der Priester, der mich nur noch mit meinem neuen Namen, Gebre-Selassie, ansprach, erzählte mir, dass er die Einnahmen aus der Vermietung seiner kümmerlichen Krankenzellen der nahe gelegenen Kirche spende. Er ist kein böser Mensch. Im Gegensatz zu manch anderem Wunderheiler hat er nichts dagegen, wenn seine Jünger, mehr als drei Viertel von ihnen sind nach seinen Angaben HIV-positiv, neben den morgendlichen Güssen auch von Ärzten verschriebene Medikamente nehmen, die den Ausbruch der unheilbaren Krankheit möglichst lange herauszögern sollen. Der Priester mit dem kräftigen Vollbart, der tiefen, ruhigen Stimme und der charismatischen Ausstrahlung ist kein skrupelloser Seelenfischer, der aus der Verzweifelung anderer Profit schlagen möchte, er ist ein unbelehrbarer, unverbesserlicher Überzeugungstäter.

»Im Vergleich zu Gottes Allmacht ist die Wissenschaft sehr klein. Ich habe schon so oft Forscher aus aller Welt eingeladen, damit sie sich selbst ein Bild vom Erfolg meiner Behandlung machen können, aber sie wollen einfach nicht glauben, was sie hier mit eigenen Augen sehen können. Ich glaube, sie wollen Aids nicht ausrotten«, erzählte mir der Gottesmann. Woran das liege? »Ich weiß es nicht«, sagte Bahtawi Gebre-Medhin. »Vielleicht glauben sie nicht fest genug an Gott? Vielleicht wollen sie weiterhin ihre teuren Medikamente verkaufen? Vielleicht wollen sie nicht, dass die ganze Welt nach Äthiopien pilgert«, mutmaßte der Heiler.

Er hätte nichts dagegen, wenn alle Kranken dieser Welt kämen. »Meine Kirche ist ein internationales Krankenhaus. Ich heile jeden. Egal, woher er kommt, egal, woran er glaubt«, verspricht er. Nur den Lahmen empfiehlt er, nicht zu ihm zu kommen. Zu beschwerlich sei der Abstieg zum heiligen Wasser, meint der Priester, zu offensichtlich die Wirkungslosigkeit der Wassertherapie, meinen seine Kritiker.

Auch wenn der Westen nach Ansicht des Predigers das Geheimnis des heiligen Wassers vom Entoto unter Verschluss halten will, hat die Mär vom *tsebel* sich mittlerweile unter den Verzweifelten dieser Welt herumgesprochen. Der Priester in den billigen, chinesischen Plastikbadelatschen will schon Patienten aus den USA, Südafrika, Russland und Israel geheilt haben. Einen Sudanesen will er an einem Tag von Aids befreit haben, bei anderen dauerte die Therapie mehrere Jahre. Eine heroinabhängige Deutsche will er von ihrer Drogensucht befreit haben. Einem deutschen Elektriker will er die verkrüppelte Wirbelsäule gestreckt, einem britischen Arzt, dem Kollegen nur noch wenige Wochen gegeben hätten, einen Hirntumor mit dem heiligen Wasser geheilt haben. Leider seien die Telefonnummern der Genesenen alle in dem Handy, das ihm vor Kurzem gestohlen worden sei, doch die geheilte Ex-Drogenabhängige komme ihn aus Dankbarkeit jedes Jahr an Weihnachten besuchen. Dann könne sie mir ja berichten. Ein Blinder, den er sehend gemacht hätte, hätte gerade gestern vorbeigeschaut.

Während der Priester in seinem fensterlosen Büro mit ernster Miene von seinen Therapieerfolgen erzählte, schrien vor der Tür wieder Frauen wie unter höllischen Qualen. »Das sind nicht die Frauen. Das sind die Teufel. Sie spüren meine Anwesenheit«, meinte der Priester ganz selbstverständlich.

Aids, da ist der Gottesmann sich sicher, ist die Pestilenz, mit der der allmächtige Herr all jene straft, die sich von ihm abgewandt haben. So steht es schließlich schon im achtundzwanzigsten Kapitel des fünften Buches Mose. Dass fünfundneunzig Prozent seiner Patienten Frauen sind, erklärt er sich damit, dass sie einfach das schwächere Geschlecht seien und zuviel vor- und außerehelichen Sex hätten. Der scheinbar vor Gesundheit strotzende Heiler feit sich, quasi prophylaktisch, vor Gebrechen jeder Art, indem er sich selbst täglich von einem seiner sechs Lakaien mit dem heiligen Wasser übergießen lässt und das Elixier trinkt. Doch vor einer kräftigen Erkältung haben ihn weder die abhärtenden Güsse noch seine grüne Regenhose schützen können. Ein schleimiger Husten rasselt in den Bronchien des Bahtawi Gebre-Medhin.

Einige Tage später telefonierte ich noch einmal mit Abebes Vater Mulugeta. Er sagte mir, dass die Beschwerden seines

Sohnes nach der Behandlung im Krankenhaus fast gänzlich verschwunden seien, ließ sogar seinen vergnügten Sohn ins Telefon brabbeln. Nachdem die Ärzte Abebe entlassen hatten, war Mulugeta mit seinem Sohn noch mal auf den Entoto gepilgert, hatte das Kind mit dem heiligen Wasser behandeln lassen. Er ist der festen Überzeugung, dass nicht die Halsabschneider vom Krankenhaus, sondern der gütige Priester, der seinen Sohn kostenlos behandelte, sein Kind heilte.

Kapitel 9

Der Zauberer

Am Entoto schwören alle Wunderheiler auf die unschlagbare Kraft ihres Wassers, an der Quelle des Kleinen Nils lassen die Priester nichts auf ihr Wasser kommen. Und dann gibt es noch diejenigen, die auf ganz andere Mittelchen setzen, um Wunder zu bewirken. Als wir auf der Schotterpiste von der Quelle des Kleinen Nils zurück zur Hauptstraße rumpeln, bedeutet uns ein Bauer mit ausgestrecktem Arm anzuhalten. Wir nehmen den Tramper mit und erzählen ihm, dass wir gerade von der heiligen Quelle kämen. Bauer Tewodros sagt, dass das Wasser »nicht schlecht« sei, er allerdings einen Zauberer kenne, der viel mehr könne als die Priester von der Nilquelle mit ihrem heiligen Wasser.

Die Nilquelle liegt in der historischen Provinz Gojjam, und die ist in Äthiopien für ihre wirkmächtigen Zauberer bekannt. Ihnen wird Ehrfurcht und Furcht gleichermaßen entgegengebracht. Tewodros geht regelmäßig zu so einem Zauberer. »Ich bin ein reicher Mann. Ich habe zwanzigtausend Birr auf meinem Konto. Da habe ich natürlich Feinde«, erzählt der Mann, dem man seinen Reichtum nicht auf den ersten Blick ansehen kann. Er trägt löchrige Gummistiefel, eine zerschlissene Hose, ein viel zu weites Jackett und riecht so, als verfüge sein Haus über kein Badezimmer.

Doch seine Neider gönnen ihm seinen relativen Reichtum nicht. »Sie gossen nachts Schafsblut auf meine Hausschwelle und bewarfen meine Kinder mit toten Vögeln«, berichtet der Bauer. Als Tewodros die Schikanen seiner Nachbarn nicht mehr aushielt, vertraute er sich Mussie, dem Zauberer, an. »Mussie vergrub in meinem Garten verzauberte Wurzeln und belegte mich und meine Familie mit dem *mestafakir*-Zauber. Er bewirkt, dass alle Menschen uns mögen. Es hat mich dreihundert Birr gekostet. Aber seitdem haben wir keine Probleme mehr mit unseren Nachbarn«, erzählt der Bauer fröhlich. Außerdem erstand der Einundvierzigjährige beim Zauberer noch ein spezielles Öl. »Mit dem Öl grüße ich Frauen. Wenn ich es mir auf eine bestimmte Stelle reibe, kriege ich jede«, erzählt er stolz. Und damit seine Frau nichts rauskriegt, hat er sie auch noch gleich mit dem passenden Zauber belegen lassen. »Sie ahnt nichts. Ich habe sie unter Kontrolle. Wenn ich länger aus dem Haus bin, weint sie. So sehr vermisst sie mich«, sagt der Bauer, dem an einer Schnur ein hölzernes Kreuz am Hals baumelt. Mit seinem Glauben gerate die Zauberei nicht in Konflikt, meint Tewodros: »Schließlich wollen meine Religion und Mussies Magie doch dasselbe, die Liebe.«

Tewodros ist ein Gönnertyp. Er teilt gerne, will auch uns zu seinem durchschlagenden Erfolg bei Frauen verhelfen. Solomon ist verheiratet, hat zwei Kinder. Ich bin seit über zehn Jahren sehr glücklich liiert. Aber Falk ist Single! Dabei gibt es in Deutschland eine Frau, die er seit Langem, erfolglos, sehr begehrt. Doch die Tage des Sich-nach-ihr-Verzehrens sollen, geht es nach Tewodros, mit Hilfe des Zauberers Mussie bald ein Ende haben. Der Magier brauche nur ein getragenes Kleidungsstück der Angebeteten, am besten eine Unterhose, die er besprechen würde. Wenn die Auserwählte das Höschen das nächste Mal anziehen würde, wäre es sofort um sie geschehen, und Falks Singletage wären gezählt. Würde ungefähr fünfhundert Birr, umgerechnet rund zwanzig Euro kosten.

Doch leider führt Falk weder heimlich entwendete Unterwäsche der Dame mit sich, noch traut er dem Zauber ganz. Doch davon lässt Tewodros sich nicht entmutigen. Er will mit dem Zauberer Rücksprache halten, ob er auch ohne einen Slip seine Kräfte wirken lassen könne. Ein paar Tage später ruft Tewodros uns an, sagt, dass Mussie in diesem besonderen Fall die Dame in Deutschland auch ohne deren Unterhose mit dem Liebeszauber belegen könne. Nur den Namen der jungen Frau würde er benötigen. Doch Falk rückt ihn nicht heraus, gibt Mussie somit nicht die Chance, seine Macht unter Beweis zu stellen. Als wir am Ende der Piste von der Quelle des Kleinen Nils nach Norden, in Richtung Lake Tana abbiegen, steigt Tewodros aus. Er muss hier, im Dorf Tilili, Bankgeschäfte erledigen. Doch in den nächsten Tagen ruft er uns fast täglich an. Einmal will er mir die Schürfrechte für eine Quecksilbermine, die er mit Hilfe des Zauberers gefunden hätte, anbieten. Ein anderes Mal bietet er mir für fünfundzwanzigtausend Birr das Fell eines Tigers an, den er im Wald in der Nähe der Nilquelle erlegt haben will. Als ich sage, dass es Tiger meines Wissens nach nur in Asien gebe, geht er mit dem Preis etwas runter. Ins Geschäft gekommen sind wir dennoch nicht.

Kapitel 10

Wie ich Mönch werden sollte

Der Kleine Nil fließt, nachdem er in Gish Abbay entsprungen ist, in den Lake Tana, den größten See Äthiopiens. Fünfundachtzig Kilometer sind es vom nördlichen bis zum südlichen Ufer des Gewässers, das von dichtem Schilfdickicht und fruchtbaren Feldern umgeben ist. Wenn aus dem Wasser des Sees zunächst nur die winzigen Ohren eines Nilpferds aus dem Wasser ragen, bevor der massige Körper zum Vorschein kommt, versteht man, warum es in vielen afrikanischen Ländern die Redensart »Die Ohren des Nilpferds« gibt. Sie meint das Gleiche wie »Die Spitze des Eisbergs« in nördlicheren Gefilden. Doch angeblich soll ein alter Brauch der am Ufer lebenden Woyto dazu beigetragen haben, dass man die Hippos nur noch selten zu Gesicht bekommt. Woyto-Männer sollen nämlich in alten Zeiten durch die Erlegung eines Nilpferds unter Beweis gestellt haben, dass sie im heiratsfähigen

Alter sind. Krokodile gibt es in dem See hingegen nicht, weil ein auf einer der Inseln lebender Mönch und die Krokodile dies so vertraglich geregelt hätten. So eine alte äthiopische Legende. Ein Bad verkneifen wir uns dennoch. Zumindest im Wasser des Uferbereichs soll es fiese Egellarven geben, die beim Baden durch die Haut eindringen und die Tropenkrankheit Bilharziose übertragen können. Sind die Larven erst einmal in einem drin, wandern sie über Blut- und Lymphgefäße in Leber, Lunge und andere Organe. Unbehandelt nimmt die Krankheit oft ein schlimmes Ende.

Da das heilige Wasser des Kleinen Nils in den See fließt, verwundert es nicht, dass auch der See irgendwie heilig ist. Genauer gesagt, die von Missionaren im 13. und 14. Jahrhundert gegründeten Klöster auf den Inseln im braungrünen Wasser, auf die sich die Mönche und Nonnen zurückgezogen haben, um ein gottesfürchtiges Leben zu führen.

Wir brechen am frühen Morgen zu den Eilanden auf. Laut, aber mühelos gleitet unser schlankes, von einem knatternden 25-PS-Außenbordmotor angetriebenes Boot durch das spiegelglatte Wasser. Mühsam, aber fast lautlos paddeln Bauern, die an den Ufern des Sees leben, mit ihren aus Papyrus zusammengeschnürten Booten über den See. Sie sehen so aus, als seien die Bauern mit ihnen auf dem Nil stromaufwärts direkt aus dem pharaonischen Ägypten ins heutige Äthiopien gepaddelt. Die Kähne sind mit Obst, Gemüse und Töpferwaren beladen. Heute ist Markt in Bahir Dar, der größten Stadt am Ufer des Sees. Die schwer beladenen Boote ragen nur wenige Zentimeter aus dem Wasser. Es sieht so aus, als würden die Bauern ohne Kanu durchs trübe Wasser fahren, auf dem ein paar gelangweilte Pelikane dümpeln. Ab und zu stürzen sich kleine, weiße Vögel elegant in die Fluten, um kurz danach mit einem winzigen, zappelnden Fisch im Schnabel wieder aufzutauchen. Nach einer halben Stunde erreichen wir das Kloster Entos Eyesu auf einer steil aus dem See aufragenden Insel.

Durch dichten Wald steigen wir auf einem schmalen Pfad bis zur Rundkirche, die auf dem höchsten Punkt der kleinen Insel thront. Vor der bunt bemalten Kirche steht Mönch Abba Wolde-Gabriel Samuel und schaut versonnen zur nahe gelegenen Nachbarinsel, wo ein Adler mit weißem Kopf regungslos auf einem Wipfel sitzt. Dort drüben wohnen nur Mönche, hier gibt es außer Abba Wolde-Gabriel Samuel fast nur Frauen. Wir befinden uns auf einer Nonneninsel, doch da Frauen nach den Gesetzen der orthodoxen äthiopischen Kirche nicht predigen dürfen, lebt der Mönch hier, um mit ihnen die Messe zu feiern.

Ich muss an den Mönch in Debre Libanos denken, der froh ist, dass weibliche Besucher sein Kloster abends verlassen müssen, ihn so nicht in Versuchung führen können. Ich frage den jungen Mönch, ob es ihn nicht nervös mache, mit fünfundzwanzig Frauen auf einer Insel zu leben. »Nein«, sagt er ganz ruhig und erzählt mir, wie er gelernt hat, seine Gefühle zu kontrollieren. Als er noch einen weltlichen Namen trug, wuchs Abba Wolde-Gabriel Samuel im Norden Äthiopiens in der Nähe der berühmten Klöster von Woldeba auf. Schon als kleiner Junge bewunderte er, wie die Mönche mit sich, der Welt und Gott im Reinen lebten, wollte so werden wie sie. Doch als er älter wurde, spürte er in sich einen Trieb erwachen, der seine Gedanken immer häufiger zu den Mädchen in seinem Dorf und immer seltener zu Gott lenkte. Der junge Mann suchte bei Abune Yohannes, dem Mönch seines Vertrauens, Rat. »Iss drei Tage nichts und bete Tag und Nacht«, riet ihm der Gottesmann. Der Verunsicherte folgte dem Rat und war geheilt. »Wenn ich merke, dass ich schwach werden könnte, folge ich diesem Rat noch heute«, sagt der mittlerweile Achtundzwanzigjährige. Ich frage ihn, was man noch tun müsse, um ein guter Mönch zu sein. »Es gibt vier Regeln. Du darfst dich nicht der körperlichen Liebe hingeben, du darfst nicht rauchen, du darfst keinen Alkohol trinken und du darfst dir nichts aus weltlichem Besitz machen. Es ist nie zu spät, dies zu erkennen«, erklärt Abba Wolde-Gabriel Samuel mir.

Als ich nach dem spannenden, etwa halbstündigen Gespräch gehen möchte, wird Abba Wolde-Gabriel Samuel wütend. »Ich dachte, du fragst mich all das, weil du Mitglied unseres Ordens werden möchtest. Die Probezeit dauert sieben Jahre, danach würden wir entscheiden, ob wir dich dauerhaft aufnehmen. Doch jetzt gehst du und wirst weiterhin gegen alle unsere Regeln verstoßen«, sagt der Mönch, der mir damit zumindest eine Sünde (Rauchen) unterstellt, die ich nie begehe. Er bittet mich, mit ihm in das Innere der Kirche zu kommen. Auf einer der bunt bemalten Wände zeigt er mir die drastische Darstellung eines gehörnten Teufels, der in der Hölle einen armen Sünder quält. »Auch ich weiß nicht, was nach dem Tod kommt«, gesteht der Mönch. »Doch ich führe auf Erden ein hartes, aber gottgefälliges Leben. Du hingegen lebst ein schönes, doch sündiges Leben. Vielleicht musst du später dafür büßen«, sagt Abba Wolde-Gabriel Samuel, und es klingt jetzt eher besorgt als vorwurfsvoll. Dennoch verspricht er, mich in Zukunft in sein Gebet einzuschließen. Als ich abends mit Falk und Solomon in einem heruntergekommenen ehemaligen Regierungshotel mit Blick auf den See ein Bier trinke, muss ich an den frommen Mönch denken. Während ich am Ufer schon wieder eine seiner Regeln breche, betet er auf seiner Insel vielleicht gerade für mich.

Kapitel

11

Der Philosoph mit der Badehaube

Die letzten Tage waren für uns ein religiöser und abergläubischer Overkill. Ständig haben wir Leute getroffen, die uns mit heiligem Wasser von Krankheiten heilen wollten, die wir nicht haben, uns mit Zaubereien zu einem Glück verhelfen wollten, das wir lieber auf herkömmlichem Weg finden möchten, oder uns endlich auf den rechten Weg bringen wollten. Darum möchten wir heute jemanden besuchen, der genau das Gegenteil verkörpert. Wir besuchen einen Menschen, der an nichts glaubt. Davon gibt es in Äthiopien nur ziemlich wenige. Denn egal, ob Christ oder Moslem: Die meisten Menschen glauben ganz fest an einen Gott, den sie Egzi' abiher oder Allah nennen. Zumra Nuru ist einer der wenigen Atheisten Äthiopiens und der wohl bekannteste Ungläubige seines Landes. Im Dorf Awra Amba, östlich des Lake Tana, hat er seine Anhänger um sich geschart.

Auf der Piste nach Awra Amba halten uns vier Mädchen an. Die Freundinnen mit den hölzernen Kreuzen um den Hals möchten ebenfalls in das Dorf der Ungläubigen, um dort die Schule zu besuchen. Sie sehen, dass wir nur zwei Plätze auf der Rückbank frei haben, finden jedoch, dass sie dort auch problemlos zu viert Platz nehmen können, und sollen damit recht behalten. »Es ist schon komisch, dass die Menschen in Awra Amba an gar nichts glauben, aber der Unterricht dort ist besser als an allen anderen Schulen in der Gegend«, meinen die Teenagerinnen.

Dabei kann der charismatische Gründer der Kolonie selbst weder lesen noch schreiben. Ich habe den Mann, der sein kahles Haupt stets mit einer neongrünen Haube bedeckt, das erste Mal vor zwei Jahren in dem von ihm gegründeten Dorf besucht, in dem Männer und Frauen vollkommen gleichberechtigt leben, jede Religion verboten ist und alle Bewohner genau gleich viel verdienen.

Rhythmisches Geklapper schlug mir entgegen, als ich mit Zumra Nuru die Weberei des Dorfes betrat. Seit dem frühen Morgen saßen hier über dreißig Männer und Frauen dicht gedrängt an antiken Webstühlen oder kauerten auf dem Boden und spannen Baumwolle. Eine müde Mutter gab ihrem Kind die Brust, kaum jemand sprach. »Gut«, sagte Zumra Nuru, den sie hier Doktor Zumra nennen, und setzte seinen Spaziergang durch Awra Amba mit auf dem Rücken verschränkten Armen fort. Der Mann mit dem gütigen Gesicht lächelte zufrieden. Awra Amba ist sein wahr gewordener Traum. Während die knapp vierhundert erwachsenen Bewohner seines Dorfes auf dem Feld, in der Mühle, in der Weberei oder in ihren kleinen Lehmhütten schufteten, setzte er sich auf eine Bank im Schatten und erzählte mir seine Geschichte.

»Als ich klein war, stand meine Mutter stets im Morgengrauen auf, um das Getreide zu mahlen, während mein Vater einfach liegen blieb. Sie erledigte fast die gesamte Arbeit. Und was bekam sie dafür? Schläge statt Anerkennung! Auch wir Kinder mussten schuften und wurden geschlagen. Und wenn die alten Leute keine Familie hatten, kümmerte sich niemand um sie«, erinnerte Nuru sich.

Die Beziehungen zwischen Mann und Frau, Eltern und Kindern, Alt und Jung und ein Kindheitserlebnis wurden zum Nährboden dessen, was der kleine Zumra später seine »Philosophie« nennen sollte. »Ich war zwei Jahre alt, als ein Freund mir ein Stück Rindfleisch schenkte. Als ich damit nach Hause kam, schlugen meine Eltern mich, weil mein Freund Christ war, seine Familie die Kuh anders geschlachtet hatte, als meine Eltern es getan hätten. Ich verstand es nicht, es war doch immer noch dieselbe Kuh«, erzählte der Sohn streng muslimischer Eltern mir und fuhr fort: »Ich erkannte, dass eine gute Welt nur eine Welt sein kann, in der Männer und Frauen gleichberechtigt und ohne Religion zusammenleben.«

Doch als er seine Ideen im streng religiösen, konservativen und von Kaiser Haile Selassie patriarchalisch regierten Äthiopien der Fünfzigerjahre laut aussprach, wurde er von seiner Familie und der Gemeinschaft kurzerhand für verrückt erklärt und mit dreizehn Jahren aus dem Dorf gejagt. Die aufrührerischen Ideen des Jungen waren den althergebrachten Traditionen der Ältesten zu gefährlich geworden. »Meine Mutter sagte mir, dass ich all das schnell wieder vergessen solle, um mich selbst zu schützen, aber das konnte ich nicht«, erinnerte sich Nuru.

Jahrelang zog er als armer Wanderprediger durchs Land. Auf den Feldern und in den Hütten Nordäthiopiens fand er Zuhörer, doch in dem ganz aufs Jenseits ausgerichteten Land traute sich lange Zeit niemand zu denken, was der Prediger in den Lumpen dachte, zu leben, was er predigte. Über zwölf Jahre dauerte es, bis er schließlich neunzehn Jünger gefunden hatte, die das Experiment mit dem charismatischen Visionär wagten, ihre Religion aufgaben und mit ihm Awra Amba gründeten. »Am Anfang wurden wir sowohl von Christen als auch von Muslimen als Gottlose angefeindet und mit Steinen beworfen. Doch mittlerweile lassen sie bei uns ihr Getreide mahlen, weil sie erkannt haben, dass wir gute Menschen sind. Dafür brauchen wir keine Kirche und keine Moschee. Wer einer Religion folgt, isoliert sich so nur von den anderen. Falls es einen Gott gibt, will er sicher lieber, dass wir arbeiten, anstatt ihm ständig zu huldigen«, glaubt Nuru.

Wenn einer der Dorfbewohner stirbt, verscharren zwei Mitglieder der Gemeinde den Leichnam schnell, dann gehen sie wieder ihrer Arbeit nach. »Ich war noch nie am Ort des Todes, und ich kenne niemanden, der schon einmal dort war. Daher weiß ich nicht, ob es ein Leben nach dem Tod gibt. Aber falls es so etwas wie das Jüngste Gericht gibt, haben die Bewohner Awra Ambas sicher keine schlechten Karten, denn sie haben auf Erden anständig gelebt«, scherzte der Dorfvorsteher, und zwei Bewohner Awra Ambas, die ihrem Dorfvorsteher ehrfürchtig gelauscht hatten, stimmten höflich in das Gelächter des Meisters ein. Doch eigentlich spricht Nuru nicht gerne über Religion.

Er, der Analphabet, erzählt lieber, dass in seinem Dorf alle Kinder zur Schule gehen. Er, der mit einer neunundzwanzig Jahre jüngeren Frau verheiratet ist, erzählt lieber, dass in seinem Dorf die in Äthiopien weitverbreitete Zwangsverheiratung von jungen Mädchen, weibliche Genitalverstümmelung und Kinderarbeit strengstens verboten sind und alle Frauen Anspruch auf drei Monate Mutterschutz haben. Er, der Alte, erzählt lieber, dass sich die Jungen in einem Altersheim kostenlos um die kümmern, die nicht mehr arbeiten können. Er, der Wohlgenährte, erzählt lieber, dass in seinem Dorf niemand Hunger leiden muss. Er, der in einer etwas besseren Hütte als seine Anhänger wohnt, sagt, dass es niemals Streit gibt, wenn einmal im Jahr der kärgliche Gewinn der Weberei aufgeteilt wird.

Das Leben in Awra Amba ist besser als in den meisten anderen Dörfern des Landes. Keine Frage. Die Kindersterblichkeit und die Kriminalität sind niedriger, der Lebensstandard ist höher.

Noch nie soll ein Mitglied die Gemeinschaft freiwillig wieder verlassen haben, und die Liste derjenigen, die der Kommune beitreten wollen, ist lang. Vor allem auf Frauen, die von ihren Männern geschlagen werden, übt Awra Amba eine magische Anziehungskraft aus. Und solche Frauen gibt es in Äthiopien in jedem Dorf.

Tim Clarke, ehemaliger Chef der Delegation der Europäischen Union in Äthiopien, sagte nach einem Besuch in Awra Amba, dass das Dorf ein Vorbild für die ganze Welt dafür sei, wie Gleichberechtigung gelebt werden könne.

Das sieht der Erfinder Awra Ambas genau so, und hofft, dass seine Philosophie sich irgendwann in der ganzen Welt durchsetzt. Dass ähnliche Modelle x-fach gescheitert sind, weiß er nicht, von Karl Marx hat er nie gehört. Auch wenn Nuru mit sich und seinem Dorf zufrieden ist, sieht er nicht nur fröhliche Gesichter, wenn er durch sein Dorf spaziert. In der Schule kauern die Schüler auf Bänken und verfolgen mucksmäuschenstill, was die Lehrerin, die ihr Baby auf den Rücken gebunden hat, an die kleine Tafel schreibt. In den aus Lehm und Reisig gebauten Regalen stehen neben Mathe-, Physik- und Geografiebüchern auch ein paar abgegriffene Harry-Potter-Ausgaben, die gut gemeinte Spende einer Hilfsorganisation. Aber die Geschichten sind in Englisch erzählt, eine Sprache, die die Kinder Awra Ambas kaum sprechen; so können sie sich nicht in die Fantasiewelt des Zauberlehrlings flüchten. Viele Jungs und Mädchen sehen mit ihren ernsten Gesichtern wie kleine Erwachsene aus, und viele Erwachsene sehen erschöpft aus.

Kein Wunder, arbeiten sie doch an sieben Tagen in der Woche, zweiundfünfzig Wochen im Jahr. Ohne Religion kein Feiertag, ohne Feiertag keine Pause. Und das Feiern haben die Bewohner Awra Ambas ohnehin nicht erfunden. Selbst Hochzeiten werden schnell an einem normalen Arbeitstag abgewickelt. »Wenn wir alt genug sind und jemanden mögen, schicken wir unsere beste Freundin zu ihm und fragen, ob er uns heiraten will.

Wenn er einverstanden ist und Doktor Zumra und ein Komitee der Ehe zustimmen, werden wir vermählt. Davor haben wir keine sexuellen Beziehungen«, erzählte die in Awra Amba geborene Tinbualel mir. Gegen ihren Wunsch hatte Zumra Nuru nichts einzuwenden. Gefeiert hat sie ihre Hochzeit nicht. »Das wäre doch viel zu teuer gewesen und hätte viel zu lange gedauert«, sagte die junge Frau, und es klang ein bisschen auswendig gelernt.

Nur am 11. September, dem äthiopischen Neujahr, ruht die Arbeit in Awra Amba für ein paar Stunden. »Grün ist die Farbe des Wohlstands«, sagte Zumra Nuru und deutete auf seine quietschgrüne Mütze, die wie eine Mischung aus Flokatiteppich und Oma-Badehaube aussieht. »Wenn wir Wohlstand für alle erreichen wollen, müssen wir jeden Tag hart arbeiten«, sagte der Philosoph und schlenderte weiter, um seinen Leuten bei der Arbeit zuzusehen.

Auch bei meinem zweiten Besuch beschränkt Zumra Nura sich darauf, uns durch sein Paradies zu führen, seinen Leuten bei der Arbeit zuzuschauen, ihnen gütig zuzunicken und unter dem großen Baum auf dem Dorfplatz von seinen Verdiensten zu erzählen. Manche Bewohner Awra Ambas erkenne ich wieder. Ihre Gesichter sind älter geworden. Andere sind nicht mehr da. Sie sind gestorben und begraben worden. Zumra Nuru möchte nicht, dass ich nach ihnen frage. Das könnte den Schmerz der Angehörigen, die bereits am Tag der eiligen Beisetzung wieder ihrem geregelten Arbeitstag nachgegangen sind, wecken. Und das würde die Toten schließlich auch nicht wieder zum Leben erwecken.

Wie beim ersten Mal verlasse ich das äthiopische Vorzeigedorf mit gemischten Gefühlen. Bestimmt leben hier vor allem viele Frauen besser als in anderen äthiopischen Dörfern, aber ohne den Trost und die Hoffnung, die der Glauben den meisten anderen Bewohnern dieses Landes schenkt, auch mit weniger Freude.

Kapitel 12

Auf dem Dach Afrikas

Die Luft entweicht pfeifend, als Henok mit voller Wucht einen großen Stachel in das kaum abgefahrene Gummi rammt, und mir kommen beinahe die Tränen. Reifenflicken auf Äthiopisch. Bevor wir auf rauen Pisten ins Simien-Gebirge aufbrechen, müssen die vier Pneus am Auto und die beiden Ersatzreifen im Kofferraum und an der Heckklappe dicht sein. Auf der Fahrt von Gonder nach Debarq müssen wir uns gestern etwas eingefahren haben, heute Morgen war der hintere linke Reifen platt. Mit nur einem Ersatzreifen in die über viertausendfünfhundert Meter hohen Berge zu fahren, ist zu riskant, denn dort gibt es keine Werkstätten. In den Dörfern an den Hauptverkehrsstraßen findet man hingegen oft keinen Bäcker, aber dafür mindestens einen *gommista* genannten Reifenflicker, und der hat meist gut zu tun. Denn die Kombination aus Reifen, die gefahren werden, bis sie Slicks sind, und Straßen und Pisten, die selbst Reifen mit groben Stollen schnell zu Slicks machen, bescheren den Reifenflickern jede Menge Kundschaft. Da kaum einer der *gommista* eine Maschine hat, die den Reifen schonend von der Felge löst, gibt es zwei Möglichkeiten, einen Platten zu reparieren. Entweder prügelt der *gommista* so lange mit einem spitz zulaufenden Vorschlaghammer zwischen Felge und Reifen, bis: a) der Reifen kaputt ist, b) die Felge kaputt ist, c) beide kaputt sind, oder hoffentlich d) der Pneu sich vom Metall löst und repariert werden kann. Diese Variante kann statt mit einem Vorschlaghammer auch mit einem Brecheisen ausgeführt werden, wobei möglicherweise ein paar kräftige Freunde dem *gommista* helfen müssen.

Oder sie machen es so, wie Henok es gerade mit meinem Reifen macht. Bevor er den Dorn in das Rad donnerte, hatte er an dem spitzen Metall eine Art Kaugummi befestigt. Als er den Dorn wieder rauszog, blieb der braune Batzen in der Innenseite des Reifens kleben und stopfte so das Loch, das vor dem Eingriff viel kleiner war. Nicht gerade minimalinvasiv, aber erstaunlicherweise funktioniert es. Obwohl auf der »Kaugummi«-Verpackung in großen Lettern die wenig vertrauenerweckende Produktinformation »US-Technology. Made in China« steht.

Mit zwei Ersatzreifen, Essen und Wasser für ein paar Tage, zwei Zelten, einem Petroleumkocher, Isomatten, zwei Schlafsäcken für jeden, Getachew, Asmaru und einer Kalaschnikow brechen wir in die Berge auf. Wer in den Simien Mountains National Park will, braucht einen ortskundigen Führer und einen schwer bewaffneten Aufpasser. Getachew ist unser Führer, Asmaru unser Aufpasser. Die Kalaschnikow gehört ihm. Mit dem großen Schießprügel zwischen den Beinen sitzt er in seinem olivgrünen Tarnfleck-Kampfanzug, weißen Badeschuhen, wie sie Strandurlauber zum Schutz vor Seeigeln tragen, und blauen Socken auf der Rückbank. Bevor wir von der Hauptstraße auf eine holprige Piste abbiegen, frage ich ihn, ob er seine Waffe auch wirklich gesichert habe. Ich habe wenig Lust auf ein schlaglochbedingtes Loch im Dach des Autos oder in Falks oder meinem Hinterkopf, wobei ich mir nicht sicher bin, ob die Waffe überhaupt geladen ist. Denn der vorgeschriebene bewaffnete Begleitschutz dient wohl eher der Versorgung von Asmarus Familie als unserem Schutz. Einen Überfall auf *ferenji* hat es meines Wissens im Simien-Gebirge noch nie gegeben, und die tierischen Bewohner sind auch eher harmlos.

Einige von ihnen treffen wir, nachdem wir uns auf der Piste ein paar Hundert Höhenmeter hinaufgeschraubt haben. Auf einer Wiese sitzen mehrere Hundert Dscheladas und wirken wahnsinnig beschäftigt. Zunächst sieht es so aus, als würden die Affen auf unsichtbaren Schreibmaschinen hastig Briefe tippen. Doch zwischendurch führen sie ihre schlanken Finger immer wieder zum Gesicht. Uns scheinen die fleißigen Tiere überhaupt nicht zu bemerken. Als wir uns bis auf ein paar Meter herangeschlichen haben, sehen wir, dass die Affen mit flinken Bewegungen das auf dreitausend Metern Höhe nur kurzgewachsene Gras pflücken und es sich ins Maul stopfen. Jetzt können wir sie auch hören. Sie klingen wie mein Schulfreund Andi, wenn es ihm schmeckt. Ein schnaufendes Geräusch, irgendwo zwischen orgiastisch und angestrengt.

Bei den größeren Männchen, deren Haupt mit einer löwenartigen Mähne bedeckt und deren Maul mit Reißzähnen ausgestattet ist, die man zum Essen von Gras garantiert nicht braucht, leuchtet die kahle Brust knallrot unter dem langen, braunen Fell hervor. Ihrer knallroten Brust verdanken die Dscheladas auch ihren deutschen Namen: Blutbrustpavian. Die Männchen anderer Affenarten tragen die auffällige Farbe, die den Weibchen signalisieren soll, was für potente Kerle sie sind, am Po. Bei den ausschließlich im äthiopischen Hochland heimischen Dscheladas hat die Evolution mitgedacht. Weil die Vegetarier beim Grasfressen fast den ganzen Tag auf dem Hintern sitzen, tragen sie die Insignien ihrer Potenz stolz auf der Brust. Dabei haben bei den oft mehrere Hundert Tiere großen Affenbanden eindeutig die Frauen das Sagen. Noch nicht geschlechtsreife Männchen rotten sich innerhalb einer Kolonie zu Junggesellengruppen zusammen, und Großväter, die nicht mehr mit den kräftigeren Jungen mithalten können, kümmern sich als Babysitter um die Jüngsten, während die Frauen das Regiment führen.

Bei den Bewohnern des Simien-Gebirges genießen die Bergaffen keinen guten Ruf. »Die fressen nicht nur den ganzen Tag lang Gras, die vermehren sich auch wie die Karnickel und machen sich manchmal über die Felder der Bauern her«, schimpft Getachew, unser Bergführer. Wenn in den Simiens etwas passiert, sind die Schuldigen schnell gefunden: die Gras fressenden Affen. Des Diebstahls, der Vergewaltigung und des Mordes wurden die armen Viecher schon bezichtigt. In den Bergen erzählt man sich sogar die Geschichte, dass die Affen einmal in ein Haus einbrachen, einen erwachsenen Mann verschleppten und ihn von einer Klippe in den Tod stürzten.

Im Gegensatz zu den Menschen mögen die ausschließlich im Simien-Gebirge heimischen äthiopischen Steinböcke die schlauen Affen. Getachew entdeckt einen kapitalen Bock, der auf einem steilen Hang oberhalb einer Dschelada-Gruppe äst. »Die Steinböcke hören und sehen sehr schlecht. Darum halten sie sich gerne in der Nähe der Affen auf. Denn wenn Gefahr droht, schlagen die mit lautem Geschrei Alarm. Das kriegen dann auch die Steinböcke mit«, erklärt Getachew. Was er meint, wird uns klar, als plötzlich wie aus dem Nichts ein äthiopisches Kind mit einem Stein in der Hand auftaucht. Noch bevor der Junge zum Wurf ausholt, rennen die Affen laut schreiend davon, und auch der Steinbock springt mühelos die scheinbar senkrechte Wand hoch. Die Erfahrung hat die Affen scheinbar gelehrt, dass sie vor den Kameras der *ferenji* keine, vor den Steinen der einheimischen Kinder jedoch sehr wohl Angst haben müssen.

Zu Fuß erreichen wir eine Stelle, an der sich fünf Wasserfälle mehrere Hundert Meter senkrecht in ein enges Tal stürzen, dessen Grund wir vom Felsvorsprung nicht erkennen können. Jetzt, in der Trockenzeit, sind es nur dünne Wasserfäden, die der Wind während ihres freien Falls verwirbelt, doch in der Regenzeit donnern hier gewaltige Wassermengen in die Tiefe, die Gischt benetzt dann den gesamten Talkessel. Jetzt kreisen majestätisch Lämmergeier über den Wasserfällen. In Millionen von Jahren haben ständige Vulkanausbrüche die Berge geformt. Zwar gibt es in Afrika neun (auch wenn viele Äthiopier gerne behaupten, es seien nur drei) Berge, die höher sind als der Ras Dashen, der mit 4543 Metern höchste Berg des Simien-Gebirges. Doch nirgendwo auf dem Kontinent gibt es ein zusammenhängendes Bergmassiv mit so vielen hohen Gipfeln. Stolz nennen die Äthiopier ihr Gebirge deshalb das Dach Afrikas. Lava hat das Dach Afrikas gebaut, Wind und Wasser haben es in den Millionen Jahren nach dem Richtfest teilweise wieder abgetragen, auf diese Weise die spektakulären, oft mehrere Hundert Meter hohen Abbruchkanten geschaffen und teilweise nur die Schlote, in denen die flüssige Lava in den Vulkanen in die Höhe brodelte, als gigantische, frei stehende Felsnadeln zurückgelassen.

Auf einem kleinen Grashang, auf dem sich normalerweise Dscheladas tummeln, lagert in Decken gehüllt eine Gruppe Kinder. Mit ihren Steinschleudern haben sie die Affen vertrieben. Höchstens die Hälfte der Kinder hat Schuhe an. Jetzt in der Mittagssonne ist es vielleicht fünfzehn Grad warm, in ein paar Stunden wird es Frost geben, und sie haben weder Strümpfe, noch Pullover oder Jacken, die sie dann überziehen können. Die zwölfjährige Hiwot bietet mir eine Mütze, die sie aus den Plastikfäden aufgeribbelter Getreidesäcke und Wolle geflochten hat, zum Kauf an. Ihre Begründung dafür, dass sie nicht in der Schule ist, habe ich zuvor noch nie gehört. Ihre Lehrer hätten sich auf der schlechten Piste auf den Weg nach Debarq, der nächsten Stadt, gemacht, um sich dort ihr Gehalt abzuholen. Die Straße sei so schlecht, dass dies einen kompletten Tag dauere. Wir sind gerade auf dieser Piste gekommen. Sie ist schlecht. Die Ausrede (falls es denn überhaupt eine ist) klingt plausibel.

Hiwot hat sich in eine Pokemon-Decke gehüllt, die es vermutlich von irgendeinem Altkleidercontainer in Europa, über den Hafen im über tausend Kilometer entfernten Dschibuti bis hierher geschafft hat. Hiwot hat keine Ahnung, wer die bunten Fratzen auf ihrer Decke sind. In Japan wurden die Pokemon vor zwölf Jahren als Helden eines Computerspiels geboren und dann als Charaktere in Serien und Kinofilmen weltweit bekannt. Doch woher soll Hiwot das wissen? Wo sie lebt, gibt es keine Gameboys, keine Fernseher, keine Kinos, keinen Strom. Wenn jemand aus ihrem Dorf sein Handy laden möchte, muss er fünf Stunden bis zur nächsten Steckdose marschieren und dort zwei Birr (acht Cent) für das Laden zahlen.

»Wenn ich groß bin, möchte ich unten im Tal, in einer richtigen Stadt, wohnen. Wo es Strom gibt und nicht so kalt ist«, sagt Hiwot. Doch dann überlegt sie es sich doch noch mal anders. »Ich habe gehört, dass es da unten, wo so viele Menschen leben, viele Krankheiten gibt. Vielleicht ist es doch besser, hier oben zu bleiben«, sagt die Tochter eines Bauern. Jedes Mal, wenn ich mir ihre Mütze aufsetze, muss ich an das Mädchen mit der Angst vor der Stadt denken und hoffe, dass sie da, wo es manche Krankheiten nicht gibt, nicht frieren muss.

Mit der Mütze auf dem Kopf, die wärmen und den anderen Kindern signalisieren soll, dass ich nicht noch eine zweite brauche (erstere Funktion erfüllt sie, letztere nicht), fahren wir weiter. Wir lassen eine trockene Hochebene, die ich eher in Südamerika als in Afrika vermutet hätte, hinter uns, schrauben uns über Serpentinen immer höher. In einer Kehre steht Gentnet und hält uns einen umgedrehten Regenschirm entgegen, in den wir Geld werfen sollen. Der Achtzehnjährige befindet sich wegen starker

Bauchschmerzen seit zwölf Tagen bei dem Priester der oberhalb der Piste gelegenen Kirche in Behandlung. Natürlich mit heiligem Wasser. Morgens, wenn die Temperaturen hier auf dreitausendachthundert Metern Höhe oft noch unter dem Gefrierpunkt liegen, übergießt der Geistliche seinen Patienten mit dem Wasser, danach stellt Gentnet sich an die Straße und sammelt Geld für den Priester. Alle paar Stunden kommt ein geländegängiger Isuzu-Lkw vorbei, auf der Ladefläche drängen sich manchmal bis zu fünfzig Passagiere. Die Fahrt mit dem heillos überladenen Lastwagen auf den engen Gebirgspisten ist gefährlich. Das wissen auch die Passagiere. Wenn der zum Bus umfunktionierte Lkw bei Gentnet vorbeischnauft, lässt fast jeder Fahrgast einen Birr-Schein in den Regenschirm flattern, um sich eine sichere Fahrt zu erkaufen.

Mittlerweile spüren nicht nur wir die dünne Luft, auch unser Auto wird kurzatmiger. Trotz des zugeschalteten Allradantriebs quält sich der Terrano nur noch mühsam die staubige Piste empor. Als wir dem Auto eine Verschnaufpause gönnen, taucht Zafi auf. Aus einer leeren Plastikflasche, zwei Stöcken und einem Faden hat er sich eine *Masinqo,* ein traditionelles, einsaitiges Instrument gebaut. Mit der tiefsten Stimme, die ich je bei einem Kind gehört habe, singt der etwa zehnjährige Junge die traurigste Melodie, die ich je gehört habe. Sie passt zum Text, denn Zafi singt: »Ich hatte gehofft, dass mein Leben leichter würde, doch es passierte nichts.« Zafi erzählt uns, dass er gegen Bezahlung auf Hochzeiten und Beerdigungen fiedele und singe. Ich kann ihn mir besser auf Beerdigungen als auf Hochzeiten vorstellen. Zafi stellt sich sich selbst am liebsten hinter dem Lenkrad eines Geländewagens vor. »Wenn ich groß bin, möchte ich Fahrer werden und *ferenji* in großen Jeeps in die Berge fahren«, erzählt der junge Musiker mit der alten Stimme.

Am Nachmittag erreichen wir eine Wiese, auf der wir unsere Zelte aufbauen. Sobald die Sonne hinter den Bergen verschwunden ist, wird es kalt, sehr kalt. Ich ziehe mir eine Goretex-Jacke über Wollpullover und Fleecejacke, setze mir meine neue Mütze auf und schlüpfe in die Handschuhe. Eine Gruppe Kinder und Jugendliche kommentiert jedes Kleidungsstück, das ich anlege. Die Jungs tragen nur zerschlissene Hosen und T-Shirts und haben sich in löchrige Decken gehüllt, unter den Tüchern der Mädchen lugen schmutzige Fetzen hervor, die irgendwann wohl mal ein Kleid waren. Höchstens die Hälfte der Füße steckt barfuß in billigen Plastiklatschen. An den Hälsen der Kinder baumelt neben einem hölzernen Kreuz oftmals an einem Faden ein Schlüssel. Sie fragen mich nach Essen, doch offensichtlich haben auch sie etwas, das für sie so wertvoll ist, dass sie es einschließen. Ich frage mich, was das wohl sein mag.

Auf der Haut der Kinder hat Schmutz harte Krusten gebildet. Kinder wie diese haben wir heute mehrmals im Auto mitgenommen. Wir hatten dann stets die Wahl: Fenster auf und frieren, oder Fenster und Nase zu und durch den Mund atmen. Meistens haben wir uns fürs Frieren entschieden. »Wir haben keine Dusche, und das Wasser in den Bächen ist so kalt. Manchmal waschen wir uns nur einmal im Jahr. Häufiger lohnt sich nicht. Wir werden beim Tiere hüten und beim Arbeiten auf dem Feld ja doch jeden Tag wieder dreckig. Und saubere Klamotten haben wir auch nicht«, erzählt uns ein zwölfjähriger Junge. Wie seine Freunde, die ähnlich riechen wie er, träumt er davon, irgendwann in die Stadt zu ziehen, wo es Duschen und saubere Kleidung gibt und wo es sich lohnt, sich regelmäßig zu waschen. Als es auf dem Campingplatz fernab jeder Stromleitung dunkel wird, beobachten die Kinder, wie wir im Schein der Taschenlampe kochen. Wir können die Kinder nicht sehen, aber wir können sie riechen.

Getachew weckt uns am nächsten Morgen um vier Uhr. Der funkelnde Sternenhimmel über uns sieht genauso eiskalt wie der im Licht der Stirnlampe funkelnde Reif aus, der unsere Zelte bedeckt. Auf der vereisten Piste fahren wir noch ein Stück bergauf, stellen das Auto schließlich vor einer spiegelglatten Stelle ab. Würden wir hier von der Piste abkommen, würden wir mindestens hundert Meter in die Tiefe stürzen.

Solomon und ich leben seit Jahren in Addis auf rund zweitausendfünfhundert Metern Höhe, Asmaru, unser bewaffneter Wachmann, und Getachew, unser Führer, begleiten oft Touristen durch die über viertausend Meter hohen Berge. Doch Falk lebt in Bremen, elfeinhalb Meter über Normalnull und hat sich noch nicht akklimatisiert, ihm fällt der Aufstieg besonders schwer. Während wir langsam den Berg hinaufhecheln, überholen uns zwei Männer, die glänzende Wellblechrollen auf die Rücken ihrer Esel gebunden haben. Ein Junge in billigen Plastiklatschen spurtet an uns vorbei. Er hat es eilig, zum Markt zu kommen. Ich sehe im fahlen Morgenlicht nur schroffe Gipfel, tiefe Schluchten, graue Steine, grünes Moos, von Eiskristallen überzogene Wiesen und wundersame Riesenlobelien. Aus Agaven ähnlichen Blättern bringen diese Pflanzen eine bis zu drei Meter hohe, phallusartige Dolde hervor. Schon diese Gebilde wirken hier im Frost wie aus einer anderen Welt, ein Markt erscheint mir in dieser Gegend völlig undenkbar.

Der Mond steht noch silbern am Himmel, als die ersten Sonnenstrahlen den felsigen Gipfel des Ras Dashen berühren. Wie ein grauer Klotz erhebt er sich aus einer kaum bewachsenen Hochebene. In Falks Lunge reißt es, die Luft scheint für ihn keinen Sauerstoff mehr zu enthalten, bei Verschnaufpausen steht ihm kalter Schweiß auf der Stirn, vor seinen Augen flimmert es, während Getachew laut vor sich hinpfeift und singt. Ohne Singen und Pfeifen, dafür mit Schnappatmung schaffen auch wir es schließlich, dem Dach Afrikas aufs Dach zu steigen. Der Ras Dashen macht es uns nicht einfach, aber als wir auf seinem Gipfel stehen, macht er uns glücklich.

Kapitel 13

Glorreiche Vergangenheit, rosige Zukunft, traurige Gegenwart

Entschuldigung, ist das ein Kirchenbuch?« Wir sitzen im Hotel in Debarq beim Frühstück, als mir einer der Kellner ein Buch reicht. Auf dem Cover des holländischen Historien-Softpornos räkelt sich eine Frau mit einem absurd großen Busen, ein Jüngling in altertümlichem Gewand nähert sich ihr unsittlich, der Klappentext verrät, dass das Buch die erotischen Abenteuer einer jungen Dame behandelt. »Nein, das ist leider kein Kirchenbuch«, sage ich dem Kellner. Enttäuscht stellt er es zurück in das Regal, in dem schon ein paar andere *ferenji* Bücher zurückgelassen haben. Es ist kein einziges Kirchenbuch dabei. Wir machen uns auf den Weg, ohne die kleine Bibliothek zu ergänzen.

Wir haben erst wenige Kilometer geschafft, als wir an einer aus vier knorrigen Ästen, einer orangefarbenen Plane und zwei Heiligenbildern errichteten Kapelle am Straßenrand anhalten, um dem Priester einige Scheine in den Regenschirm zu werfen. Halsbrecherische Serpentinen, wahnsinnige Busfahrer, die im Bestreben, einen neuen Streckenrekord aufzustellen, ihr eigenes und das Leben ihrer Passagiere aufs Spiel setzen, schlecht abgesicherte Baustellen, in der Regenzeit häufige Erdrutsche und in der Vergangenheit auch Banditenüberfälle: Die 188 Kilometer lange Route von Debarq nach Shire im äußersten Norden des Landes gilt als eine der gefährlichsten Straßen des Landes. Solomon hält es für unvernünftig, ohne göttlichen Beistand aufzubrechen.

Doch die Strecke ist nicht nur eine der unfallträchtigsten, sie ist auch eine der schönsten Straßen Äthiopiens. Dort, wo Dynamit und Presslufthämmer die Fahrbahn noch nicht erweitert haben, klebt die Straße wie eine ausgerollte Lakritzschnecke an den steilen Hängen. Von den Bergen läuft klares Quellwasser über die Fahrbahn, auf der Schlaglöcher den Asphalt teilweise fast vollständig verdrängt haben. Im Tal pflügen Bauern mit einem vom Ochsen gezogenen Pflug ihre winzigen Felder oder dreschen die Ernte. Geregnet hat es hier schon seit Wochen nicht mehr, trotzdem müssen wir die Scheibenwischer häufig einschalten: als Staubwischer. Wenn die riesigen Maschinen auf den Baustellen Erdreich und Geröll bewegen, sinkt die Sichtweite häufig auf unter fünf Meter. Mehl ist im Vergleich zu diesem Staub grobkörnig. Auch bei geschlossenem Fenster dringt er durch alle Ritzen ins Auto und durch die meisten Körperöffnungen irgendwie auch in uns. Als wir abends duschen, färbt sich das Wasser rotbraun.

Abraraw hustet einen staubigen Husten, als er mit seiner zehn Jahre alten Tochter Nebiat und einem Gewehr, das ungefähr doppelt so alt wie er und siebenmal so alt wie sein Kind ist, in unser Auto steigt. Er atmet den Feinstaub jeden Tag ein, denn mit seinem alten Schießprügel bewacht er die neuen Maschinen, die seit drei Jahren die Straße in den Fels treiben. Abraraw ist eigentlich Bauer, auf die teuren Baustellenfahrzeuge passt der ehemalige Berufssoldat ehrenamtlich auf. Mit anderen Freiwilligen hat er einen Vierundzwanzig-Stunden-Wachdienst organisiert. Manchmal nimmt er seine Tochter mit zur Schicht. »Die neue Straße wird unser Leben komplett verändern. Endlich werden wir richtig an den Rest des Landes angeschlossen sein. Dann können unsere Verwandten uns besuchen kommen. Wenn wir erst einmal gute Straßen haben, wird sich unser Land auch endlich entwickeln«, erzählt der Wachmann.

Immer wieder treffen wir in Äthiopien auf Menschen wie Abraraw. Menschen, die mit großer Freude und Hoffnung hart arbeiten. Nicht nur für sich und ihre Familie, sondern auch für ihr Land. Menschen, die, trotz vieler Rückschläge, nicht aufgeben, sondern stolz auf das bereits Erreichte sind und sich mit einer für mich nur schwer zu begreifenden Geduld auf das freuen, was hoffentlich noch kommen wird. Doch trotz aller Hoffnung treffen wir auf der Reise auch auf Menschen, die der einstigen Größe und Bedeutung ihres Landes wehmütig nachtrauern. In der ehemaligen Hauptstadt Gonder führte der dreiundzwanzigjährige Abebe uns durch den imposanten Palast Kaiser Fasilides (reg. 1632–1667), in dem Reisende aus Europa empfangen wurden, die, schwer beeindruckt, über Macht, Pracht und Hofhaltung der äthiopischen Kaiser berichteten. Heute kommen westliche Reisende hauptsächlich, um die Ruinen, die sinnbildlich für den längst verblassten Glanz des alten Reiches stehen, zu besichtigen. Abebe hat äthiopische Geschichte studiert, auch weil er sich gerne in die Vergangenheit flüchtet. Doch wie Abraraw, der mit seinem alten Gewehr die modernen Baufahrzeuge bewacht, so ist auch Abebe sicher: Äthiopien steht vor einer großen Renaissance. »Ich bin jung. Ich werde es noch erleben, dass mein Land wieder eine der führenden Nationen der Welt wird«, sagt Abebe.

Auch wenn dies auf der Reise durch das fünfzehntärmste Land der Welt nicht immer leicht zu erkennen ist: Vieles spricht dafür, dass die Renaissance kommt oder sogar schon begonnen hat. Kaum ein Land der Welt hat bei der Bekämpfung der Armut in den letzten zehn Jahren so große Erfolge erzielt wie Äthiopien. Im Index menschlicher Entwicklung der Vereinten Nationen ist Äthiopien zwischen 2000 und 2010 der zweitschnellste Aufsteiger, nach Regierungsangaben wuchs die Wirtschaft in diesem Zeitraum jährlich um mindestens zehn Prozent. Das ist sichtbar. Wir fahren von einer Straßenbaustelle zur nächsten, die Investitionen in die Infrastruktur sind gewaltig. Dörfer, die vor drei Jahren noch im Dunkeln lagen, sind mittlerweile an das Stromnetz angeschlossen. Überall werden Schulen, Häuser, Universitäten und Krankenhäuser für die rasant wachsende Bevölkerung gebaut. Riesige, bislang teilweise kaum genutzte Flächen könnten schon bald dazu führen, dass Äthiopien endlich das Image des Hungerlandes abstreift. Der Bau des nationalen Prestigeprojekts, eines gigantomanischen Wasserkraftwerks am Blauen Nil, soll das heute noch so oft von Stromausfällen geplagte Land innerhalb weniger Jahre zu einem Energieexporteur machen. Immer mehr Reiseveranstalter bringen immer mehr Touristen zu den kulturellen und landschaftlichen Höhepunkten des noch armen, reichen Landes. Mir ist die Idee des Patriotismus immer unverständlich geblieben, in Äthiopien fange ich an, sie ein bisschen zu verstehen.

Als die schroffen Simien-Berge im Rückspiegel bereits ziemlich klein geworden sind, überqueren wir auf einer schmalen Eisenbrücke den träge dahinfließenden, grauen Tekeze. Wenige Meter neben der modernen Brücke liegen die Überreste der alten im Fluss. Diktator Mengistu Haile Mariam ließ sie 1989 bombardieren, um die aus dem Norden vorrückenden Rebellen der Volksbefreiungsfront von Tigray und der Eritreischen Volksbefreiungsfront aufzuhalten. Doch die in den Fluss gestürzte Brücke konnte die Kämpfer nur kurz bremsen, aufhalten konnte sie sie nicht. Zwei Jahre später marschierten die Rebellen in Addis Abeba ein. Wir fahren an ausgebrannten Panzern vorbei, die noch heute Zeugnis davon ablegen, dass viele Rebellen und Regierungssoldaten den siebzehn Jahre währenden Bürgerkrieg mit dem Leben bezahlten. Mengistu floh ins Exil nach Simbabwe, wo er unter dem Schutz des greisen Diktators Robert Mugabe noch heute komfortabel lebt. Für seine schrecklichen Verbrechen wurde er nie zur Rechenschaft gezogen.

Jetzt, in der Trockenzeit, gibt der Tekeze besonders viel von der Vergangenheit preis; die Trümmer der alten Brücke ragen weit aus dem Fluss heraus. Das Wasser, das heute den Stahl und den Beton umfließt, wird das Meer wahrscheinlich nie erreichen. Im Nachbarland Sudan fließt der Tekeze in den Atbarah, der wiederum in den Nil fließt. Doch in der Trockenzeit versickert der Atbarah oft in der Wüste. Erst in der nächsten Regenzeit füllt sich das Flussbett wieder.

Sobald wir die Brücke überquert haben, ändert sich die Landschaft. Vereinzelte Schirmakazien spenden Tieren und Menschen Schatten, die Felder werden größer und flacher, wir sehen Kamele, die gleichmütig schwere Lasten zum Markt tragen. Das erste Mal seit Tagen fahren wir mal ein paar Hundert Meter am Stück geradeaus und nicht in Kurven bergab oder bergauf. Der in letzter Zeit arg vernachlässigte fünfte Gang kommt endlich wieder zum Einsatz.

Kapitel 14

Auf der Flucht ins Paradies

In der flimmernden Hitze taucht plötzlich eine Stadt auf. Eine Stadt, wo eine Stadt eigentlich nichts verloren hat. Kein Fluss, kein Baum, kein Schatten, kein Grün – nur Staub! Hier lässt sich kein Mensch freiwillig nieder. Als wir näher kommen, erkennen wir, dass die Stadt, die an ihren Rändern wie ein Krebsgeschwür in die Savanne ausfranst, nur aus einstöckigen, aus Lehmziegeln errichteten, wellblechgedeckten Hütten besteht. Asphaltierte Straßen, Autos, Busse, repräsentative Gebäude, stolze Moscheen oder Kirchen, Parks, kurzum alles, was eine richtige Stadt ausmacht, fehlt hier. Die trostlose Siedlung ist das Flüchtlingslager Mai Aini. Die äthiopische Regierung hat das unfruchtbare Land, rund sechzig Kilometer südlich der Grenze zum Erzfeind Eritrea, für die Errichtung eines Flüchtlingslagers ausgewiesen. Hier wohnt tatsächlich niemand freiwillig. Rund fünfzehntausend Menschen, die vor dem Unrechtsregime in dem im Norden angrenzenden Nachbarland geflohen sind, hausen hier – und warten. Warten, dass der eritreische Diktator Isayas Afewerki endlich stirbt und sie in ihre geliebte Heimat zurückkehren können oder dass sie ihre Reise in ein besseres Leben in Europa, Amerika oder Australien endlich fortsetzen können. Viele warten seit Jahren. Ich habe das trostlose Lager für Recherchen acht Monate zuvor das erste Mal besucht.

Wie bei meinem ersten Besuch gehen wir zunächst ins »Asmarino«, die nach der eritreischen Hauptstadt Asmara benannte Bar des Lagers. Damals hatte sich Yonas vor mich auf den festgestampften Lehmboden gelegt, die Arme hinter dem Rücken verschränkt, die Beine angezogen. »So haben sie mir im von den italienischen Kolonialherren erbauten Foltergefängnis Arme und Beine zusammengebunden. Stundenlang. Sie nannten es *›otto‹*, Italienisch für acht, weil der Körper eine Acht bildet«, sagte Yonas damals mit kaum wahrnehmbarer Stimme. Narben an seinen Hand- und Fußgelenken zeugen noch heute von den Qualen. Immerhin hat der Sechsunddreißigjährige noch beide Hände. Einem Mithäftling sind nach dem durch die bestialische Fesselung verursachten Blutstau beide Hände abgefault.

Yonas landete im Foltergefängnis, weil er nach vierzehn Jahren Wehrdienst desertierte und versuchte, ins Nachbarland Sudan zu fliehen. Nach einem Jahr und zwei Monaten Haft war er körperlich gebrochen. Doch sein Wille, dem totalitären Regime mit seinem nie endenden Militärdienst zu entfliehen, war fest. Yonas rannte erneut davon, versteckte sich vier Monate im Haus seines Onkels in Asmara, dann wagte er einen zweiten Fluchtversuch. Diesmal mit einem »Pilot« genannten Menschenschmuggler. Fünfzigtausend Nakfa, umgerechnet rund eintausendsechshundert Euro, verlangte der Schlepper. Yonas' Freunde, denen die Flucht bereits gelungen war, schickten das Geld über geheime Kanäle aus Europa und den USA nach Asmara. Tagsüber versteckten Yonas und der »Pilot« sich in Höhlen, nachts liefen sie zwischen Landminen und eritreischen Grenzsoldaten hindurch, die ohne Warnung scharf schießen, bis sie den Mereb-Fluss, die Grenze zu Äthiopien, erreichten. Dort gab Yonas dem »Piloten« die eine Hälfte eines in der Mitte durchgerissenen Nakfa-Scheins. Die andere Hälfte sowie die Prämie für den Schleuser hatte Yonas' bester Freund in Eritrea behalten. Erst wenn der Schlepper ohne Yonas, aber mit der passenden zweiten Hälfte des Scheines zurückkehrte, sollte er die fünfzigtausend Nakfa bekommen.

Als der Schleuser den Rückweg antrat, watete Yonas durch den ausgetrockneten Grenzfluss, wurde von äthiopischen Soldaten aufgegriffen und ins Flüchtlingslager Mai Aini gebracht. Das ist jetzt fast vier Jahre her. Yonas hatte nicht vor, so lange zu bleiben. Sein Freund Ambasajer, der Jahre vor ihm desertiert war, hatte es über den Sudan, Libyen und per Boot nach Italien und schließlich in die Schweiz geschafft. Seine schweizerische Handynummer hat Yonas in einem seiner zwei Handys gespeichert. Neben einigen äthiopischen Nummern sind in dem Mobiltelefon fast nur Nummern mit ausländischer Ländervorwahl gespeichert. Schweiz, USA, Kanada, Australien, Schweden und 0049-Nummern. Zahlen als Beweis, dass ein anderes Leben möglich ist, Zahlen als Verheißung, Zahlen als Chiffre für ein besseres Leben.

»Ich kann nicht schwimmen, und die Boote nach Italien sinken oft. Seitdem Gaddafi gestürzt ist, glauben die Revolutionäre, wir seien seine Söldner gewesen und töten uns. Wer es über den Sinai nach Israel versucht, trifft oft auf Banditen, die uns töten, um unsere Organe zu verkaufen. Für eine Niere soll es Tausende Dollar geben. Ambasajer hat gesagt, ich soll es nicht versuchen. Zu gefährlich«, sagt Yonas.

Doch Habtu Russom schienen die Verheißungen des Lebens im Westen größer als die Risiken der Flucht. Sieben Jahre lang versuchte der Informatikstudent zu fliehen, immer wieder landete er in Foltergefängnissen, mehrmals wäre er beinahe gestorben, einmal hätte er es fast ins vermeintliche Paradies geschafft. Fast.

Bei seinem vorerst letzten Versuch, nach Europa zu gelangen, überquerte Russom zu Fuß die sudanesische Grenze. Auf der anderen Seite traf er auf Menschenhändler. Dreihundert Dollar, die seine Familie zusammengespart hatte, zahlte er den Schmugglern, damit sie ihn in die Hauptstadt Khartoum bringen sollten. Dort werde er gut bezahlte Arbeit finden oder könne die Reise nach Europa fortsetzen, hatten die skrupellosen Geschäftemacher ihm erzählt. Vierundzwanzig Männer und Frauen, die auf das Versprechen reingefallen waren, pferchten sie auf der Ladefläche eines Toyota Pick-ups zusammen. Die menschliche Schmuggelware deckten sie trotz der sengenden Hitze mit einer Plane ab und rasten mit den blinden Passagieren abseits der Hauptstraßen nach Westen, nach Khartoum. Nur dreiundzwanzig der vierundzwanzig Passagiere erreichten das erste Ziel der Odyssee lebendig. »Eine Frau erstickte unter der Plane. Sie hieß Tsige. Sie war vierundzwanzig Jahre alt«, erzählt Russom.

In Khartoum zahlte Russom anderen Schmugglern tausend Dollar. Dafür sollten sie ihn an die libysche Küste bringen. Achtunddreißig Menschen pferchten die Menschenhändler diesmal auf einem Pick-up zusammen. Nach drei Tagen brach das Auto in der Wüste zusammen. Fünfzehn Tage dauerte es, bis die schwer bewaffneten Gangster die nötigen Ersatzteile beschafft und den Wagen wieder flott gemacht hatten. In das Wasser, das sie den Flüchtlingen gaben, mischten sie Motorenöl, damit die bereits halbverdursteten Menschen weniger tranken. Nachts vergewaltigten sie die Frauen, während Komplizen die Ehemänner mit Kalaschnikows in Schach hielten. Als die verzweifelten Menschen schließlich an der Küste ankamen, gab es etwas mehr Platz auf dem Geländewagen. Zwei Frauen und sechs Männer überlebten die Höllenfahrt nicht. Ihre Leichen hatte man einfach von der Ladefläche gestoßen.

Doch das Schlimmste sollte noch kommen. In der Nähe der libyschen Küstenstadt Zliten ging Russom nachts an Bord eines schrottreifen Fischerboots. 518 andere Flüchtlinge will er gezählt haben. Nach rund zwanzig Stunden Fahrt geriet das völlig überladene Boot in einen Sturm und in Seenot. Weil der irakische Kapitän und seine drei Besatzungsmitglieder kein Wort Englisch sprachen, musste Russom per Funk einen Notruf absetzen. »Nach mehreren Stunden kamen endlich mehrere Schiffe. Doch sie hatten Angst vor uns. Erst als die Frauen die Babys in die Höhe hielten, nahmen sie uns an Bord«, erinnert Russom sich, der schon fest damit gerechnet hatte, auf der Flucht zu ertrinken.

Die Flüchtlinge kamen auf Malta in Abschiebehaft, wurden trotz Hungerstreiks zurück nach Asmara geflogen. Als der Deserteur wieder in dasselbe Gefängnis eingeliefert wurde, in dem er vor seiner Flucht einsaß, begrüßten die Folterschergen ihn mit »Willkommen daheim«. 2009 gelang Russom erneut die Flucht. Diesmal blieb er im Flüchtlingslager in Äthiopien.

In meinem Notizblock befanden sich bereits viele schreckliche Geschichten von gescheiterten Fluchten. Doch für meinen Artikel wollte ich damals noch eines der vielen Kinder treffen, die die lebensgefährliche Flucht aus Eritrea jedes Jahr ohne ihre Eltern und meist ohne deren Wissen antreten. Ein Mann führte mich zur fünfzehnjährigen Yordanos. Mit einer Freundin war sie eineinhalb Jahre zuvor geflohen. Sie wollte ihrem Vater in die Schweiz nachfolgen. Doch als sie im Flüchtlingslager davon hörte, dass viele Mädchen und Frauen auf ihrem Weg durch die Wüste vergewaltigt würden, entschloss sie sich, in Mai Aini zu bleiben. Zumindest vorerst. Alle zwei Wochen telefonierte sie mit ihrem Vater. »Er hat mir versprochen, dass er mich nachholt. Aber er hat mir gesagt, dass ich nicht durch die Wüste gehen soll«, erzählte Yordanos mir damals in ihrer Hütte unter einem kitschigen Heiligenbild.

Ich arbeite oft in Flüchtlingslagern und an anderen trostlosen Orten in Afrika. Wenn ich dort Leute nach ihrer Geschichte frage, fragen sie fast immer: »Was bekomme ich dafür? Du verdienst dein Geld mit meinem Leid. Davon will ich etwas abhaben.« Ich verstehe die Menschen, doch ich zahle ihnen nie etwas, weil ich keine Geschichten kaufen möchte. Stattdessen sage ich ihnen manchmal, dass die Berichterstattung in westlichen Medien vielleicht etwas Aufmerksamkeit auf ihre Probleme lenke und dass sich dadurch hoffentlich langfristig etwas für sie ändern werde. Hoffentlich. Meist glauben weder sie noch ich das wirklich. Yordanos hat nicht danach gefragt, was sie davon hat, wenn sie mir ihre Geschichte erzählt.

Kurz nachdem ihr Bild und ihre Geschichte in der wichtigsten Zeitung der Schweiz erschienen waren, wurde ich zum Weltflüchtlingstag zu einer Diskussion nach Zürich eingeladen. Ich rief Yordanos' Vater an, überzeugte ihn, auch zu kommen. Einige Tage später saß ich mit ihm und dem Chef des schweizerischen Bundesamtes für Migration auf einem Podium in Zürich. Der Vater und ich erzählten die Geschichte von Yordanos' Flucht. Trotz einer bereits geplanten, explizit gegen den starken Zustrom aus Eritrea gerichteten Verschärfung des schweizerischen Asylrechts versprach der Chef der Migrationsbehörde vor laufender Kamera: Yordanos und ihre Familie dürften in die Schweiz kommen, schließlich sei Yordanos minderjährig, nichts spreche gegen die Familienzusammenführung. Ein Schweizer Menschenrechtsanwalt, der die Geschichte von Yordanos' Flucht gelesen hatte, und ich erinnerten den Beamten in den nächsten Wochen regelmäßig an sein Versprechen. Bald darauf erhielt ich eine E-Mail aus der Schweiz. »Einreisebewilligung für alle vier Familienmitglieder bewilligt«, stand darin. Ich war glücklich. Endlich schien eine meiner Geschichten tatsächlich einmal unmittelbar etwas zu bewirken.

Einige Wochen nach der E-Mail aus der Schweiz, sah ich Yordanos in Addis das erste Mal seit unserer Begegnung im Flüchtlingslager wieder. Nachdem die Schweiz die Einreisebewilligung erteilt hatte, waren auch ihre kleine Schwester Yodit und ihre Mutter Genet unter Lebensgefahr aus Eritrea geflohen. Zusammen mit Yordanos' älterem Bruder Michael, der es bereits zuvor auf eigene Faust nach Äthiopien geschafft hatte, waren sie in einer viertägigen Busreise aus dem Flüchtlingslager nach Addis Abeba gekommen. Als ich die wiedervereinte Familie unmittelbar nach ihrer Ankunft in der Hauptstadt traf, waren Yordanos, Yodit, Michael und Genet müde, aber glücklich.

Da Yordanos vor der Flucht bei ihren Großeltern aufwuchs, hatte sie ihre zwei Jahre jüngere Schwester, die ihr wie aus dem Gesicht geschnitten ist, nie zuvor gesehen. Als die beiden Schwestern auf dem Bett ihrer ebenfalls aus Eritrea geflohenen Cousine Nebiat in Addis saßen, hielten sie sich fest an den Händen. Nie wieder wollten sie durch die Flucht auseinander gerissen werden. »Als ich meine kleine Schwester das erste Mal sah, war es für mich, als sei ich neu geboren worden«, sagte Yordanos strahlend. Doch als ich sie fragte, ob sie sich auf die Schweiz freue, verschwand das Lächeln aus ihrem Gesicht, nervös ließ sie die Gelenke ihrer schlanken Finger laut knacken. »Ich möchte in der Schweiz Sekretärin werden. In einem Büro an einem Computer arbeiten, aber ich weiß, dass ich dafür die Schweizer Sprache lernen muss«, sagte Yordanos auf Tigrinya, der Sprache Eritreas. Nachdem sie ihre Heimat verlassen hatte, hat sie keine Schule mehr besucht. »Glaubst du, die Jungs und Mädchen in der Schule werden nett zu mir sein?«, fragte sie schüchtern. Mein Ja schien sie nicht wirklich zu überzeugen. Dann wollte sie wissen, welche Musik Jugendliche in der Schweiz hören. Im Flüchtlingslager hatte Yordanos versucht, die englischen Texte der Songs von Rihanna, Shakira, Jennifer Lopez und Justin Bieber mitzusingen. Als ich ihr sagte, dass sie sich in der Schweiz, zumindest was den Musikgeschmack betrifft, nicht groß umstellen müsse, erschien ihr das ferne Land, über das sie nichts wusste, außer »dass es dort allen Menschen gut geht«, ein bisschen weniger angsteinflößend.

Die nächsten vier Wochen verbrachten Yordanos und ihre Familie damit, in Addis von einem Amt zum anderen zu laufen, um mit Solomons Hilfe alle nötigen Papiere zu besorgen. Sie lernten die äthiopische Bürokratie von einer Seite kennen, die selbst Kafka für übertrieben gehalten hätte. Doch nach einem Monat hielt Yordanos schließlich alle notwendigen Dokumente und die Flugtickets für sich und ihre Familie in der Hand. Abends holte ich sie bei ihrer Cousine Nebiat ab, um sie zum Flughafen zu bringen. Yordanos und ihre Schwester hatten sich für die Schweiz das gekauft, was sie »moderne Klamotten« nennen: knallenge, pinke Jeans, grelle Oberteile und schwarze Kunstlederblousons. Ihre frisch lackierten Fußnägel steckten in glänzenden, sehr hochhackigen, mit Blumen verzierten Sandalen. Als ich den Schwestern sagte, dass anderes Schuhwerk vielleicht angebrachter sei, da bei ihrer Ankunft in Zürich möglicherweise Schnee liegen werde, wollte Yordanos, die sich für die Ausreise in ihr neues Leben erstmals geschminkt hatte, den Einwand nicht gelten lassen. Hauptsache »modern«.

Am Flughafen schenkte Yordanos mir zwei kitschige Bilder, die Maria, Josef und das Christuskind auf goldenem Untergrund zeigen. Sie hängen jetzt über meinem Schreibtisch. Als Yordanos vor der Sicherheitskontrolle am Flughafen in Addis mir mit einer Rolle Heiligenpostern unterm Arm ein letztes Mal winkte, hatte sie Tränen in den etwas zu stark geschminkten Augen. Auch ich musste schlucken. Doch ich war fest davon überzeugt, dass sie die sich ihr bietende Chance nutzen würde. Ich wusste, dass zwei Schweizerinnen, Simone und Helen, die Yordanos' Geschichte in der Zeitung gelesen hatten, sie mit ihrem Vater (und warmen Schuhen im Gepäck) abholen, ihr bei den ersten Schritten in der neuen Welt helfen würden. Mittlerweile nennt Yordanos die Frauen auf Tigrinya Simona Shikor und Helen Shikor. *Shikor* bedeutet auf Deutsch Zucker. Yordanos, die ihren Kaffee gerne sehr süß trinkt, benutzt das Wort als Kosenamen für Menschen, die sie besonders gerne mag.

Als ich ein paar Wochen nach dem Abschied am Flughafen die Bar im Flüchtlingslager betrete, werde ich sofort von vielen Flüchtlingen, die ich von meiner Recherche kenne, und unbekannten Gesichtern umringt. Es hat sich längst herumgesprochen, dass Yordanos und ihre Familie nach meinem Artikel in die Schweiz ziehen durften. Das hat allen Hoffnung gemacht und mich zu ihrem unfreiwilligen Hoffnungsträger. Doch ich muss ihre Erwartung dämpfen. Ich erkläre dem im Foltergefängnis gequälten Yonas und seinen Freunden, dass Yordanos nicht aufgrund meines Artikels in der Schweiz aufgenommen worden sei, sondern weil sie minderjährig sei und ihrem Vater zuvor die gefährliche Flucht in die Schweiz gelungen wäre. Die Flüchtlinge wollen das nicht hören. Sie zücken ihre Handys und Adressbücher, bestehen darauf, dass ich die Namen und Adressen ihrer Verwandten in Europa in meinen Block schreibe.

Am Abend erreichen wir die Universitätsstadt Shire und wollen den Staub des Tages im besten Hotel der Stadt – was nicht heißt, dass es ein gutes Hotel ist – abwaschen. Doch wir sind offensichtlich nicht die Einzigen, die das vorhaben. Das Hotel ist ausgebucht. Aus einem fensterlosen Zimmer im angeblich zweitbesten Hotel der Stadt kommen uns abgestandene Hitze, ein modriger Gestank und ein Schwarm Mücken entgegen. Das geht nicht mit Falks Malariaphobie. Das drittbeste Hotel hat nur noch ein Zimmer für die ganze Nacht, vermietet die anderen nur stundenweise. Wir würden gerne die ganze Nacht bleiben und das Bett für uns alleine haben. Das angeblich viertbeste Hotel entpuppt sich in unseren Augen schließlich als das beste. Die achtunddreißigjährige Yalem hat es erst vor einigen Wochen eröffnet, wir sind ihre ersten *ferenji*-Gäste. Weil ihre in einem großen Wohnhaus eröffnete Herberge keinen Parkplatz hat, besteht sie darauf, dass unser Auto, dessen grüne Farbe unter einer dicken Staubschicht kaum noch zu erkennen ist, in der blank gewienerten Lobby parkt. Widerstand ist zwecklos, ein Angestellter lotst mich durch die breite Eingangstür und macht sich sofort daran, das Auto zu waschen.

Yalem lädt uns zu einer traditionellen Kaffeezeremonie ein. Die Äthiopier beanspruchen für sich, den Kaffee »erfunden« zu haben. Im Westen des Landes, so die Legende, sollen die Ziegen des Hirtenjungen Kaldi vor vielen Hundert Jahren die Früchte des Kaffeestrauchs gefressen haben. Die ganze Nacht waren die Tiere danach aufgekratzt. Der Hirte sammelte einige Früchte, gab sie einem Priester in seinem Dorf. »Diese Früchte sind des Teufels«, donnerte der Gottesmann und warf sie ins Feuer. Als sich der Duft der in den Flammen gerösteten Bohnen erhob, merkten die Äthiopier, dass die belebende Bohne doch gar nicht so übel ist.

Der gleiche Duft wie damals strömt jetzt durch das Hotel als Yalem grüne Kaffeebohnen auf einer gusseisernen Platte über einem kleinen Kohleofen röstet. Sie hält uns die knisternden Bohnen dicht unter die Nase, fächert uns das Aroma zu. Dann zerstampft sie die Bohnen mit kräftigen Stößen in einem Mörser und füllt das Pulver in eine tönerne Kanne. Dreimal lässt sie das Gebräu auf dem Kohleofen aufkochen, dann füllt sie es in kleine Tassen.

Vom Anfachen des Kohlefeuers bis zum ersten Schluck vergeht mindestens eine halbe Stunde, doch Yalem hat viel zu erzählen. Der Staub auf unserer Haut kann erst mal warten. Die letzten sieben Jahre hatte Yalem als Hausangestellte in Saudi-Arabien gearbeitet und kehrte vor Kurzem mit einem kleinen Vermögen zurück, das ihr die Eröffnung ihres eigenen Hotels ermöglichte. Yalem hatte Glück, großes Glück.

Tausende junge äthiopische Frauen gehen jedes Jahr in die Golfstaaten, um sich dort als Hausangestellte zu verdingen. Selten kommen sie wie die stolze Hotelbesitzerin Yalem mit dem erhofften Vermögen zurück. Oft kehren sie ohne einen einzigen Dollar, aber mit psychischen und physischen Narben heim. Auch Fatima ging nach Dubai. Fatima ist die kleine Schwester Kadirs, der als Wachmann eine Zeit lang auf unser Haus in Addis aufpasste. Dubai war Kadirs, nicht Fatimas Idee. Wochenlang hatte er von fast nichts anderem gesprochen als von dem vielen Geld, das seine Schwester in einem Land, dessen Sprache sie nicht sprach und dessen Kultur sie nicht verstand, bei einer reichen Familie verdienen würde. Dass Fatima, die aus einem kleinen Dorf im Osten Äthiopiens kommt, noch nie eine Mikrowelle oder eine Klimaanlage bedient hatte, noch nie von ihrer Familie und ihren Freunden getrennt war, noch nie in einer Stadt gewohnt hatte, das alles störte Kadir nicht. Er dachte an das Geld, das seine Schwester ihrer Familie aus Dubai nach Äthiopien schicken sollte.

Ein paar Wochen nachdem Kadir die verängstigte Fatima mit dem neu beantragten Pass zum Flughafen in Addis gebracht hatte, war sie wieder zurück. Doch Fatima war nicht mehr Fatima. Fatima sprach nicht mehr, schaute niemandem mehr in die Augen, schrie oft laut und weinte leise. Kadir fragte uns, ob Fatima eine Zeit bei uns bleiben könne, da sie sich schäme, ohne Geld zu ihren Eltern zurückzukehren. Fatima blieb eine Zeit, plötzlich war sie weg.

Ich weiß nicht, was Fatima in Dubai widerfahren ist. Auch Kadir hat sie es nie erzählt. Ich habe andere Mädchen und Frauen getroffen, die von ihren Arbeitgebern nicht bezahlt wurden, kaum zu essen bekamen, sechzehn Stunden am Tag schuften mussten, von Männern des Hauses vergewaltigt und von deren eifersüchtigen Frauen mit heißem Öl und Wasser übergossen wurden. Immer wieder kommt es vor, dass äthiopische Hausangestellte sich in den Golfstaaten das Leben nehmen. Auch Hotelbesitzerin Yalem kennt solche Geschichten, am eigenen Leib erlebt hat sie sie nicht.

Kapitel

15

Der Hüter der Zehn Gebote

Indiana Jones« suchte 1936 die sagenumwobene Bundeslade im Auftrag der amerikanischen Regierung in Ägypten. Die Truhe, in der die in zwei Steinplatten geschlagenen Zehn Gebote aufbewahrt werden, sollte nicht den Nazis in die Hände fallen, die mit ihrer Macht die Weltherrschaft erlangen wollten. Nach vielen Explosionen und Schlägereien und ein paar mittelmäßigen Scherzen gelangte »Indy« in einem U-Boot der Nazischergen schließlich mit der heiligen Truhe auf eine kleine Insel, erlebte dort, wie die Steintafeln den fiesen Nazis zwischen den Fingern zu Staub zerfielen und die entweihte Truhe in einer gewaltigen Feuersbrunst ihre zerstörerische Gewalt entfaltete. Steven Spielbergs »Indiana Jones: Jäger des verlorenen Schatzes« gewann vier Oscars, war 1981 der erste der weltweit erfolgreichen Filme über den berühmtesten Archäologen Hollywoods. In Äthiopien war der Film kein Kassenschlager. Denn in Äthiopien weiß jeder: Das ist alles Quatsch! Die Bundeslade mit den Zehn Geboten, die Moses von Gott empfangen hat, liegt in Aksum, der heiligen Stadt im Norden Äthiopiens. Nachdem Hotelbesitzerin Yalem uns auch zum Frühstück einen hervorragenden Kaffee gebraut hat, sind wir morgens von Shire ins gut sechzig Kilometer entfernte Aksum aufgebrochen.

In der heiligen Stadt hat nur ein einziger Priester Zugang zum Allerheiligsten. Und dieser Mann steht jetzt keine zehn Meter von uns entfernt. Gerade ist er aus der schlichten Kapelle herausgetreten, in der angeblich das wohl größte Mysterium des Christentums verwahrt wird. Kaiser Haile Selassie ließ die trutzige Kapelle der Kirche St. Maria von Zion erbauen, um die Truhe, um die so viel Tamtam gemacht wird, sicher zu verwahren. Doch mittlerweile regnet es durch die Decke. Notdürftig und nicht gerade standesgemäß haben die Hüter des Schatzes das Dach mit einer weißen Plastikplane abgedeckt. Es ist, wie so vieles in Äthiopien, nur ein Provisorium. Direkt nebenan wird gerade die neue Kapelle errichtet, die den Schatz in Zukunft sicher beherbergen soll. Noch ragen die Baueisen aus dem Mauerwerk des grauen Rohbaus. Abba Gebre-Mesqel, der Hüter der Zehn Gebote, schaut vorbei, um den Baufortschritt an seinem zukünftigen Wirkungsort zu begutachten.

Er ist der einzige Mensch seiner Generation, der die Bundeslade zu Gesicht bekommen darf. Ich möchte unbedingt von ihm erfahren, wie sie denn nun aussieht, die Bundeslade. Kirchendiener Zemichael verschafft mir eine Audienz bei dem hageren, alten, bärtigen Mann. Das dachte ich zumindest. Doch als ich zu Abba Gebre-Mesqel vorgelassen werde, streckt er mir nur sein großes, hölzernes Kreuz entgegen, das ich küssen darf. Als ich nach der Macht der Bundeslade fragen möchte, wendet er sich ab und verschwindet wieder in der Kapelle, in der die mächtigste Kiste der Welt lagern soll.

Der einzige lebende Mann, der die Bundeslade je mit eigenen Augen gesehen hat, spricht also nicht, doch die Bibel verrät ziemlich genau, wie die Truhe aussehen soll. Im zweiten Buch Mose gibt Gott ihm klare Anweisungen, wie er die Truhe zu bauen habe. Im Alten Testament klingt die Bauanleitung so:

»Macht eine Lade aus Akazienholz; dritthalb Ellen soll die Länge sein, anderthalb Ellen die Breite und anderthalb Ellen die Höhe. Du sollst sie mit feinem Gold überziehen inwendig und auswendig, und mache einen goldenen Kranz oben herum. Und gieße vier goldene Ringe und mache sie an ihre vier Ecken, also daß zwei Ringe auf einer Seite seien und zwei auf der andern Seite. Und mache Stangen von Akazienholz und überziehe sie mit Gold und stecke sie in die Ringe an der Lade Seiten, daß man sie damit trage; sie sollen in den Ringen bleiben und nicht herausgetan werden. Und sollst in die Lade das Zeugnis legen, das ich dir geben werde.«

So soll sie also aussehen, die Lade, die beim Auszug der Israeliten aus Ägypten unter Moses den Bund Gottes (daher der Name Bundeslade) mit dem Volk Israel symbolisieren sollte. Fragt sich nur, ob sie tatsächlich in der baufälligen Kapelle liegt, vor der wir stehen. Denn dubiose Schatzsucher – von den Kreuzrittern bis zu Archäologen mit zweifelhaftem Ruf – wollen sie schon auf dem Tempelberg in Jerusalem, in einem Tempel in Unterägypten, in einer Höhle bei Qumran am Toten Meer, im Heiligtum Ngoma Lugundru in Simbabwe und in geheimen Gängen im Berg Nebo in Jordanien gefunden haben. Doch Kirchendiener Zemichael ist sich sicher: »Die Bundeslade ist hier. In Aksum.« Selbst gesehen, hat er sie natürlich nicht, doch er dient als Diakon seit Jahren dem Hüter der Zehn Gebote.

»Menilek, der Sohn der Königin von Sabba und König Salomons brachte die Bundeslade von Jerusalem nach Aksum«, erklärt Zemichael uns. Laut dem »Kebra Negest« (»Ruhm der Könige«), einem im 13. Jahrhundert in Äthiopien verfassten Bericht, erfährt die im 10. Jahrhundert vor Christus in Aksum regierende, sagenhaft schöne Königin von Sabba vom sagenhaft weisen König Salomon und besucht ihn in Jerusalem. Mit einem perfiden Trick lockt der schlaue König die schöne Königin ins Bett. Das bleibt nicht ohne Folgen. Als die Monarchin nach Äthiopien zurückkehrt, wird Menilek geboren. Als dieser zweiundzwanzig Jahre alt ist, reist er nach Jerusalem. Der unverhofft zu Vaterehren gekommene Herrscher versucht, Menilek zum Bleiben zu überreden, bietet ihm die Thronfolge an. Doch Menilek will zurück zu seiner Mutter nach Äthiopien. Salomon lässt den Sohn schweren Herzens ziehen, allerdings nicht ohne eine große Gefolgschaft. Auf der Heimreise erfährt Menilek, dass die Männer, die sein Vater ihm mitgegeben hat, ohne sein Wissen die Bundeslade mit den Zehn Geboten aus dem Tempel in Jerusalem haben mitgehen lassen. Als Salomon vom Diebstahl Wind bekommt, möchte er die Verfolgung aufnehmen, doch da wird Menilek auf wundersame Weise mit der Bundeslade nach Hause geflogen. So weit, so logisch!

Wenn die Bundeslade also nach Aksum geflogen ist, warum darf sie dann niemand außer Abba Gebre-Mesqel sehen, frage ich seinen Diener. »Wir beschützen euch vor der Bundeslade, nicht die Bundeslade vor euch«, sagt Zemichael geheimnisvoll. Laut dem Kirchendiener soll die Truhe die siebenfache Kraft der Sonne besitzen. Wer sie mit eigenen Augen sähe, würde sofort erblinden, erlahmen und schließlich sterben. Ein bisschen wie bei »Indiana Jones«. Nur der jeweils von seinem Vorgänger auf dem Totenbett auserwählte Priester ist immun gegen die Wundermacht der Truhe. Alle anderen Menschen kann sie zerstören. Da mit dem Raub der Bundeslade die göttliche Gegenwart und Gnade von Israel auf Äthiopien übergegangen und Aksum Jerusalem als geistliches Zentrum der Welt abgelöst haben soll, gibt es natürlich viele Neider. In Äthiopien erzählt man sich gerne die Geschichte, dass selbst der nicht gerade für Zimperlichkeit bekannte israelische Geheimdienst Mossad schon versucht haben soll, die Bundeslade zurück nach Jerusalem zu bringen. Natürlich ohne Erfolg.

Um Geheimdienstler, neugierige Touristen und Hobbyarchäologen vor sich selbst zu schützen, würden die Hüter der Bundeslade offensichtlich ziemlich weit gehen. Rund um die Kapelle, in der die Truhe verwahrt wird, sitzen Polizisten in blauen Tarnfleckanzügen mit Kalaschnikows auf dem Schoß. »Wenn jemand versuchen würde, in die Kapelle einzudringen, würden sie notfalls schießen. Zunächst auf die Beine, wenn das nicht reicht, auch auf den Oberkörper«, sagt Zemichael.

Ich frage ihn, ob er verstehen könne, dass viele *ferenji,* ob der Geheimniskrämerei um die Bundeslade, Zweifel daran hegen würden, ob sie überhaupt in der Kapelle in Aksum liege. »Ja«, antwortet der fromme Diener. »Aber das ist euer Problem, nicht unseres. Wir wissen ja, dass sie da ist.«

Es ist diese Gewissheit, die das oftmals nicht einfache Leben in Äthiopien manchmal einfacher macht. Ich kenne einen äthiopischen Ingenieur, der seinem Gebet mehr vertraut, als seinen statischen Berechnungen. Ich kenne einen Äthiopier, der Biologie studiert hat und überzeugt ist, dass wir von Adam und Eva abstammen und nicht von Lucy, der rund 3,2 Millionen Jahre alten Äthiopierin, deren Skelettreplik wir uns gemeinsam im Museum in Addis angeschaut haben. Ich habe Historiker getroffen, die eher mündlich überlieferten äthiopischen Mythen vertrauen als naturwissenschaftlichen archäologischen Untersuchungsmethoden. Ich kenne einen äthiopischen Arzt, der in Amerika studiert hat und auf die Heilkraft des heiligen Wassers schwört. Ich habe viele äthiopische Freunde, die Mitleid mit mir haben, weil mir ihre Gewissheiten fehlen. Manchmal beneide ich sie.

Kapitel 16

Stadt der Helden

Von Aksum nach Adwa sind es nur fünfundzwanzig Kilometer. Doch zwischen den beiden kleinen Städten liegen Welten. Während die Bewohner von Aksum Stein und Bein schwören, dass die mysteriöse Königin von Sabba im 10. Jahrhundert vor Christus in ihrem noch heute zu besichtigenden Becken badete (auch wenn die meisten Archäologen dies ausschließen), wissen die Bewohner Adwas mit Sicherheit, dass in ihrer Stadt vor siebenundfünfzig Jahren der Mann geboren wurde, der die Geschicke Äthiopiens in den letzten dreißig Jahren prägte: Legesse Zenawi.

Der berühmteste Sohn der Stadt war erst neunzehn Jahre alt, als er 1975 sein Medizinstudium an der Haile-Selassie-Universität in Addis Abeba abbrach, um sich dem bewaffneten Kampf gegen Diktator Mengistu Haile Mariam anzuschließen. Im Busch legte er sich zu Ehren des vom Regime getöteten Aktivisten Meles Tekle den Kampfnamen Meles zu, unter dem er noch heute bekannt ist. Unter seiner Führung wurde Mengistu 1991 gestürzt, Meles Zenawi wurde Präsident der Übergangsregierung und blieb bis zu seinem Tod im Jahr 2012 an der Spitze des Staates. Bill Clinton, Tony Blair und andere westliche Politiker priesen den für seine scharfzüngigen und geistreichen Kommentare bekannten Politiker zunächst als Mitglied einer neuen, demokratischen Generation afrikanischer Führer. Dem Westen galt Meles schon bald als verlässlicher Partner im Kampf gegen den militanten Islamismus am unruhigen Horn von Afrika.

Unter Meles Zenawi wurde Äthiopien ein Liebling der internationalen Gebergemeinschaft. Bei Konferenzen vertrat der bei Freunden und Feinden Respektierte Anliegen des gesamten Kontinents, zu Hause ging es mit der Wirtschaft und der Armutsbekämpfung voran. Der visionäre Regierungschef zeigte seinen Landsleuten, dass eine Zukunft ohne Armut möglich ist. Doch Menschenrechtsorganisationen warfen dem Vater zweier Töchter und eines Sohnes schwere Menschenrechtsverletzungen und ein autoritäres Vorgehen gegen die politische Opposition und die Presse- und Meinungsfreiheit vor. Nach einer umstrittenen Wahl im Jahr 2005 ließ die Regierung fast alle Oppositionspolitiker verhaften, bei Protesten wurden fast zweihundert Menschen getötet. Im Jahr 2010 erzielten die von Meles Zenawi geführte Revolutionäre Demokratische Front der Äthiopischen Völker und mit ihr verbündete Parteien in einer international kritisierten Parlamentswahl 547 von 549 Parlamentssitzen. Echte Demokratie sieht anders aus.

Ich habe Meles Zenawi bei Pressekonferenzen und während seiner Auftritte im Parlament erlebt. Ihn umgab stets eine unnahbare, Respekt einflößende, ja fast arrogante, und dennoch bescheidene Aura. Fragen internationaler Korrespondenten beantwortete er in fehlerfreiem Englisch. Stets war er bestens vorbereitet, kein noch so unangenehmes Thema schien ihn aus der Ruhe bringen zu können. Missfiel ihm eine Frage, verrieten ihn lediglich seine schneidende Stimme und sein durchdringender Blick. Während viele Journalisten bei den seltenen, teils nächtlichen, oft sehr langen Pressekonferenzen gähnten, wirkte Meles, dem eiserne Disziplin und ein immenses Arbeitspensum nachgesagt wurden, stets konzentriert und ausgeschlafen.

In ganz Äthiopien war der asketisch wirkende ehemalige Rebellenkämpfer omnipräsent. Sein Konterfei prangte auf einem riesigen Plakat am größten Platz in Addis; es schaute mir in Amtsstuben, Hotels, Restaurant, Bars, Geschäften und privaten Häusern bei allem zu, was ich tat; in den Nachrichtensendungen des staatlichen Fernsehens sah ich, dass er überall auf der Welt ständig Staats- und Regierungschefs traf; oft stand ich im Stau, wenn grimmig dreinblickende Polizisten in Kampfanzügen und mit Kalaschnikows in der Hand die Hauptstraße sperrten, damit der Regierungschef mit seiner Wagenkolonne schnell und sicher zum Flughafen rasen konnte; in der Wohnung meines Wächters hängt sein Porträt neben Heiligenbildern. Meles Zenawi, den alle Äthiopier nur Meles nennen, hat eine komplette Generation geprägt. Die meisten Menschen, die nach der verheerenden Hungerkatastrophe von 1984/85 geboren wurden, kannten nie einen anderen Regierungschef.

Doch im Sommer 2012 verschwand Meles plötzlich von den Bildschirmen. Im August vermeldete das staatliche Fernsehen schließlich die Nachricht, die möglicherweise schon länger geheim gehalten worden war: Meles war nach einer schweren Krankheit in einer Klinik in Brüssel gestorben. Äthiopien fiel in eine Schockstarre.

Noch am selben Tag landete eine Maschine der staatlichen Ethiopian Airlines in Addis. Mit einer äthiopischen Flagge bedeckt wurde der Sarg mit Meles Zenawis Leichnam in einem schweren Geländewagen nachts stundenlang durch die Stadt zum Palast des Premierministers gefahren. Eine gespenstische Zeremonie. Ich lief die für den Verkehr gesperrte, von Zehntausenden Menschen gesäumte Hauptstraße in Richtung Flughafen. Von dort kam mir der Geländewagen mit dem Sarg entgegen. Viele Trauernde hielten Kerzen für den Verstorbenen in der Hand, nie zuvor habe ich so viele Menschen auf einem Haufen so still erlebt. Doch sobald der Konvoi mit dem aufgebahrten Regierungschef das Spalier der Trauernden passierte, brachen Männer, Frauen und Kinder wie arabische Klageweiber in lautes Wehegeschrei aus. Vielen rannen Tränen über die verzweifelten Gesichter, manche warfen sich hysterisch auf die Straße, pressten ihre Stirn auf den kalten Asphalt, andere verloren weinend das Bewusstsein. Die Trauer wirkte echt, bei den meisten war sie es wohl auch. Doch das nächtliche Zeremoniell war auch Spektakel. Junge Männer begleiteten den Trauerkonvoi im Laufschritt, skandierten laut Meles-Sprechchöre. Ein guter Äthiopier hatte jetzt zu trauern, und das möglichst öffentlichkeitswirksam. Manche eben noch hysterisch Trauernde wischten sich die (echten?) Tränen aus dem Gesicht, sobald der Sarg an ihnen vorbeigerollt war, und gingen mit Freunden ein Bier trinken. Es folgte eine zweiwöchige Staatstrauer, in denen im Radio fast nur verherrlichende Nachrufe auf den Verstorbenen verlesen wurden und in Bars, wenn überhaupt, nur getragene Musik gespielt wurde.

In dieser Zeit war der Sarg im Garten des Palasts des Premierministers aufgebahrt. Auch ich erwies ihm dort die letzte Ehre, sah wie Männer und Frauen sich immer wieder in die Schlange der Kondolierenden einreihten, um vor den Kameras der Fotografen vor Trauer zusammenzubrechen. Viele brachten so ihre aufrichtige Trauer zum Ausdruck, für andere war es die vielleicht einmalige Gelegenheit, den ansonsten streng abgeriegelten Palastgarten zu besuchen.

Addis Abeba war voll mit Meles-Plakaten, -T-Shirts und -Postern. Sie verkündeten: »Ein Held stirbt nie« und »Wir werden dein

Vermächtnis fortsetzen«. Druckereien machten in den Tagen nach Meles' Tod das Geschäft ihres Lebens. Auch Monate nach seinem Dahinscheiden können die meisten Äthiopier sich nur schwer an ein neues Gesicht an der Spitze des Staates gewöhnen. Schon zu Lebzeiten wirkte Meles wie sein eigenes Denkmal, nach seinem Tod wurden dem Denkmal unzählige Denkmäler gesetzt.

Ich dachte, dass der Personenkult, der in Addis betrieben wurde, nicht zu überbieten wäre – bis wir knapp vier Monate nach Meles' Tod in dessen Heimatstadt Adwa kamen. An jedem Verkehrsschild, an jeder Mauer, an jedem Baum klebte ein Bild des Verstorbenen. »Wir sind sehr traurig, dass Meles so früh gestorben ist. Er war ein großartiger Führer und wurde auf der ganzen Welt bewundert«, erzählen uns die Anhalterinnen Tigist und Alem, die wir nach Adwa mitnehmen. Wie jeder Bewohner Adwas wissen die jungen Frauen genau, in welchem Haus Meles geboren wurde, zeigen uns den Weg.

Ich war davon ausgegangen, dass das Anwesen mittlerweile zu einer Pilgerstätte geworden wäre. Doch die staubigen Wege, die zum Haus führen und nur mit einem Geländewagen oder mit einem Pkw, mit dem der Fahrer kein Mitleid hat, zu bewältigen sind, sind nicht belebter als die anderen Straßen. »Dort wurde er geboren, jetzt lebt sein Bruder in dem Haus«, sagt Tigist und zeigt auf ein einfaches Gebäude, das sich durch nichts von den Häusern in der Nachbarschaft unterscheidet. Ein kleiner Junge treibt mit einem Stöckchen einen mit zwei gelben Wasserkanistern beladenen Esel am Haus vorbei, ein Huhn sucht davor im Staub nach Essbarem. Wir sind die einzigen Schaulustigen. Das graue Metalltor in der roten Steinmauer, die das kleine Grundstück umgibt, steht halb offen. Ich steige aus, möchte fragen, ob der jetzige Besitzer bereit ist, mit mir über seinen verstorbenen Bruder zu sprechen. Als ich mich dem Tor nähere, stürmen zwei große, bellende Hunde auf mich zu. Mit gefletschten Zähnen knurren sie mich von der Schwelle des Tores aus an. Ich bleibe zwei Meter von ihnen entfernt wie angewurzelt stehen, spreche beruhigend auf sie (oder mich?) ein, aber sie finden das offensichtlich nicht beruhigend. Sie ziehen die Lefzen hoch, zeigen mir ihre scharfen Zähne, senken den Kopf, spannen alle Muskeln an, scharren mit den vorderen Pfoten im Staub. Spüren sie, dass ich nicht nur Positives über den berühmten Mann geschrieben habe, der hier einst wohnte?

Nach ein paar Sekunden, die sich wie eine Ewigkeit anfühlen, kommt ein junger Mann in Shorts, Unterhemd und Badelatschen, tritt den beiden Hunden kräftig in die Flanken. Jaulend ziehen sie ab. Der Hundetreter ist ein Neffe Meles Zenawis. Er entschuldigt sich für seine Tölen, ich entschuldige mich, dass ich einfach so, ohne Anmeldung, aufgekreuzt bin, spreche ihm mein Beileid zum Tod seines Onkels aus und frage, ob ich mit seinem Vater, Meles' Bruder, über den Verstorbenen sprechen könne. »Mein Vater ist bei der Arbeit. Aber wenn Sie wollen, können Sie es heute Abend noch mal versuchen«, antwortet mir der junge Mann. Ich danke ihm für sein freundliches Angebot, sage jedoch, dass wir weiter müssten.

Adwa ist nicht nur als Meles' Geburtsort bekannt, sondern auch als die Stadt, in der die Armee Kaiser Menileks II. am 1. März 1896 die Truppen des italienischen Generals Oreste Baratieri vernichtend schlug. Die 10 596 modern ausgestatteten Italiener, die durch 7100 Söldner aus Eritrea unterstützt wurden, standen einem Heer von rund 100 000 äthiopischen Kriegern gegenüber. In einem flammenden Appell hatte Menilek sich zuvor an sie gewandt: »Feinde sind gekommen, um das Land zu ruinieren und unsere Religion zu ändern. Mit der Hilfe Gottes werde ich ihnen mein Land nicht ausliefern. Die, die ihr stark seid, gebt mir von eurer Stärke, und die, die ihr schwach seid, helft mir mit Gebeten.« Gekleidet wie ein einfacher Soldat, soll Menilek selbst gemeinsam mit seinem Riesenheer gekämpft haben, während sein Doppelgänger im herrlichen Ornat die Aufmerksamkeit des Feindes auf sich zog.

Die zahlenmäßig stark unterlegenen Italiener teilten sich in vier Kolonnen auf und griffen das äthiopische Heer an verschiedenen Flanken an. Nach anfänglichen Erfolgen überrannten die Äthiopier die unterlegene koloniale Streitmacht. Elftausend Soldaten, die auf italienischer Seite kämpften, wurden getötet, verwundet oder gefangen genommen. Während die äthiopischen Soldaten gegenüber den italienischen Gefangenen Milde walten ließen, wurden die eritreischen Soldaten als Landesverräter abgeurteilt: Man hackte ihnen die rechte Hand und den linken Fuß ab.

In Italien und Europa dauerte es eine Zeit, bis man begriff, was auf dem Schlachtfeld von Adwa passiert war. Bislang galt es als undenkbar, dass eine afrikanische Armee eine europäische Armee vernichtend schlug. Doch nach Adwa wurde Menilek in der Alten Welt für sein strategisches Geschick als Schwarzer Bismarck und Napoleon Afrikas bewundert.

Die siegreiche Schlacht von Adwa wird in Äthiopien jedes Jahr als nationaler Feiertag begangen. Durch den Sieg über eine moderne, europäische Streitmacht blieb Äthiopien das einzige Land des Kontinents, das niemals kolonialisiert, lediglich zwischen 1935 und 1941 von den Italienern besetzt wurde. Noch heute ist dieser Triumph für die meisten Äthiopier ein Quell unermesslichen Stolzes und großen Ansporns. Nach dem Motto: »Wenn wir vor über hundert Jahren die Italiener in Adwa schlagen konnten, können wir auch jetzt die Armut in unserem Land besiegen.« In Italien hingegen löste die Schmach von Adwa eine Regierungskrise aus und war einer der Gründe für Mussolinis erneuten Feldzug gegen Äthiopien. Der »Duce« wollte eine weitere Niederlage um jeden Preis verhindern, setzte deshalb unter anderem Giftgas ein, das durch die Haager Landkriegsordnung schon seit 1899 verboten ist. Nach Angaben der äthiopischen Regierung starben siebenhundertsechzigtausend Menschen im Krieg und an dessen Folgen. Italienische Historiker gehen davon aus, dass der Eroberungskrieg dreihundertfünfzig- bis vierhundertachtzigtausend Äthiopier das Leben kostete.

Heute ist auf den Hügeln rund um Adwa nicht mehr viel vom Gemetzel zu erkennen, doch in der Erinnerung zweier alter Anhalterinnen, denen wir in unser hoch liegendes Auto helfen müssen, ist die Schlacht noch lebendig. Zunächst halten wir die beiden Frauen in den traditionellen, weißen Kleidern für Schwestern, beide so um die achtzig, doch Seadi erzählt uns, dass sie erst siebzig Jahre alt sei und ihre fünfundfünfzig Jahre alte Tochter Worqie, die wir für die ältere Schwester gehalten hatten, gerade zum Arzt in Adwa begleite. Worqie ist krank an Leib und Seele. Ängstlich klammert sie sich an der Rückseite des Fahrersitzes fest, als wir durch die Felder fahren, auf denen vor über hundert Jahren die italienische Armee aufgerieben wurde. »Worqie hat nie Kinder bekommen können. Selbst heiliges Wasser hat ihr nicht geholfen. Da ist sie erst sehr traurig, später verrückt geworden«, erzählt ihre Mutter. »Traurig« würde in Europa wahrscheinlich depressiv, »verrückt«, psychisch krank heißen. Für die arme Worqie und ihre sich liebevoll kümmernde Mutter bedeutet es dasselbe. In Äthiopien bekommen Frauen durchschnittlich fünf bis sechs Babys. Wenn eine Frau ihrem Mann kein Kind schenken kann, ist dies ein Scheidungsgrund. Egal, ob der Mann oder die Frau unfruchtbar ist. Für die meisten Frauen ist in dem Land, das mit einer immer noch weitgehend unkontrollierten Bevölkerungsexplosion zu kämpfen hat, Kinderlosigkeit nichts anderes als eine Strafe Gottes.

Seadi hat gehört, dass man in Amerika und Europa »Babys im Glas« machen könne und fragt uns, ob wir vielleicht einen Arzt kennen würden, der ihrer Tochter endlich ein Baby machen, so ihre tiefe Traurigkeit beenden könne. Wir erklären ihr, dass Babys auch in Europa nicht im Reagenzglas gemacht würden, dass europäische Ärzte Paaren jedoch durchaus beim Kinderwunsch helfen könnten. Allerdings sei ihre Tochter dafür wohl schon zu alt. Traurig guckt Seadi aus dem Fenster, dann kommt sie auf die Schlacht von Adwa zu sprechen.

»Mein Großvater hat hier mit Menilek gegen die Italiener gekämpft. Er hat in der Schlacht ein Auge verloren. Ich bin sehr, sehr stolz auf ihn«, sagt die alte Frau. Wir wollen mehr über die Schlacht erfahren, doch Seadi weiß nicht mehr. »Mein Großvater hat nicht viel über den Kampf gesprochen. Er war ein schweigsamer Mann. Und wissen Sie, früher war das anders als heute. Damals haben die Kinder sich nicht getraut, ihren Eltern oder Großeltern Fragen zu stellen«, erzählt Seadi. Und dann fügt sie noch hinzu: »Wir mussten uns gegen die Italiener verteidigen. Aber es macht mich traurig, dass dafür so viele Menschen sterben mussten. Unsere Leute, aber auch Italiener«, sagt die Frau, die wie viele alte Äthiopier ein paar Brocken Italienisch spricht.

Kapitel 17

Ziegenleder und Gottvertrauen

Noch während wir Mutter und Tochter aus der einen Tür aus dem Auto helfen, steigen durch die andere Tür zwei Mönche ungefragt ein. Sie wollen zu ihrem Kloster Debre Dammo. In Äthiopien scheint es ein elftes Gebot zu geben, das »Unterstütze alle Geistlichen« oder so ähnlich lautet. Ich nehme gerne Anhalter mit. Sehr gerne sogar. Die Gespräche mit ihnen sind meist interessant, die Leute zeigen uns Orte, die uns sonst verborgen geblieben wären. Ich bin früher selbst sehr viel getrampt, freue mich, dass ich jetzt, da ich ein eigenes Auto habe, etwas zurückgeben kann. Außerdem beruhigt es mein ökologisches Gewissen, wenn das Auto voll ist. Aber die Tatsache, dass viele Anhalter in Äthiopien die Mitfahrgelegenheit statt mit einem in die Höhe gestreckten Daumen mit einer Leidensmiene, die irgendwo zwischen Verzweiflung, Anklage und Verachtung für Autobesitzer liegt, einzufordern versuchen, geht mir ziemlich auf die Nerven. Kirchenmänner bilden da keine Ausnahme. Im Gegenteil. Gerne wollen Tramper zudem die Anzahl der Fahrgäste bestimmen (»Fünf Leute auf der Rückbank sind doch kein Problem. Soll mein Bruder allein zurückbleiben?!«, »Der Beifahrer könnte doch auch noch einen Mönch auf den Schoß nehmen.«, »Die Ziege macht bestimmt keinen Dreck.«, »Der Getreidesack muss unbedingt auch mit. Was sollen wir denn essen?!«). Oft muss ich als Fahrer richtig laut werden, um auch noch ein Mitspracherecht zu haben.

Manchmal machen wir einen kleinen Test mit unseren Mitfahrern, spielen über das Autoradio einige der berühmtesten oder aktuellsten Songs der Welt von Bob Marley, den Beatles, den Rolling Stones, Britney Spears, Rihanna, Shakira oder Whitney Houston. Bei den allermeisten Songs zeigen unsere Mitfahrer keine Reaktion. Nur wenn wir Michael Jackson spielen, wippen zumindest fast alle jungen Menschen auf der Rückbank rhythmisch mit. Wir sind uns nicht sicher, ob sie wissen, dass er vor über drei Jahren starb. Der Tod Kaiser Menileks II. wurde in Äthiopien immerhin jahrelang geheim gehalten. Wir sprechen auf unserer Tour nicht ein einziges Mal über das traurige Ende des King of Pop. Dafür hören wir sein Album »Bad« unzählige Male und haben entsprechend oft gut gelaunte, mit dem Kopf im Rhythmus wippende Mitfahrer auf der Rückbank.

Kurz nachdem die Mönche Abba Zekarias und Abba Yemane zu uns ins Auto gestiegen sind, biegen wir mit ihnen auf eine Schotterpiste gen Norden, gen Eritrea, ab. Nur wenige Kilometer von der Grenze zum Erzfeind entfernt, befindet sich Debre Dammo. Es ist eines der berühmtesten (ja, mal wieder) Klöster der Landes. Doch als wir vor einer senkrechten Felswand aussteigen, ist davon zunächst nichts zu sehen.

Es ist diese senkrechte Felswand, der das Kloster seine Existenz verdankt. Za Mikael Aregawi, auch bekannt als Abuna oder

Abba Aregawi, ist einer der asketischen Neun Heiligen der Äthiopisch-Orthodoxen Kirche, die im fünften und sechsten Jahrhundert in Äthiopien das Christentum verbreiteten. Er suchte für seine Kirche einen von der Welt abgeschiedenen Ort und fand ihn auf dem senkrecht abfallenden Tafelberg von Debre Dammo, auf dem in Zeiten von Gefahr sogar die königliche Familie Zuflucht suchte. Um die vierundzwanzig Meter hohe Felswand zu bezwingen, schickte Gott ihm eine riesige Schlange, an der der Heilige sich emporhangelte. Die Schlange gibt es heute nicht mehr. Stattdessen baumeln zwei wettergegerbte Ziegenlederseile vom Felsen. An dem einen Tau kann man sich beim Klettern festhalten, das andere legt Mann (Frauen ist der Zutritt verboten) sich als Schlinge um die Brust, von oben zieht ein Mönch an der Sicherungsschlinge.

Falk ist Kletterer und Atheist. Er weiß, dass Seile nicht jahrelang über scharfkantige Felsen schubbern sollten, dass sie schnell altern und mürbe werden, wenn sie ununterbrochen der Witterung ausgesetzt sind, und regelmäßig ausgetauscht werden sollten. Hinzu kommt, dass sein Gewicht dem Seil mehr abverlangt als das der schlanken Mönche. Falk entscheidet sich, die Wand nicht zu bezwingen. Solomon ist kein Kletterer, hat aber ein unerschütterliches Gottvertrauen. Er will am Ziegenlederseil hoch. Ich habe keine Ahnung von Kletterseilen und ein bisschen Gottvertrauen und will auch hoch.

»Der Präsident wollte uns vor ein paar Jahren einen elektrischen Lift schenken, aber wir wollten das nicht. Wir haben einen hundertjährigen Bruder, den kriegen wir auch mit der Lederschlaufe hoch. Wir brauchen keinen Fahrstuhl«, sagt Abba Zekarias und unterstreicht seine Aussage, indem er in seinem wallenden Mönchsgewand am Lederseil in wenigen Sekunden die Felswand erklimmt. Er legt sich dazu noch nicht mal die Sicherungsschlaufe um. Routine und Gottvertrauen.

Barfuß, der Fels ist heilig und darf nicht mit Schuhen berührt werden, hänge ich kurz darauf in der Schlaufe. Von oben zieht ein junger Mönch und schnürt mir so den Brustkorb zu. Dabei habe ich mir fest vorgenommen, immer mindestens zwei Hände und einen Fuß oder zwei Füße und eine Hand am Felsen zu haben und die alte Schlaufe keinem Materialtest zu unterziehen. Ich sehe weniger elegant aus als Abba Zekarias, aber ich schaffe es. Als nächstes versucht Solomon es, doch auf halber Strecke verlässt ihn sein Gottvertrauen, er lässt sich wieder abseilen.

Als die Sonne gerade untergeht, stehe ich barfuß vor der Kirche Abuna Aregawi auf dem Tafelberg. *Vor* der Kirche, nicht *in* der Kirche! Denn die Mönche können den Schlüssel zum Heiligtum nicht finden, was sie allerdings nicht davon abhält, mir den vollen Eintrittspreis in Rechnung zu stellen. Ehrlich gesagt, war ich ohnehin eher wegen des Aufstiegs und der Aussicht gekommen. Kunsthistoriker und andere Experten mögen mir das verzeihen, aber die ikonografischen, grellen Malereien und die alten Schriften auf Ziegenleder, die kunstvoll verzierten Kreuze und uralten liturgischen Gegenstände, die ich in den letzten Wochen in diversen Kirchen und Klöstern gesehen habe, beginnen vor meinen Augen und in der Erinnerung zu verschwimmen. Für die Mönche, die sie mir stolz präsentierten, waren sie stets einmalig und unverwechselbar, für mich sahen sie oft ziemlich ähnlich aus.

Als ein junger Mönch mich sicher wieder abgeseilt hat, ist es bereits dunkel. Hier, fernab von jeglicher Stromleitung, sogar sehr dunkel. Das ist nicht gut. Autofahren im Dunkeln bringt in Äthiopien keinen Spaß und ist gefährlich. Der Selbsterhaltungstrieb mancher Äthiopier scheint äußerst schlecht ausgebildet zu sein. Ohne zu gucken, entschließen sie sich auf kaum befahrenen Landstraßen oft ausgerechnet dann die Fahrbahn zu queren, wenn ausnahmsweise mal ein Auto kommt. In ländlichen Gebieten, in denen es nur wenige motorisierte Fahrzeuge gibt, scheinen viele von ihnen Schwierigkeiten zu haben, die Geschwindigkeit von sich nähernden Autos, Bussen und Lastwagen einzuschätzen. Im Dunkeln tauchen zudem wie aus dem Nichts immer wieder Schlaglöcher, nur mit Steinen oder Zweigen (Warndreiecke scheinen in Äthiopien unbekannt zu sein) »abgesicherte«, liegen gebliebene Fahrzeuge und Menschen, Hunde, Ziegen, Schafe, Esel, Kühe, Pferde, Kamele oder Hyänen im schummrigen Scheinwerferlicht auf. Immerhin hat unser Auto Scheinwerfer. Viele Esel- oder Pferdegespanne sind gänzlich unbeleuchtet unterwegs, und auch Autos, Busse oder Lastwagen verfügen nicht immer über zwei funktionierende Lichter. Und falls doch, werden sie erst angemacht, wenn es stockfinster ist. Wenn ich das Licht bereits in der Dämmerung oder bei starkem Regen einschalte, werde ich von aufgeregten Polizisten oder Passanten oft darauf hingewiesen, dass ich »aus Versehen« mit Licht führe und dass ich es um Gottes willen ausschalten solle. Das Fahren mit Licht in der Dämmerung muss im äthiopischen Flensburg offenbar mit ziemlich vielen Punkten geahndet werden.

Als wir am späten Abend in Addigrat ankommen, haben wir Hunger. Doch Solomon möchte sein Hotelzimmer nicht mehr verlassen. Schon zweimal ist er in Addigrat festgenommen und für mehrere Tage zum Verhör in den Knast gesteckt worden. Die staubige Stadt ist nur zwanzig Kilometer von der eritreischen Grenze entfernt, in den Straßen patrouillieren ständig Soldaten und Polizisten, fragen nach den Ausweispapieren. Zweimal wurde Solomon kontrolliert, zweimal haben die Polizisten ihm nicht geglaubt, dass er ein Flüchtling ist. Sie hielten ihn für einen Spion, wollten von ihm wissen, ob Diktator Isayas Afewerki wirklich an Krebs erkrankt sei, über welche Ausrüstung die eritreische Armee verfüge, wie viele Männer im Nachbarland unter Waffen stünden. Weil Solomon all das nicht wusste, ließen sie ihn irgendwann gehen, warnten ihn jedoch, dass er nicht noch einmal mit ein paar Tagen Knast davonkommen würde, sollten sie ihn noch mal in Addigrat erwischen.

Also machen Falk und ich uns alleine auf den Weg. Ich glaube, wir sind in dieser Nacht die einzigen *ferenji*, die in Addigrat zu

Fuß unterwegs sind. Aus jeder schummrig erleuchteten Bar rufen uns Prostituierte »*Ferenji!* Come, come!« zu. Selbst Falk erkennt heute die Absichten der freundlichen jungen Damen.

Das war vor ein paar Tagen noch ganz anders. Nachdem er in Gonder einen doppelten Local Gin getrunken hatte, war er von der Freundlichkeit der Mädchen in einem Hochhaus voller Bars noch ganz angetan. Als Solomon und ich den attraktiven Damen unlautere Motive unterstellten, bezichtigte Falk uns des amharischen Misstrauens. Allerdings sah Falk auch nicht die jungen Männer, die uns bei unserem strategischen Rückzug zum Hotel verfolgten. Wahrscheinlich wollten die auch nur nett sein und auf gar keinen Fall unser Geld, das wir nicht in den anrüchigen Bars gelassen hatten. Je mehr der Rausch wich, desto mehr nahm an diesem Abend auch bei Falk das Misstrauen zu.

In Addigrat blieb Falk nüchtern, was dazu führte, dass wir trotz der vielen freundlichen Einladungen in keine Bar einkehrten, schließlich alleine im Restaurant unseres Hotels zu Abend aßen.

Kapitel 18

Der Teufelsanbeter

Am nächsten Morgen brechen wir ohne Frühstück auf, denn Solomon will das Auto erst im 115 Kilometer südlich von Addigrat, 135 Kilometer südlich von Eritrea gelegenen Mekele wieder verlassen. Erst dort hat er keine Angst mehr vor Soldaten oder Polizisten, die ihn für einen Spion halten und einbuchten könnten.

Uns knurrt der Magen, als wir uns mittags in ein Restaurant setzen. Solomon bestellt wie immer ohne einen Blick auf die Karte *tibbs:* scharfes Geschnetzeltes, das auf einem kleinen Kohleofen serviert wird. Egal ob morgens, mittags oder abends: Wenn es *tibbs* gibt, nimmt Solomon *tibbs.* Dabei erlauben seine strengen Fastenvorschriften es dem frommen Christen eigentlich nicht, ständig Fleisch zu essen. Doch auf der Reise zahle ich seine Zeche, zudem hat Solomon ein absolut wasserdichtes Gedankenkonstrukt gefunden, um seine kleinen Sünden zu rechtfertigen. Da er sich zu Hause in Addis kaum Fleisch leisten kann und sich auch an Tagen, an denen Rind und Huhn erlaubt wären, oft vegetarisch ernährt, könne er die Sünden problemlos verrechnen. Weil es in dem Restaurant in Mekele nicht *tibbs* gibt, verspeist Solomon heute ausnahmsweise eine gemischte Grillplatte (alle erlaubten Tiere), die jeden Herkules-Teller beim Griechen klein aussehen lässt. Solomon wiegt mindestens fünfundzwanzig Kilo weniger als ich, kann aber mindestens doppelt so viel Fleisch wie ich verdrücken. Da sich Falks, Solomons und meine Wege nach dem Essen trennen werden, beginnt Solomon beim letzten Mahl eine Diskussion, die er offensichtlich schon länger mit uns führen wollte.

»Wir leben im Zeitalter des Teufels«, sagt er zwischen Rind und Huhn ganz unvermittelt. »Woran merkt man das?«, fragt Falk. »Weil immer mehr Leute nicht an Gott glauben«, antwortet Solomon. »Aber jemand wie ich, der nicht an Gott glaubt, glaubt doch deshalb noch lange nicht an den Teufel«, entgegnet Falk. »Doch«, meint Solomon. Falk und Solomon haben sich während der gesamten Reise bestens verstanden, der Vorwurf ist harter Tobak und kommt völlig unerwartet. Während er kaut, berichtet Solomon uns, dass ihm der Teufel bereits einmal erschienen sei. Damals diente er noch unter Zwang in der eritreischen Armee. Solomon, nicht der Teufel. Als er nachts im Militärlager Wache schob, stand plötzlich der Satan vor ihm. Riesengroß und mit gewaltigen Hörnern. Solomon trug eine Kalaschnikow, doch auf den Teufel zu schießen, kam ihm nicht in den Sinn. Stattdessen schloss er die Augen und rief Gott an. Als er die Augen wieder öffnete, war der Teufel verschwunden. Falk sagt, dass ihm noch nie der Teufel erschienen sei. »Dich muss er ja auch nicht mehr holen. Du dienst ja bereits in seiner Armee«, entgegnet Solomon und versichert, dass er Falk trotzdem möge, ihn in Zukunft in seine Gebete einschließen werde.

Am Flughafen in Mekele nehme ich meine beiden so unterschiedlichen Freunde in die Arme. Eine Propellermaschine wird sie von hier aus in eineinviertel Stunden nach Addis Abeba bringen. Falk muss am nächsten Tag zurück nach Deutschland fliegen, Solomon in der Hauptstadt arbeiten. Dasselbe Flugzeug, das Falk und Solomon gen Süden fliegen wird, hat Senait, eine Freundin aus der Hauptstadt, nach Mekele gebracht. Sie wird mich auf dem zweiten Teil der Reise begleiten.

Senait lernte ich kennen, als ich einmal in einem von deutschen Ordensschwestern gegründeten Krankenhaus im Westen Äthiopiens recherchierte. Heute wird es von einer Verwandten des ehemaligen Topmodels Claudia Schiffer geleitet. Bei ihr hat Senait nach dem Medizinstudium ihre zweijährige Arzt-im-Praktikum-Zeit absolviert. Sie hat geholfen, Kinder zur Welt zu bringen, Malaria- und HIV-/Aids-Patienten behandelt, diagnostiziert, operiert und amputiert. Ich war in den drei Jahren, die ich in Äthiopien lebe, zwar nie ernsthaft krank und habe Krankenhäuser bislang zum Glück nur bei Recherchen von innen gesehen, aber eine Ärztin dabeizuhaben, die auch ohne westliche Hightechgeräte (und ohne heiliges Wasser) Krankheiten erkennen und behandeln kann, kann ja nicht schaden.

Mit Senait fahre ich zunächst auf der asphaltierten Hauptstraße wieder ein paar Kilometer zurück Richtung Norden. Als es bereits dämmert, biegen wir auf eine Schotterpiste gen Osten ab. Glutrot geht die Sonne hinter den am Horizont steil aufragenden Felsen des Gheralta-Massivs unter. Die Felsen sind unser heutiges Ziel. Am Fuß der senkrecht himmelwärts strebenden Klippen hat der in Eritrea aufgewachsene, italienische Gentleman Silvio Rizzotti vor einigen Jahren die Gheralta Lodge eröffnet. Für mich ist die im typisch tigrinischen Stil erbaute Anlage die mit Abstand schönste Herberge in Äthiopien. Mit ihrem minimalistischen Stil könnte sie jedes »Schöner Wohnen«-Magazin schmücken. Doch so richtig besonders wird sie erst durch Silvio.

Als ich vor zwei Jahren mit meinem Bruder das erste Mal auf dem Weg zur Lodge war, hatten wir auf der rauen Piste wenige Kilometer vor dem Ziel einen Platten. Es wurde bereits dunkel, als wir den nach äthiopischer Art geflickten Ersatzreifen montierten. Doch als wir den Wagenheber runterkurbelten, entwich die Luft pfeifend aus dem schlecht reparierten Pneu. Ein weiteres Ersatzrad hatten wir damals nicht dabei. Wir waren mit drei Reifen mitten in der äthiopischen Pampa gestrandet. In diesem Augenblick rief Silvio auf meinem Handy an. »Wo bleibt ihr denn? Wir wollen nicht ohne euch anfangen zu essen.« Ich schilderte Silvio unsere Lage. »Kein Problem, ich schicke meine Jungs mit einem Ersatzreifen zu euch«, sagte der Hotelier. Als wir eine knappe Stunde später mit einem geliehenen Reifen an unserem Auto in der Lodge ankamen, empfing Silvio uns mit einem Begrüßungsdrink. Alle anderen Gäste hatte er gebeten, mit dem Essen auf uns zu warten, denn für Silvio, der jede Mahlzeit mit seinen Gästen einnimmt, ist die Gheralta Lodge so etwas wie seine Familie. Man muss sich den beleibten, Light-Zigaretten rauchenden, weißhaarigen, älteren Herrn ungefähr so vorstellen wie Marlon Brando als Mafia-Boss Vito Corleone in »Der Pate«. Nur in nett. Diesmal schafften wir es ohne Panne zur Lodge, doch der Empfang war so herzlich wie immer.

Kapitel 19

Goldrausch

In Deutschland haben Kirchen Parkplätze, Bus- und U-Bahn-Haltestellen, sind oft rollstuhlfreundlich ausgebaut – und trotzdem meist leer. In Äthiopien sind Kirchen häufig an den unzugänglichsten Orten, nur nach langen Märschen und Kraxelei zu erreichen und dennoch fast immer gut besucht. Die Kirche Abuna Yemata Guh bildet da eine Ausnahme. Sie ist wahrscheinlich Äthiopiens am schwierigsten zu erreichendes Gotteshaus. Das hält selbst hier so manchen vom Kirchenbesuch ab. Senait und ich wollen es trotzdem versuchen.

Morgens machen wir uns von der Gheralta Lodge aus mit unserem Führer Araya auf den Weg. Auf staubigen, immer schlechter werdenden Pisten fahren wir auf die senkrecht vor uns aufsteigenden Felswände zu. Irgendwo da oben, von hier unten nicht zu erkennen, soll sie sein, die im Fels verborgene Kirche. Wir passieren Häuser, die aus perfekt geschlagenen Steinen ohne Mörtel errichtet sind und durchqueren einen Bach, der in der Trockenzeit kein Wasser führt. Als die Piste auch für unseren Geländewagen nicht mehr befahrbar ist, stellen wir ihn unter einem Baum ab. Einige Ziegen strecken sich, nur auf den Hinterläufen stehend, nach den hoch hängenden, grünen Blättern, andere legen sich lieber im Schatten unter unserem Auto schlafen.

In einem ausgetrockneten Flussbett marschieren wir los. Männer heben an den tiefsten Stellen Gruben aus, um dem mit der Regenzeit verschwundenen Wasser nachzustellen. Obwohl sie schon mindestens einen Meter tief gegraben haben, ist die steinige Erde, die sie aus dem Loch werfen, noch immer staubig. Auf einem steilen Pfad wandern wir bergauf, bis wir zu einer senkrechten Felswand kommen. Da müssen wir hoch. Doch diesmal hat Gott keine Schlange gesandt, und von oben baumelt auch kein Ziegenlederseil herunter. Da der Fels heilig ist, müssen wir zunächst unsere Schuhe und Strümpfe ausziehen, bevor die Kraxelei beginnen kann. Mittlerweile folgt uns eine ganze Gruppe junger Männer, die uns beim schwierigen und nicht ganz ungefährlichen Aufstieg helfen will. Mir trauen sie die Kletterei weitestgehend alleine zu, geben nur kurze Anweisungen, wo ich Halt für Füße und Hände finden kann. Bei Senait, die bestimmt nicht schlechter klettert als ich, scheint ihnen jedoch Hilfestellung unabdingbar. Mindestens zwei Hände auf ihrem Po schieben sie jede noch so kleine Stufe hoch. Auf ihren Einwand, dass dies nicht nötig sei, entgegnen die Helfer, die für ihre »Dienste« auch noch entlohnt werden wollen: »Safety first.«

Nachdem wir auf diese Weise einige Höhenmeter überwunden haben, erreichen wir eine wenige Quadratmeter große Felsplattform. Von hier eröffnet sich der Blick in ein mit roten Felsnadeln geschmücktes Tal, in dem jederzeit ein Marlboro-Cowboy auftauchen könnte. Doch von der Kirche ist nichts zu sehen. Um zu ihr zu gelangen, müssen wir noch über einen schmalen, vielleicht einen halben Meter breiten Felssims balancieren. Rechts können wir uns am von der Sonne gewärmten Felsen festhalten, links geht es senkrecht bergab. Vielleicht zweihundert oder dreihundert Meter. Keine Ahnung. Jedenfalls ist es tief genug. Man würde nach dem Aufprall nicht mehr leiden.

Nach wenigen Metern kommen wir an eine schmale Tür im Felsen. Der fünfzehnjährige Atsbeha öffnet uns, lädt uns in die kleine Höhlenkirche ein. Er saß gerade auf dem mit einem Teppich ausgelegten Steinboden, studierte eine in der alten Kirchenschrift Ge'ez auf Ziegenleder geschriebene Bibel. Normalerweise ist sein Vater der Priester der Kirche, doch heute ist im Tal Markttag, und da muss der Geistliche sich um irdische Bedürfnisse kümmern und einkaufen. Atsbeha kann sich so schon mal an die Einsamkeit in der Kirche über dem Abgrund gewöhnen, denn irgendwann soll der Priesterschüler seinen Vater beerben. »Ich bin gerne alleine hier oben. Es ist ein heiliger Ort, hier kann ich mich am besten auf das Studium der heiligen Schriften konzentrieren«, sagt Atsbeha.

Laut einer Legende soll die einheimische Bevölkerung sehr misstrauisch gewesen sein, als der Heilige Abuna Yemata vor vielen Hundert Jahren in den Norden Äthiopiens kam. Mit Speeren und Keulen versuchten die Bauern und Hirten den Heiligen zu vertreiben. Doch der verwandelte ihre Waffen kurzerhand in Löwen und Leoparden, die die Angreifer auffraßen. Weil er jedoch in seiner neuen Gemeinde nicht von Anfang an einen schweren Stand haben wollte, ließ der Heilige alle Angreifer wiederauferstehen und taufte sie. Mit zehn der so geläuterten Anhänger bezog er dann die Kirche, die entstanden war, als vier Felsen um die Gunst kämpften, den Heiligen in Zukunft behausen zu dürfen.

Andere äthiopische Jungs in seinem Alter unterhalten sich über ihre Lieblingsspieler bei Manchester United und Chelsea, Atsbeha unterhält sich am liebsten mit Gott. In der kunstvoll bemalten Felsenhöhle, in der er dem Herrn so nah ist, betet er für eine gute Ernte, für Frieden und manchmal auch dafür, dass er sich endlich ein Handy leisten kann und ein Mädchen findet, das sein Leben mit ihm verbringen möchte. Die Freundin braucht er, da Geistliche der Äthiopisch-Orthodoxen Kirche verheiratet sein müssen, um Priester werden zu können. Das Handy braucht er, da er sich manchmal nicht nur mit Gott, sondern auch mit seiner Familie und seinen Freunden im Tal unterhalten möchte. Ob es dort, wo er Gott und den Adlern am wolkenlosen Himmel so nahe ist, Handyempfang gibt, wage ich allerdings zu bezweifeln. Mit vielen »helfenden Händen« schaffen wir sicher wieder den Abstieg.

Als ich das erste Mal am Gheralta-Massiv war, lernte ich einen Geologen kennen. Er hatte viele Jahre zuvor seinen gut bezahlten Job an der Uni gekündigt, um in Tigray nach Gold zu suchen. Es scheint sich gelohnt zu haben. Mittlerweile hat der kauzige Eigenbrötler seine kleine Firma an einen internationalen Goldminenkonzern verkauft, der jetzt zwischen den Felsen, die mindestens einhundertzwanzig Kirchen beherbergen, mit Hightech-Methoden erforscht, ob es sich auszahlt, das Edelmetall in Zukunft industriell zu fördern. Dass es hier Gold gibt, ist klar, fragt sich nur wie viel.

Als wir nachmittags auf dem Rückweg von der Kirche in der Felsenwand an einen nur wenig Wasser führenden Fluss gelangen, sitzen Frauen und Mädchen auf den aus dem braunen Wasser ragenden Steinen und waschen in der prallen Sonne mit in der Mitte durchgeschnittenen Plastikkanistern Gold. Es erinnert mich an vergilbte Schwarz-Weiß-Fotografien vom Goldrausch am Klondike, nur dass hier ausschließlich Frauen und Kinder die harte Arbeit verrichten. Mit bloßen Händen füllen sie am Ufer Schlamm und Steine in ihre selbst gebauten Schürfpfannen, lassen sie so lange im Fluss kreisen, bis das Wasser die leichteren Sedimente weggespült hat und nach einigen Minuten nur noch eine halbe Handvoll schwarzer Sand in den Plastikkanistern übrig bleibt.

Man muss schon sehr genau hinsehen, um zwischen dem Schwarz etwas Goldenes funkeln zu sehen. Das viele Schwarz und das bisschen Gold füllen die Schürferinnen in verschließbare Dosen. Zu Hause trocknen sie den Schlamm in der Sonne, trennen dann das Gold vom wertlosen Sediment.

Irgbe ist eines der Mädchen, die mit stoischer Ruhe im Fluss sitzen und Gold waschen. Ab und zu drückt es seinen gebeugten, schmerzenden Rücken durch, ansonsten starrt es konzentriert in den zur Goldwaschpfanne umfunktionierten Kanister. Die Fünfzehnjährige erzählt, dass Händler ihr ein Gramm Goldstaub für bis zu neunhundert Birr (rund fünfunddreißig Euro) abkaufen. Doch um ein Gramm zusammenzubekommen, muss sie mit ihren Freundinnen viele Tage lang im Fluss den Rücken krumm machen. Doch einmal will die Tochter eines Bauern einen richtig dicken Klumpen in ihrem Kanister gehabt haben. Dreißigtausend Birr, umgerechnet fast tausendzweihundert Euro, hat ihr ein Händler dafür angeblich gegeben. Das Geld will Irgbe auf das Konto, das ihre Eltern nach dem Fund eigens eröffneten, eingezahlt haben. Noch hat sie den für ihre Verhältnisse riesigen Reichtum nicht angerührt, »aber nachdem die Leute aus meinem Dorf davon erfahren haben, wollten mich plötzlich ganz viele Männer heiraten«, erzählt das schüchterne Mädchen. Als wir uns von Irgbe und ihren Freundinnen am Fluss verabschieden, sind wir uns nicht sicher, ob ihre Geschichte stimmt oder ob sie uns Goldschürferlatein erzählt hat. Geschichten, die man braucht, wenn abends wieder nur ein paar glänzende Krümel im Kanister waren.

Kapitel

20

Sie essen Hyänen und bauen schlechte Straßen

Vorurteile werden in Äthiopien gerne gepflegt. Eines lautet: Chinesen essen Hunde! Die so angegriffenen Chinesen setzen sich gerne mit dem Vorurteil: Äthiopier sind faul!, zur Wehr. Da Äthiopier und die Tausenden in Äthiopien lebenden Chinesen gerne übereinander, aber nur selten miteinander reden, halten sich die Vorurteile hartnäckig.

»Die essen nicht nur Hunde, die essen auch Esel, Schlangen, Frösche und Hyänen. Nachts machen sie hier mit ihren Jeeps Jagd auf Hyänen. Sie fahren sie über den Haufen, dann essen sie sie«, weiß Desalegn zu berichten. Mit eigenen Augen hat er die Hyänenjagd zwar nicht gesehen: »Aber es stimmt auf jeden Fall.« Nach Feierabend haben wir ihn und zwei seiner Kollegen auf dem Rückweg von einer von chinesischen Vorarbeitern beaufsichtigten Straßenbaustelle in der Nähe des Gheralta-Massivs mitgenommen. So ist ihnen die staubige und holprige Rückfahrt, zusammengepfercht mit vierzig anderen Kollegen auf der Ladefläche eines Lastwagens, erspart geblieben. Desalegn arbeitet seit über zehn Jahren auf chinesischen Baustellen in Äthiopien und hat eine klare Meinung zu seinen Arbeitgebern: »Alle zahlen besser als die Chinesen. Selbst äthiopische Firmen. Die Chinesen bauen zwar schnell, aber sie bauen schlecht. Es ist eine Schande, dass der Staat große Infrastrukturprojekte von den Chinesen bauen lässt. So werden wir Sklaven im eigenen Land.« Seine beiden Kollegen stimmen ihm lautstark zu. Zudem sind sie der Meinung, dass die meisten Chinesen verurteilte Verbrecher sind, die mit der Arbeit in Äthiopien nur langen Haftstrafen in ihrer Heimat entgehen wollen.

Ich weiß nicht, inwiefern Desalegn von echten Erfahrungen spricht und inwieweit seine Äußerungen von Vorurteilen, Wut und Neid auf seine chinesischen Chefs geprägt ist. Fakt ist: Egal, in welche Richtung man in Äthiopien fährt, es dauert nicht lange, bis man an eine »chinesische« Großbaustelle kommt. Meistens sehen sie so aus: Ein chinesischer Vorarbeiter mit einem großen Strohhut döst im Schatten eines Sonnenschirms vor sich hin und »passt auf«. Äthiopische Arbeiter ohne Sicherheitsschuhe und Helme erledigen die körperlich anstrengende Arbeit. Weitere chinesische Vorarbeiter bedienen die teuren, aus China importierten Bagger, Radlader und Walzen. Im Vergleich zu nichtchinesischen Baustellen ist der Baufortschritt meist wahnsinnig schnell. Allerdings bin ich auch schon auf »chinesischen Straßen« gefahren, auf denen bereits große Schlaglöcher ausgebessert wurden, während die Straße noch gebaut wird. Für die Ewigkeit scheinen sie nicht gemacht zu sein.

»Die chinesischen Firmen schmieren unsere äthiopischen Aufsichtsbehörden, wenn die Baustellen offiziell abgenommen werden. Wenn das Geld stimmt, lassen die den Pfusch durchgehen«, sagt Desalegn. Von offizieller Seite wird dies natürlich bestritten, aber offensichtliche Mängel an mancher »chinesischen Straße« sprechen dafür, dass an Desalegns Behauptung etwas dran ist. Und auch andere billige, chinesische Produkte, die speziell für den afrikanischen Markt produziert werden, sind ja nicht gerade für ihre Langlebigkeit bekannt. Desalegn ist fest davon überzeugt, dass die Chinesen die Straßen absichtlich schlecht bauen, um sich so gleich lukrative Folgeaufträge bei der Reparatur und Instandhaltung zu sichern. Doch für die äthiopische Regierung sind die chinesischen Firmen nach wie vor erste Wahl. Die Preise sind günstig, und um die Wirtschaft weiter anzukurbeln, muss das zwar rasch wachsende, aber immer noch schlechte Straßennetz so schnell wie möglich ausgebaut werden. Dass die Chinesen sich nicht uneigennützig in Äthiopien engagieren, sondern auch ein Interesse an den noch im Boden schlummernden Rohstoffen haben und das zweitbevölkerungsreichste Land Afrikas als riesigen Absatzmarkt sehen, stört da zunächst kaum. Auch wenn konkurrenzlos billiger chinesischer Schrott schon jetzt oftmals einheimische Produkte vom äthiopischen Markt verdrängt hat.

Weil er seine Proviantdose bei uns im Auto vergessen hat, besuchen wir Desalegn am nächsten Abend noch mal auf seiner Baustelle. Ein Chinese, den alle äthiopischen Arbeiter nur Mister Li nennen, kontrolliert gerade bei den Baggern und Lastwagen den Ölstand, sammelt dann alle Fahrzeugschlüssel ein. »Communication difficult. No English«, sagt der Chinese mit dem Hut und der Sonnenbrille und zeigt auf seine äthiopischen Arbeiter, von denen die meisten besser Englisch sprechen als er. Da Desalegn schon seit Jahren mit Chinesen arbeitet, kann er ein bisschen Chinesisch radebrechen und übersetzt für uns.

Erst seit zwei Wochen ist der chinesische Straßenbauingenieur in Äthiopien. Für zwei Jahre hat der Junggeselle sich zunächst verpflichtet, doch wahrscheinlich wird er vier Jahre bleiben, denn dann wird er sich von dem Ersparten in der chinesischen Provinz ein kleines Haus bauen können. Wäre er in China geblieben, hätte er sich das möglicherweise nie leisten können. Was er zu Äthiopien zu sagen habe? »Das Essen ist furchtbar. Die essen saures Brot. Die Frauen sind schön«, sagt Mister Li und lacht. Seine äthiopischen Arbeiter lachen mit.

Noch verstehen Desalegn und seine Jungs sich gut mit ihrem neuen Chef. Noch! »Am Anfang sind sie meist nett, aber das ändert sich schnell. Außerdem stellen sie unseren Mädchen nach«, sagt Desalegn, der Wortführer des kleinen Arbeitstrupps. Dann erzählt er die Geschichte einer jungen Frau, die von einem chinesischen Bauarbeiter schwanger und von ihrer Dorfgemeinschaft verstoßen wurde, als das Kind mit den asiatischen Gesichtszügen zur Welt kam. Erst nachdem der Vater des Babys seinen Glauben ablegte, Mitglied der Äthiopisch-Orthodoxen Kirche wurde und die Mutter seines Kindes heiratete, wurde die Frau wieder von ihrer Familie akzeptiert. Jetzt zieht sie mit ihrem Mann von einer Straßenbaustelle zur nächsten. »Das ist okay, aber die meisten Chinesen lassen unsere Frauen einfach sitzen, nachdem sie sie geschwängert haben«, meint Desalegn.

Kapitel

21

Angst

Es gibt keinen anderen Ort in Äthiopien, an den ich lieber reisen möchte, und es gibt keinen anderen Ort in Äthiopien, vor dem ich mehr Angst habe als die meist als Danakil bezeichnete Afar-Wüste. Sie liegt bis zu 125 Meter unter dem Meeresspiegel. Unter der lebensfeindlichen Einöde driften Erdplatten auseinander, flüssige Lava dringt in einer der vulkanisch aktivsten Regionen der Erde an die brüchige Oberfläche, die Temperaturen steigen in einer der heißesten und trockensten Wüsten der Welt oft auf über fünfzig, manchmal auf über siebzig Grad. Die Afar, die Bewohner der Danakil, gelten als kriegerisch. Mit wohligem Grausen erzählen Äthiopier sich von der alten, archaischen Sitte, dass ein junger Afar, der um die Hand einer Frau anhält, dem Brautvater die abgeschnittenen Genitalien eines Feindes bringen muss. Ein altes Afar-Sprichwort lautet: »Es ist besser zu sterben, als zu leben ohne zu töten.« 1928 gelang es dem Engländer L. M. Nesbitt, die Wüste zu durchqueren. Er gab ihr den wenig schmeichelhaften Namen »Höllenloch der Schöpfung«. Mein Freund, der Überlebenskünstler und Menschenrechtler Rüdiger Nehberg, zog 1977 mit einer Kamelkarawane durch die Danakil. Auf der Reise wurde er mehrfach überfallen, wäre beinahe verdurstet.

In der Wüste traf Rüdiger auch eine junge Frau, die Opfer der weiblichen Genitalverstümmelung geworden war. Um die weibliche Sexualität zu kontrollieren, werden in der Danakil immer noch vielen Frauen die Schamlippen und die Klitoris abgeschnitten. Mit einer Rasierklinke, einer Scherbe, manchmal mit einem alten Konservendosendeckel. Ohne Narkose. Wenn die Mädchen den brutalen Eingriff überleben, werden sie anschließend oft mit Akaziendornen bis auf eine reiskorngroße Öffnung für Urin und Menstruationsblut zugenäht. Erst in der Hochzeitsnacht schneidet der Mann seine Frau wieder auf. Viele überleben die Hochzeitsnacht nicht. Andere haben ihr Leben lang Schmerzen. Rüdiger erzählte mir Geschichten von Frauen, die die Qualen irgendwann nicht mehr ertragen konnten, sich selbst verbrannten oder sich die Kalaschnikow ihres Mannes oder Vaters in den Mund steckten. Die Leiden der jungen Frau aus der Danakil gingen dem Abenteurer nie wieder aus dem Kopf. Dreiundzwanzig Jahre später gründete er mit seiner Frau Annette die Menschenrechtsorganisation TARGET. Der Verein hat der grausamen Tradition, der täglich immer noch bis zu achttausend Mädchen und Frauen zum Opfer fallen sollen, in enger Zusammenarbeit mit Glaubensführern des Islam den Kampf angesagt. Als Dank dafür, dass die Afar die Beschneidung in ihrem Stammesgesetz zur Sünde erklärten, baut Rüdiger jetzt am Rande der Danakil ein Krankenhaus. Einmal habe ich die Baustelle mit ihm besucht, bis in das Zentrum des »Höllenlochs der Schöpfung« habe ich es nie geschafft. Zunächst weil ich keine Zeit hatte, dann, weil ich Angst hatte.

Vor einem guten Jahr saß ich abends mit meiner Freundin in einem Restaurant in Addis, als ich einen aufgeregten Anruf erhielt. »In der Danakil sind Touristen überfallen worden. Fünf Menschen wurden erschossen. Darunter wahrscheinlich zwei Deutsche. Zudem wurden zwei Deutsche und zwei Äthiopier entführt. Hintergründe noch völlig unklar.« Für mich begannen die stressigsten Tage meines bisherigen Korrespondentenlebens. Als ich nachts am Schreibtisch saß und Berichte schrieb, rief mich ein Freund aus Deutschland an. Er wollte mich in zwei Wochen zusammen mit drei weiteren Freunden besuchen kommen. Zusammen wollten wir in die Danakil. Viele Touristen stornierten ihre Äthiopienreise nach dem tödlichen Überfall, meine Freunde kamen trotzdem. Um die nach dem Überfall zur militärischen Sperrzone erklärten Wüste machten wir damals allerdings einen großen Bogen.

Der Überfall sei eine außer Kontrolle geratene Geiselnahme; die Touristen seien im Kreuzfeuer zwischen der äthiopischen Armee und einer Rebellenorganisation getötet worden; die Touristen seien von Terroristen, die Äthiopien destabilisieren wollten, hingerichtet worden; Äthiopiens Erzfeind Eritrea stecke hinter den Morden; der äthiopische Geheimdienst habe die Ausländer getötet, das Verbrechen lediglich Eritrea in die Schuhe geschoben, um ein Alibi für eine militärische Intervention zu haben. In den Tagen nach dem Drama in der Wüste gab es jede Menge Gerüchte – und keine Gewissheit. Auch ob die deutschen Geiseln noch lebten oder nicht, wusste ich nicht.

Eine knappe Woche nach dem Überfall meldete sich eine Rebellenorganisation per E-Mail bei mir und anderen Korrespondenten. Die Kämpfer der ARDUF, der *Afar Revolutionary Democratic Unity Front,* schrieben, dass sie die beiden deutschen Geiseln in ihrer Hand hätten, dass es ihnen gut gehe und dass sie sie bald unversehrt frei lassen würden. Lösegeldforderungen stellten sie nicht. Mit der Ermordung der fünf anderen Ausländer hätten sie nichts zu tun. Es gehe ihnen lediglich darum, auf die Not der rund 1,6 Millionen Angehörigen des überwiegend nomadischen und bitterarmen Afar-Volkes aufmerksam zu machen. Die wirtschaftlich, kulturell und politisch marginalisierten Afar hätten in den letzten Jahren kaum vom wirtschaftlichen Aufschwung Äthiopiens profitiert. Im Gegenteil, die traditionellen Wandergebiete der Nomaden, deren unabhängige Sultanate erst im 20. Jahrhundert von Äthiopien annektiert wurden, würden durch die Expansion anderer äthiopischer Völker, durch willkürlich gezogene administrative Grenzen, den Abbau von Pottasche und riesige Plantagenprojekte immer weiter eingeschränkt. Die Profite, die auf ihrem Land erwirtschaftet würden, kämen nur zu einem kleinen Bruchteil bei den Afar an. Zudem akzeptiere die Regierung im fernen Addis Gesetze und Bräuche wie die traditionelle Konfliktschlichtung der muslimischen Afar nicht, stürze das stolze Volk so in einen Identitäts-Überlebenskampf.

Um auf ihre Probleme aufmerksam zu machen und um Verhandlungen zu erzwingen, griffen Afar in der Vergangenheit vereinzelt äthiopische Militärlager an. Ausländische Touristen betrachteten sie bislang jedoch eher als Verbündete im Kampf gegen ihre Marginalisierung. Geiseln wurden bei vorherigen Entführungen stets gut behandelt, einen Gewaltexzess wie bei der jetzigen Entführung hatte es zuvor nie gegeben.

Immer wieder schickten die Rebellen mir Mails, in denen sie behaupteten, dass sie die beiden Geiseln freilassen wollten, die äthiopische Armee jedoch eine rasche Übergabe der Gefangenen verhindere. Als ich wenige Tage nach dem Überfall in den Norden Äthiopiens reiste, sah ich, wie die äthiopische Armee Panzer und Truppen an die Grenze zu Eritrea verlegte. Über sieben Wochen nach dem Überfall erhielt ich dann von den Rebellen die Nachricht: »Wir haben die beiden Deutschen unversehrt freigelassen, die beiden Äthiopier sind noch in unserer Hand.« Kurz darauf griff die äthiopische Armee mit Bodentruppen Militärcamps in Eritrea an, die laut äthiopischer Regierung die Entführer unterstützt hatten. Die Gefahr eines erneuten Grenzkriegs mit vielen Toten lag in der Luft.

Einen Monat nachdem sie freigelassen wurde, habe ich Bianca, eine der beiden deutschen Geiseln, zu Hause in Deutschland besucht. Unter Tränen erzählte sie mir vom Überfall auf dem Vulkan Erta Ale in der Danakil und den schlimmsten zweiundfünfzig Tagen ihres Lebens.

Als Schüsse die Stille der Nacht zerrissen, träumte Bianca, der Krach wären Kameras. Als Mündungsfeuer die Finsternis erhellte, träumte die Hobbyfotografin, das Gleißen wäre Blitzlicht. Als ihr jemand mit einem Knüppel auf die Beine schlug und sie mit dem Lauf einer Kalaschnikow aus der Steinhütte kommandierte, wusste sie, dass sie nicht träumte, wusste sie, dass sie entführt wurde.

»Ich will hier nicht erschossen werden. Vor allem will ich hier nicht angeschossen und liegen gelassen werden und jämmerlich verrecken«, dachte die Achtunddreißigjährige, als sie, immer wieder von Stockschlägen getroffen, durch die Nacht stolperte. Vor ihr ein älteres Paar aus ihrer Reisegruppe, das bald stürzte und von den Entführern liegen gelassen wurde.

Bianca erkannte die Steinhütte, in der drei Männer aus ihrer Reisegruppe die Nacht verbringen wollten. Was sie nicht wusste: Wenige Minuten später würde ein Killerkommando die drei erschießen. Mittlerweile hat Bianca ihre Tränen meist unter Kontrolle. Doch wenn sie von ihren getöteten Begleitern erzählt, kommen mit den Erinnerungen auch die Tränen.

Als die Erinnerungen noch nicht Erinnerungen, sondern das Jetzt waren, hat die leitende Angestellte einer Jugendhilfeeinrichtung nicht geweint, da hat sie einfach nur funktioniert. Auch als im Chaos der Entführung plötzlich Kugeln an ihrem Kopf vorbeipfiffen. »Warum schießen die auf uns? Die haben uns doch schon! Warum wollen sie ihre eigenen Geiseln töten?«, rätselte Bianca, während sie weiterstolperte. Wer auf sie und ihre Geiselnehmer geschossen hat, weiß sie bis heute nicht.

Nur mit einem Nachthemd und Trekkingsandalen bekleidet, brach sie immer wieder durch die erkaltete, brüchige Lava. »Ich merkte, dass ich Blut in meinen Sandalen hatte. Es machte dieses schmatzende Geräusch, aber ich empfand keine Schmerzen«, erzählte Bianca mir.

Zwei Stunden hetzte sie in der vom abnehmenden Mond kaum erleuchteten Nacht mit ihren Mitgefangenen und den in Tarnfleck-Kampfanzügen bekleideten Entführern den Hang des Vulkans hinunter, bis die Kidnapper sie auf ein Kamel setzten. Begleitet von mehreren schwer bewaffneten Bewachern, schaukelten sie über ein scharfkantiges Lavafeld gen Osten, gen Sonnenaufgang, gen Eritrea. »Ich habe versucht, mir den Weg zu merken, damit ich zurückfinde, falls wir fliehen können«, erinnerte sich Bianca. Doch einen Fluchtversuch unternahm sie nie.

Die ganze Nacht hindurch zog der Treck nach Osten. Als die Morgensonne bereits die Hitze des nächsten Tages ankündigte, blieben die Kamele stehen. »Die Entführer haben Feuer gemacht, Brot gebacken und Tee gekocht. Sie waren entspannt und freundlich. Da habe ich vermutet, dass wir in Eritrea und außerhalb der Reichweite des äthiopischen Militärs sind«, berichtete Bianca. Nach einigen weiteren Stunden auf dem Kamel erreichten die vier Geiseln und ihre Entführer eine Schlucht, in der die Rebellen ihr Lager errichteten. Vor allem in der ersten Nacht hatte Bianca wahnsinnige Angst, dass die Entführer sich an ihr vergehen könnten. In ihr Tagebuch schrieb sie: »Und wenn die mich vergewaltigen? Kann da nichts gegen tun, kann mich nicht wehren, es sind zu viele. Und alle haben Handgranaten und Kalaschnikows. Ich muss mich darauf einstellen. Wenn ich innerlich darauf vorbereitet bin, werde ich es aushalten können. Werde ich es vorbeigehen lassen können. Also Bianca, stell' dich darauf ein, dass es passieren kann und du nichts dagegen wirst tun können. Halte still und versuche, es nicht noch schlimmer zu machen. Ich will nicht! Nein! Ich will nicht! Ich will nicht! Bitte lieber Gott, lass nicht zu, dass ich vergewaltigt werde!«. Biancas Gebet wurde erhört.

Meist schlief sie während ihrer Geiselhaft unter freiem Himmel, starrte stundenlang in den oft wolkenlosen Himmel. Über die zweite Nacht in Gefangenschaft schrieb sie: »Schaue in die Sterne und denke mal wieder: ›Lieber Gott, bitte, ich möchte nicht vergewaltigt werden.‹ Da kommt eine Sternschnuppe. In meinen Augen sind wieder Tränen. Ich bin mir nicht sicher, ob ich sie mir vielleicht nur eingebildet habe. Dann kommt eine zweite. Jetzt bin ich mir sicher, dass Gott mir sagen will, dass das alles nicht so schlimm wird, dass ich nicht vergewaltigt werde.«

Weil die Entführer wollten, dass sie bei Kräften blieb, musste Bianca jeden Tag ein paar Bissen Ziegenfleisch oder den ewig gleichen Brei aus gekochten Bohnen, Erbsen oder Linsen hinunterwürgen. Wenn sie aß, hatte sie zumindest etwas zu tun. »Ansonsten konnte man sich im Lager am Kopf kratzen, bis die Fingernägel schmutzig waren. Dann konnte man sich die Fingernägel reinigen und sich wieder am Kopf kratzen«, berichtete die Ex-Gefangene. Gegen die Langweile erschlug sie Fliegen, zerdrückte Ameisen, warf mit Steinen nach Ziegen und lernte ein paar Brocken der Sprache ihrer Entführer. In Lautschrift hat sie sich die Wörter für »essen«, »trinken«, »Klo« und »Danke. Es geht mir gut« auf einen Zettel geschrieben. »Es war so pervers. Die Entführer wollten immer, dass ich lächele und ›Danke, es geht mir gut‹ sage. Aber nichts war gut«, sagt Bianca, als sie endlich wieder sagen darf, was sie will. Als sie es noch nicht konnte, schrieb sie in ihr Tagebuch: »Mir ist hier nicht zum Lachen. Mir ist nach Faust in die Fresse schlagen, in die Eier treten, dabei laut schreien, die mit einem Knüppel verprügeln und das scheiß Kamel erschießen.«

Als nach zwei Tagen erstmals der Adrenalinpegel in ihrem Blut sank, kamen die Schmerzen. Die Schnittwunden an den Füßen brannten, der verstauchte Knöchel und der von den Stockschlägen blutige Nacken pochten, der Magen rebellierte. Zumindest am Anfang. Als Bianca sich an das Lageressen gewöhnt hatte, schrieb sie: »Frage mich, ob meine Dauerübelkeit eigentlich noch da ist. Ich weiß es nicht. Ich kann mich nicht mehr fühlen. Ich kann nicht mehr fühlen, wie ich mich fühle.«

Jeden Tag verfolgten die Entführer mit einem Kofferradio aufmerksam die Nachrichten. Bianca verstand kein Wort, doch plötzlich schnarrte Whitney Houstons »I will always love you« aus dem Lautsprecher. »Whitney Houston finished. Hotel«, berichtete einer der Entführer und deutete mit der gespreizten, zum Mund geführten Hand an, dass die Sängerin sich zu Tode gesoffen hatte. »Gebt mir Alkohol. Das will ich auch, dachte ich mir da. Aber eigentlich wollte ich immer leben«, erzählt Bianca.

Als das Radio vermeldete, dass Äthiopien seine übermächtige Armee in Bewegung gesetzt habe und dass es wahrscheinlich bald Krieg geben werde, bekam Bianca vor Angst kaum noch Luft. »Mittlerweile hatte ich Vertrauen zu unseren Entführern. Die hätten sich vor uns gestellt, wenn auf uns geschossen worden wäre. Aber wenn die äthiopische Armee angegriffen hätte, wären wir wohl im Kugelhagel gestorben«, mutmaßte Bianca.

Sie konnte mittlerweile alle 238 Lieder (unter anderem »Freiheit« von Marius Müller-Westernhagen) auf ihrem MP3-Player auswendig, das einzige Buch, das sie dabei hatte (Sarah Kuttner: »Wachstumsschmerz«) hatte sie längst durch, die Stimmung zwischen ihr und ihrem deutschen Mitgefangenen wurde immer gereizter. In Gedanken versuchte Bianca, sich in ihre heile Welt zu Hause zu flüchten. »Ich habe an meine Wohnung in Deutschland gedacht, aber ich wusste nicht mehr, wie es darin aussah. Ich konnte mich noch daran erinnern, dass ich gerne Käse esse, aber ich konnte mich nicht mehr erinnern, wie Käse schmeckt«, sagte Bianca.

Weil die Flucht in die Fantasie die Realität nur noch unerträglicher machte, zwang die willensstarke Frau sich irgendwann, nicht mehr an zu Hause zu denken. »Ich hatte solche Angst, dass meine Omi aus Sorge um mich einen Herzinfarkt erleiden würde. Aber ewig darüber nachzudenken, hätte mich verrückt gemacht, und ich musste ja funktionieren«, sagte Bianca beinahe entschuldigend. Als sie nach fast zwei Monaten in Haft ihre Großmutter das erste Mal wiedersah, hatte diese aus Angst um die Enkelin einen Hörsturz erlitten.

Wenn Bianca nicht mehr konnte, entfernte sie sich ein paar Meter von ihren Entführern. Sie ließen sie gehen. Sie wussten, dass sie ohne Wasser, Proviant und Orientierung ohnehin nicht weglaufen konnte. »Wenn ich alleine war, habe ich das oberste bisschen heimlich abgeweint«, erzählte mir die Ex-Geisel.

Für die meisten ihrer Entführer dachte sie sich Spitznamen aus. Lockenkopf, der Bärtige, Big Boss, Oberguru, der Schweigsame, Pinocchio (wegen seiner dünnen Glieder), Tante Trude (wegen seiner prächtigen Afrobob-Frisur), Silberrücken (wegen des Respekts, den die Jüngeren ihm entgegenbrachten), der Friseur (wegen der ständigen Zupferei an seinen Haaren). Wenn Bianca ihre Tage bekam, besorgte einer der Entführer ihr von irgendwoher Damenbinden, als sie sich einen Nerv einklemmte, organisierten die Kidnapper zwei Ampullen des Schmerzmittels Diclofenac und spritzten es ihr in den Po.

Je länger die Geiselhaft dauerte, desto mehr litt Bianca darunter, dass die Entführer ihr die Kontrolle über ihr Leben komplett entzogen hatten. »Wir hocken hier wie Tiere im Zoo. Wir werden auf die Matten gesetzt, gefüttert, verarztet und angestarrt. Dabei bin ich doch ein Freiheitsmensch. Mein Bürostuhl hat nicht mal eine Rückenlehne, weil mich das in meiner Bewegungsfreiheit einschränkt. Und jetzt das«, notierte Bianca in Gefangenschaft.

Immer wieder stellten ihre Entführer ihr die Übergabe an einen »Big Father«, einen Stammesältesten, und damit das Ende der Geiselhaft für »tomorrow or the day after tomorrow« in Aussicht.

Meist kam nach »the day after tomorrow« ein weiteres »tomorrow or the day after tomorrow«. Doch nach einigen Wochen kam Bewegung in die festgefahrene Situation. Die Geiseln wurden mehrfach in neue Lager verlegt. In ihr Tagebuch schrieb sie in den Tagen des bangen Hoffens: »Hier sind zwar alle der Meinung, dass es bald vorbei ist und ich nach Hause gehen kann, aber ihre Bosse können sich ja immer noch überlegen, uns zu erschießen. Weil wir nichts gebracht haben oder überflüssig sind. Von denen hier würde das keiner tun. Aber es kann ja ein Neuer von außen geschickt werden, der uns noch nicht kennt und das ganz leicht erledigt.« Es passierte nicht. Stattdessen kam eines Abends Oberguru mit einem breiten Grinsen und zwei in die Luft gereckten Daumen zu Bianca und sagte: »Bianca happy, Bianca go Germany!«

Nach einem weiteren nächtlichen Marsch wurden die beiden deutschen Geiseln mitten in der Wüste schließlich einer Delegation von Stammesältesten übergeben. »Für mich war das wie eine zweite Entführung«, sagte Bianca unter Tränen. »Die alten Entführer kannte ich zumindest, aber ich wusste nicht, wer die neuen Männer waren und was sie mit uns vorhatten. Und die äthiopischen Geiseln, die mir ans Herz gewachsen waren, mussten zurückbleiben. Es war, als rissen sie mir das Herz raus, aber ich durfte wieder nicht weinen«, erklärte Bianca. Dem äthiopischen Fahrer, der während der Geiselhaft Vater geworden war, versprach sie, seiner Frau auszurichten, dass ihr Mann an sie und sein Baby denke.

Nach zweiundfünfzig Tagen war »tomorrow or day after tomorrow« endlich gekommen. Ohne dass ein Lösegeld geflossen sein soll, übergaben die Stammesältesten nach einem dreitägigen Marsch durch die Wüste die beiden Geiseln in einem Dorf Angehörigen der Deutschen Botschaft. Wildfremde fielen Bianca um den Hals und schütteten der erschöpften Frau Wasser über den Kopf, eine Ziege wurde geschlachtet. Dann der Schock: Erst jetzt erfuhr Bianca, dass fünf Männer in der Nacht ihrer Entführung erschossen worden waren. Die bis dahin so starke Frau brach zusammen. Zumindest durfte sie jetzt all die Tränen weinen, die sie während der Gefangenschaft nicht hatte weinen dürfen.

Wir schreiben uns immer noch regelmäßig Mails, manchmal telefonieren wir. Ihre Geschichte hat mich im letzten Jahr davon abgehalten, in die Danakil zu fahren. Doch der Wunsch, die Wüste nicht nur aus ihren Erzählungen und ihrem Tagebuch kennenzulernen, ist geblieben. Auch wenn die Sicherheitshinweise, die ich regelmäßig von der Deutschen Botschaft in Addis bekomme, nach wie vor dringend von einem Trip in die Wüste abraten.

Senait und ich sind jetzt nur wenige Kilometer von dem Ort entfernt, in dem eine Piste in östlicher Richtung von der Hauptstraße in die Danakil abzweigt. Ich weiß, dass das äthiopische Militär seine Präsenz in der Wüste seit dem Überfall erhöht hat, seit Biancas Entführung hat es keinen neuen Zwischenfall gegeben. Sollen wir es wagen? Ich rufe Ali, einen Freund, der dem Volk der Afar angehört, an. Er war an den Verhandlungen, die zu Biancas Freilassung geführt haben, beteiligt. Ali kennt so ziemlich jeden, der in der Danakil etwas zu sagen hat, und Ali sagt zu mir am Telefon: »Momentan ist es sicher. Ihr könnt fahren. Meine Freunde werden sich um euch kümmern.« Senait, die meine Angst ohnehin für übertrieben hält, muss ich nicht überzeugen.

Wir tanken, checken alle sechs Reifen, prüfen den Kühlwasser- und Ölstand. Wir kaufen soviel Wasser, dass wir es wesentlich länger in der Wüste aushalten könnten, als wir es vorhaben, sagen Ali, dass er etwas unternehmen solle, wenn er nicht in spätestens zwei Tagen etwas von uns hören würde. Mit leicht erhöhtem Puls biegen wir in Agula von der Asphaltstraße auf die Piste gen Osten ab. Vor der Entführung haben fast alle Touristen die Wüstenfahrt mit organisierten Touren mit ortskundigen Führern und mit mindestens zwei Wagen unternommen. So hätte ein Fahrzeug Hilfe holen können, falls ein Auto den Geist aufgibt oder etwas passiert. Wir sind alleine unterwegs, haben nur Falks

Karte mit dem Riesenmaßstab und kein Satellitentelefon dabei. Aber wir sind Freunde von Ali. Ich glaube, das ist die beste Reiseversicherung.

Nachdem wir ein paar Kilometer Richtung Osten gefahren sind, ist meine Angst weg. Die Reiseveranstalter, die die Wüstentour vor Biancas Entführung angeboten haben, haben sich gegenseitig überboten, wenn sie die »schrecklichen Pisten«, die eine »furchtbare Belastung für Mensch und Maschine« seien, beschrieben. Mit dem angeblich so hohen Materialverschleiß haben sie ihre hohen Preise gerechtfertigt. Ziemlich übertrieben, finde ich. Die Piste ist nicht staubiger, unwegsamer oder steiler als andere Pisten in Äthiopien, bald wird sie fast wie eine Autobahn sein. Mit Hochdruck brechen riesige Bagger Gestein aus dem Felsen, um die noch schmale Trasse zu erweitern. Teilweise ist die Piste sogar schon asphaltiert. Auf dem (noch) schlaglochfreien, schwarzen Band, das sich am Horizont in der Hitze flimmernd auflöst, sind wir meist alleine unterwegs. Gut gelaunt und mit hundert Kilometern pro Stunde düsen wir in Richtung Danakil.

Doch von der Wüste ist zunächst nichts zu sehen. Obwohl es hier seit Monaten nicht geregnet hat, sind die Hänge der Berge mit stacheligen Büschen bedeckt. Unmittelbar neben der Piste sind sie gelbbraun, doch ein paar Meter weiter schimmert ein kräftiges Grün durch die Staubschicht auf den harten Blättern. Auf der Straße, die uns in die Wüste führen soll, kommen uns über hundert Meter lange Karawanen gleichmütig trabender Kamele entgegen. Auf den Märkten im Hochland sollen die Tiere verkauft werden.

In meinen Ohren knackt es. Wie beim Landeanflug im Flugzeug. Auf über zweitausend Metern Höhe biegen wir von der Hauptstraße ab, unser Ziel liegt rund hundert Meter unter dem Meeresspiegel. Mit abnehmender Höhe nehmen Luftdruck und Temperatur zu. Das Thermometer im Auto zeigt neunzehn Grad an, aber es zeigt immer irgendetwas zwischen sieben und einundzwanzig Grad an. Egal, ob man in der frostigen Morgendämmerung auf dem Weg zum Ras Dashen oder in der Mittagshitze auf dem Weg ins »Höllenloch der Schöpfung« ist. Mein inneres Thermometer sagt mir, dass die wahre Temperatur ungefähr doppelt so hoch wie die angezeigte Temperatur sein muss. Mit der zunehmenden Hitze verändert sich auch die Landschaft. Erst werden die Büsche immer kleiner, dann immer brauner, dann verschwinden sie ganz. Und mit ihnen auch die Menschen. Nur selten sehen wir noch große, schlanke Männer in Wickelröcken. Die meisten von ihnen führen Kamele und Kalaschnikows mit sich.

Ich habe mal gelesen, dass die Inuit über neunzig verschiedene Wörter für Schnee haben (auch wenn das nicht stimmt). Ich schätze, dass die Bewohner der Danakil noch mehr Wörter für Grau haben. Alle Nuancen der Farbe finden sich an den schroffen, unbewachsenen Hängen der Berge, die sich rechts und links der Piste auftürmen, im Geröll, das von den verwitterten Abbruchkanten in die unbewohnten Täler stürzt, im scharfkantigen Schotter, der unter unseren Reifen knirscht. Wie können Menschen hier freiwillig leben, frage ich mich angesichts von so viel Grau, Hitze und Staub. Eine Antwort lautet: Nicht alle Menschen, die hier leben, leben hier freiwillig.

An einem Militär-Checkpoint nehmen wir drei junge Lehrer mit. Sie müssen nach Berahle, einem Außenposten in der Wüste, um sich ihr Gehalt abzuholen. »Wir haben woanders keinen Job gefunden. Deshalb sind wir hierher geschickt worden. Die Afar sind uns Fremden gegenüber sehr feindlich gesonnen, aber zumindest bekommen wir einen kleinen Härtefallzuschlag«, sagen die beiden Frauen und der Mann, die aus dem Hochland in die Wüste geschickt wurden. Sie erzählen, dass viele ihrer Schüler ihnen auf der Nase herumtanzen, da sie sich nicht trauen, sie zu bestrafen. »Hier gilt nicht das äthiopische Recht, sondern das Recht des Stärkeren«, erklären die Lehrer. Und die Stärkeren sind die, die mehr Familie haben. Die Lehrer haben niemanden in der

Danakil, die Schüler haben große Clans. Würden die Lehrer die Schüler strafen, würden die Clans die Lehrer dafür zur Rechenschaft ziehen. Wie, das wollen die Lehrer lieber nicht herausfinden.

Nach ein paar Stunden Fahrt erreichen wir Berahle. Die Lehrer wollen sich hier ihren kargen Monatslohn von umgerechnet rund siebenundsechzig Euro (inklusive Zuschlag) abholen, wir wollen Alis Neffen Salih treffen, der uns auf dem weiteren Weg in die Wüste begleiten soll. In Berahle hat sich bereits herumgesprochen, dass Alis Freunde kommen. Sobald wir in die trostlose Wüstenstadt fahren, winkt uns der fünfzehnjährige Salih zu. Nach einer herzlichen Begrüßung sitzen wir auf weichen Kissen in einem schattigen, aber luftigen Raum und haben eine eiskalte Cola in der Hand.

In Berahle müssen ausländische Reisende normalerweise schwer bewaffnete Sicherheitskräfte an Bord nehmen. Sie sollen die Touristen vor Überfällen und Entführungen schützen. Aber würde so ein Bodyguard wirklich sein eigenes Leben für einen wildfremden Touristen riskieren? Und ist es wirklich sicherer, wenn man Typen dabei hat, die im Fall eines Überfalls möglicherweise sofort anfangen zu schießen? Wäre es nicht besser, sich ohne Gegenwehr zu ergeben? Und wer sagt uns, dass die unbekannten Männer mit den Kalaschnikows nicht vielleicht sogar mit möglichen Entführern unter einer Decke stecken?

Senait und ich müssen uns all diese Gedanken nicht machen. Ein Mann, der normalerweise die Eskorten einteilt, sagt zu uns: »Ihr seid Alis Freunde. Ihr seid sicher. Ihr braucht keinen bewaffneten Begleitschutz. Euch wird nichts passieren.« Nur den jungen Salih und einen alten Mann sollen wir mitnehmen, damit wir den Weg ins Dorf Hamed Ela finden. Bislang mussten wir einfach nur der Piste folgen, doch von nun an soll es komplizierter werden, die richtige Strecke soll im Grau-Grau nicht einfach zu finden sein.

Nachmittags kommen wir in Hamed Ela an. Ich glaube, die Siedlung hätte gute Chancen, beim Wettbewerb »Unser Dorf soll hässlicher werden« den ersten Platz zu belegen. In ein paar aus Planen, Bastmatten und Ästen zusammenimprovisierten Hütten leben hier oberhalb eines ausgetrockneten Flussbetts einige Hundert Afar im Grau der sie umgebenden Landschaft. Früher, bevor Bianca entführt wurde, hielten hier oft die Landcruiser-Karawanen der Touristen. Jetzt sind wir die einzigen »Touris«, dafür ist das Lager der äthiopischen Armee mitten im Dorf seit dem tödlichen Überfall besser besetzt. Hamed Ela sieht nicht gerade einladend aus – dabei ist es das. »Herzlich willkommen. Ich habe gehört, ihr seid Alis Freunde. Was kann ich euch anbieten?«, begrüßt der baumlange, spindeldürre Hussein Ismael uns. Eine Minute später liegen wir auf zwei handgefertigten Liegen im Schatten und haben schon wieder eine eiskalte Cola in der Hand. Irgendwo im trostlosen Wüstennest knattert ein Generator.

Die Liege kommt gerade rechtzeitig. Senait macht die Hitze zu schaffen, ihr wird immer wieder schwarz vor Augen. Wie heiß ist es jetzt? Vierzig Grad? Fünfzig Grad? Das Auto sagt immer noch neunzehn Grad. Ich frage Senait, die Ärztin, was ich tun muss, falls sie das Bewusstsein verliert. »Ich verliere nicht das Bewusstsein. Wenn hier jemand das Bewusstsein verliert, dann bist du das, der *ferenji*«, sagt Senait. Sie ist stolz. Wie jede Äthiopierin.

Als es ihr besser geht, steigen wir mit Hussein in das ausgetrocknete Flussbett. Eine mit schweren Salzplatten beladene Kamelkarawane taucht am Horizont aus der flimmernden Hitze auf. Bei Temperaturen bis zu sechzig Grad haben Arbeiter die schweren Platten mit Keilen, Hämmern und Eisen aus dem Salz gebrochen, sie dann auf die Kamele geladen. Langsam, aber unermüdlich tragen die Tiere die wertvolle Last zu den Märkten im Hochland. Seit Hunderten von Jahren.

»Doch damit wird bald Schluss sein«, sagt Hussein. »Ihr habt gesehen, dass sie eine Straße zu uns bauen. Sobald sie fertig ist, kommen die Lastwagen, und die Kamele verschwinden«, sagt der Afar traurig. Wir kehren zu seiner Hütte zurück. Unser Gastgeber kocht süßen Tee, einer der Ältesten von Hamed Ela kommt mit einem Büschel Qat vorbei, setzt sich zu uns auf die Liegen. »Uns hat keiner gefragt, ob wir die Straße wollen. Mit den Kamelkarawanen wird auch unsere Kultur verschwinden. Und die guten Jobs als Lastwagenfahrer kriegen nur die Männer aus dem Hochland. Wir werden leer ausgehen«, sagt der alte Mann und zerkaut nachdenklich die bitteren Blätter.

Als die Hitze des Tages allmählich nachlässt, bringt Hussein plötzlich von irgendwoher köstliches, frisch gebackenes Brot und ein teuflisch scharfes Rührei. Zum Nachtisch tunken wir das noch warme Brot in wilden Honig und trinken unter dem funkelnden Sternenhimmel süßen Tee. Ich frage Hussein, ob er Bianca kenne. Der Afar arbeitete früher oft als Touristenführer, wurde vor einigen Jahren selbst mit einer Gruppe Ausländer entführt, jedoch nach einigen Tagen unversehrt wieder freigelassen. »Ja, Bianca wurde hier von den Leuten von der Deutschen Botschaft in Empfang genommen. Sie saß genau hier. Geht es ihr jetzt gut?«, fragt Hussein. Ich erzähle ihm, dass es Bianca schwer falle, sich wieder in ihrem alten Leben zurechtzufinden. Ich spüre, dass Hussein mehr über die Hintergründe der Entführung weiß, aber dass er darüber nicht sprechen möchte oder kann. Vielleicht hat er meine Gedanken gelesen, denn plötzlich sagt er: »Ihr seid hier jedenfalls sicher.« »Ja, da drüben ist ja auch das Militär, die werden schon aufpassen«, sage ich mehr zu mir selbst als zu unserem Gastgeber. »Das Militär«, entgegnet Hussein abfällig. »Das Militär ist doch nur ein Wachhund. Ein Wachhund bellt, wenn jemand kommt. Aber für die Sicherheit muss der Hausherr sorgen. Wir passen selbst auf uns und euch auf!«, sagt der Afar stolz. Dann wünscht er uns eine gute Nacht und geht.

Das Knattern des Generators ist mittlerweile verstummt, nur die unzähligen Sterne und der Mond tauchen die Siedlung, die im

Dunkeln besser als im Hellen aussieht, in ein fahles Licht. Die meisten Bewohner haben sich längst zum Schlafen auf eine der Pritschen unter freiem Himmel gelegt. Wir sind umgeben von Alis Freunden und fühlen uns so sicher wie in Abrahams Schoß. Irgendwo schnarcht jemand, irgendwo schreit ein Esel, in meinem Magen macht das scharfe Rührei komische Geräusche, ansonsten ist es still und friedlich. Beim Sternschnuppen-Zählen schlafe ich ein.

Mitten in der Nacht wache ich von einem Geräusch auf. Was war das? Ich richte mich auf, bin plötzlich hellwach. Es dauert ein bisschen, bis sich meine Augen an die Dunkelheit gewöhnen. Allmählich erkenne ich die Umrisse der Hütten und der Steinmauern. Konzentriert starre ich ins Dunkel, und plötzlich sehe ich nur wenige Meter neben mir hinter einer Hütte zwei Männer. Sie unterhalten sich leise, schauen zu Senait und mir herüber. Ich spüre mein Herz im Kopf schlagen. Ich stehe auf. Die sollen wissen, dass ich wach bin. Ich schalte meine Stirnlampe an, leuchte ein bisschen in der Gegend umher. Da sind noch mehr. Überall sehe ich plötzlich junge Männer. Das halbe Dorf scheint auf den Beinen zu sein. Ich gucke auf meine Armbanduhr. Halb zwei. Als wir uns so gegen zehn Uhr hingelegt haben, schliefen schon fast alle Bewohner. Wieso sind jetzt plötzlich so viele wach? Warum gucken die zu uns rüber? Was wollen die? Unweigerlich muss ich an Bianca denken. Bei ihr kamen die Entführer auch mitten in der Nacht. Aber wir sind doch Alis Freunde! Und unsere Gastgeber sind Alis Freunde! Und diese Freunde liegen keine zehn Meter entfernt und schlafen. Oder tun die nur so? Oder sind das gar nicht Alis Freunde?

Ich habe vor ein paar Jahren mal ein Training für Journalisten in Kriegsgebieten mitgemacht. Da wurde ich auch entführt. Auf dem ehemaligen Truppenübungsplatz in der Rhön war das ganz spannend, aber nicht besonders angsteinflößend. Wir wussten ungefähr, was auf uns zukommt. Irgendwann sprangen ein paar maskierte, mit Schreckschussgewehren bewaffnete Typen aus dem Busch, brüllten mich und meine Kollegen auf Russisch an, stülpten uns schwarze Beutel über den Kopf, drückten uns die falschen Gewehrläufe nicht zu fest in den Rücken. Dann brachten sie uns irgendwo hin, brüllten uns wieder an. Ein paar mal knallten Platzpatronen. Nach zwei Stunden war der Spuk vorbei. Aber Bianca war zweiundfünfzig Tage entführt, fünf Menschen wurden bei dem Überfall erschossen!

Beim Training haben sie uns gesagt, man solle in brenzligen Situationen cool bleiben. Wer hätte das gedacht! Ich versuche es. Die werden doch nicht versuchen, uns in unmittelbarer Nähe des Militärcamps zu überfallen, rede ich mir gut zu. Andererseits: Wir sind momentan vielleicht die einzigen Touristen in der Danakil. Dann müssen sie vielleicht zuschlagen, wo sie können. Meine Gedanken beginnen sich im Kreis zu drehen. Da komme ich alleine nicht mehr raus. Ich wecke Senait. »Senait, da sind plötzlich ganz viele Männer. Sorry, dass ich dich wecke, aber ich habe Angst.« Als Senaits Augen sich an das Licht von Mond und Sternen gewöhnt haben, sieht auch sie die Männer. Insgeheim hatte ich gehofft, dass ich mir die Gestalten nur einbilde, aber sie sind wirklich da. Wir besprechen, was wir jetzt machen könnten. Weglaufen? Uns verstecken? Laut rufen, dass wir Alis Freunde seien? Alles Blödsinn! Schnell einigen wir uns darauf, dass wir am besten gar nichts machen. Nur ein Rucksack mit Wasser und Essen, unseren Dokumenten, etwas zum Schreiben und ein paar Klamotten legen wir griffbereit unter unsere Liegen. Die Schuhe behalten wir an. Wir erzählen uns, wie sehr wir spätestens bei Sonnenaufgang über diese übertriebene Vorsichtsmaßnahme lachen werden. Doch jetzt ist uns nicht nach Lachen zumute. Die Typen wuseln weiterhin im nächtlichen Dorf umher. »Es wäre doch äußerst unlogisch, dass sie uns ausgerechnet hier überfallen«, denkt jetzt auch Senait laut. Doch unsere Angst ist größer als Logik.

Was sind wir auch so blöd, setzen uns über alle Warnungen hinweg und fahren ohne bewaffneten Begleitschutz hierher? Eigentlich mag ich Angst gerne. Wenn man Angst hat, ist zumindest etwas los, dann ist es nicht langweilig. Angst um das eigene Leben lässt einen spüren, dass man das Leben gerne hat. Ich nehme deshalb bewusst und gerne Risiken auf mich. Aber ich bin kein lebensmüder Draufgänger. Kaum etwas wäre mir peinlicher, als wenn mir etwas zustoßen würde und alle hinterher sagen würden: »Selbst schuld. Warum ist der Idiot auch da hingefahren?«

Über uns gehen Hunderte Sternschnuppen nieder. Bei jeder wünschen wir uns, dass die Nacht schnell zu Ende geht. Würde das mit den Sternschnuppen funktionieren, wäre die Sonne längst aufgegangen. Aber es funktioniert nicht. Im Gegenteil. Ich glaube, es war die längste Nacht meines Lebens.

Etwa eine Stunde nachdem ich aufgewacht bin, kommt plötzlich ein Pick-up-Geländewagen mit hoher Geschwindigkeit direkt auf uns zugefahren. »Sie kommen«, sage ich zu Senait und taste nach dem Rucksack. Doch wenige Meter bevor der Geländewagen uns erreicht, biegt er ab, rast mit hoher Geschwindigkeit Richtung Osten davon.

Einige Stunden und viele nutzlose Sternschnuppen später, kommt Hussein mit frisch gebackenem Brot, scharfem Rührei und süßem Tee singend an unsere Liegen. »Gut geschlafen?«, trällert er, als er Frühstück am Bett serviert. »Ja, sehr gut«, lüge ich. Ich schäme mich, dass ich den Männern aus seinem Dorf Böses unterstellt habe. Hussein hatte doch gesagt: »Wir passen auf euch auf. Ihr seid hier sicher!«

Nach dem Frühstück kommt mir die letzte Nacht unendlich weit entfernt vor. Wie fühlt sich Angst noch mal an? Die Männer, die uns jetzt beim Frühstücken freundlich grüßen und uns so herzlich in ihrem Dorf aufgenommen haben, sollen uns noch vor ein paar Stunden Angst eingejagt haben? Mit süßem Tee im Magen kann ich es mir jetzt kaum noch vorstellen.

Nachdem wir das Rührei verputzt haben, machen wir uns auf den Weg zum Schwefelfeld Dallol. Auf der Rückbank unseres Wagens wird es eng. Denn neben Hussein und Salih quetschen sich noch zwei breitschultrige, äthiopische Soldaten mit ihren Kalaschnikows und Ersatzmagazinen am Gürtel auf die drei schmalen Sitze. Weil wir Alis Freunde sind, hätten wir die Beschützer natürlich nicht gebraucht, aber ganz habe ich doch noch nicht vergessen, was ich in der letzten Nacht gedacht habe.

Über einen spiegelglatten, mal grauen, mal weiß gleißenden Salzsee fahren wir nach Dallol. Stellen Raketenautos ihre Geschwindigkeitsrekorde nicht immer auf Salzseen auf? Wir stellen hier jedenfalls unseren Danakil-Geschwindigkeitsrekord auf. Am Rand des Salzsees parken wir unser Auto, steigen in Begleitung der Soldaten einen Hügel hoch. Ein heißer, trockener Wind trägt den Geruch von faulen Eiern mit sich. Mit einer Durchschnittstemperatur von rund 35 Grad soll Dallol der heißeste Ort der Erde sein. Hussein läuft vorweg und singt laut. Übersetzt heißen seine Verse, die er sich spontan ausdenkt: »Mensch Leute, schaut euch doch mal diese Landschaft an! Ist es hier nicht wunderschön?« Zunächst weiß ich nicht recht, was er meint.

Wir gehen über rostige, aufgebrochene, scharfkantige Erde. Hier lebt nichts, hier ist alles tot. Ich habe schon Schöneres gesehen. Doch dann tauchen plötzlich vor uns steingewordene Schwämme, erstarrte Pilze, kristallisierte, in Gelb und Rot funkelnde Blumen auf. Wir befinden uns etwa hundert Meter unter dem Meeresspiegel und haben das Gefühl, durch ein riesiges, gerade trockengefallenes Korallenriff zu spazieren. Ein Korallenriff, das erst entsteht. Unter uns brodelt es. Wir spüren die Hitze aus dem Erdinneren durch unsere Schuhsohlen. Dort, wo die brüchige Erdkruste besonders dünn ist, dringt heißes Wasser nach oben. Auf seiner Reise durch die rund tausend Meter dicke Salzschicht hat es Mineralien aus dem Gestein gewaschen. Blubbernde Wasservulkane stoßen die stinkende Brühe in Dallol rülpsend aus. Mit jeder Mini-Eruption lagern sich die Mineralien gelb, orange, braun, rot und grün phosphorisierend an den Kraterrändern ab, mit jedem Ausbruch wachsen die Vulkane. Wie dampfende Schlote ragen sie aus den brodelnden Salzseen, wie zerbrechliche Märchenschlösser erheben sie sich giftig funkelnd aus Gestank und kreativem Chaos, wie leuchtende Stalagmiten wachsen sie in den Himmel.

Als wir zu unserem Auto zurückmarschieren, erzähle ich Jegnaw, einem der beiden Soldaten, die uns begleiten, dass ich mir in der letzten Nacht vor Angst fast in die Hose gemacht hätte, als ein Pick-up auf uns zuraste. »Sorry, das waren wir«, sagt der Zweiundzwanzigjährige. »Wir dachten, dass es an der Grenze zu Eritrea einen Zwischenfall gegeben hätte und sind hingefahren. War aber nichts. War alles ruhig.« Seit zwei Jahren schiebt der Mann aus Asosa im äußersten Westen des Landes an der unsicheren östlichen Grenze der Republik seinen Dienst. Drei Tage braucht er von hier bis nach Hause, doch das kann Jegnaw sich ohnehin nur sehr selten leisten. Sein Sold beträgt umgerechnet gerade mal knapp zweiundfünfzig Euro. Im Monat.

Wie fast alle Äthiopier ist er der festen Überzeugung, dass nur der Erzfeind Eritrea hinter Biancas Entführung stecken kann. »Die wollen unsere Tourismusindustrie kaputt machen«, glaubt der Soldat, der die letzte Nacht an der eritreischen Grenze verbracht, sie jedoch noch nie überschritten hat. »Wir wollen nicht wieder Krieg mit Eritrea. Wir bekämpfen nur Eindringlinge auf unserer Seite. Aber wenn Eritrea uns in einen neuen Krieg zwingt, sind wir bereit. Sie haben keine Chance«, sagt der junge Soldat, der noch nie in seinem Leben auf einen Menschen geschossen hat.

Mittags setzen wir die beiden Soldaten und Hussein wieder in Hamed Ela ab. Als wir Hussein Geld für Essen, Trinken, Qat, Unterkunft, Schutz und seine fachkundige Führung geben wollen, steckt er beide Hände in seinen Wickelrock, schüttelt beleidigt den Kopf. Wir seien Alis Freunde, es sei ihm eine Ehre gewesen, uns zu empfangen. Erst als wir das Geld in ein Geschenk von Freunden an Freunde umdeklarieren, nimmt er es widerwillig an.

Mit Salih und einem Afar, der Besorgungen in Mekele machen möchte, brechen wir gen Westen, gen Zivilisation auf. Als wir Salih wieder bei seiner Familie in Berahle abgesetzt und die Stoßstange, die sich auf den Danakil-Pisten losgerüttelt hat, provisorisch befestigt haben, nehmen zwei Männer, die auch nach Mekele müssen, die freien Plätze auf der Rückbank ein. Auf einer gut planierten, aber noch nicht asphaltierten Trasse geht es weiter. In der flimmernden Hitze taucht eine Dampfwalze auf. Kurz bevor wir die Maschine erreichen, springen plötzlich zwei junge Burschen von dem Baufahrzeug, beide schnappen sich zwei Steine und rennen aufgebracht auf uns zu. Offensichtlich nicht, weil sie sich so freuen, dass endlich mal jemand vorbeikommt. Ich überlege, was ich machen soll. Vollgas und vorbei? Rückwärtsgang und Vollgas? Anhalten und reden? Ich entschließe mich für Letzteres. Doch die beiden wollen nicht reden. Höchstens brüllen. Der Ältere der beiden greift durch das geöffnete Fenster nach meinem Anschnallgurt, zieht ihn am Hals zu. Der andere hebt drohend einen Stein. Beide brüllen auf mich ein. Ich verstehe kein Wort. Nur, dass sie sauer sind. Zumindest für »Vollgas und vorbei« ist es jetzt zu spät. Ich würde mich dabei selbst strangulieren, außerdem würde wahrscheinlich mindestens ein Stein im Auto landen.

Durchs scharfe Bremsen ist der Afar, den wir aus Hamed Ela mitgenommen haben und der unterdessen auf der Rückbank eingeschlafen war, aufgewacht. Als er sieht, dass sein *ferenji*-Chauffeur von seinen Landsleuten bedroht und angebrüllt wird, springt der alte Mann aus dem Auto und brüllt seinerseits die Dampfwalzenfahrer an. Nach ein paar Takten, lässt der eine den Stein sinken, der andere lockert den Griff am Gurt. Noch ein wenig Brüllerei später reichen mir beide artig die Hand, nicken mir freundlich zu, wünschen eine angenehme Weiterfahrt. Unser Mitfahrer steigt wieder ein, wir biegen nach rechts von der glatten Trasse auf eine holprige Piste ab, die beiden Bauarbeiter winken uns freundlich hinterher. »Du bist auf einer noch nicht für den Verkehr freigegebenen Strecke gefahren. Aber ich habe den Jungs erst mal gesagt, dass man so keine Gäste empfange und dass sie lernen müssten, ihr Temperament zu zügeln«, erklärt der Alte.

Als wir kurz darauf in einem kleinen Dorf an einem Polizei-Checkpoint anhalten müssen, sagt der Alte: »Wartet hier kurz auf mich.« Zwei Minuten später kommt er mit zwei Büscheln Qat zurück. Einen für die Rückbank, einen für Fahrer und Beifahrerin. Den bitteren Blättern werden vor allem zwei Wirkungen zugeschrieben: Sie machen gesprächig, und sie machen wach. So, wie viele Lastwagenfahrer in Europa auf langen Fahrten Kaffee trinken, kauen viele Brummifahrer in Äthiopien auf langen Touren Qat. Ich fahre zwar nicht Brummi, aber eine lange Fahrt haben auch wir noch vor uns. Da ich nicht sicher bin, ob die munter machenden Blätter meine Fahrtüchtigkeit einschränken würden, lehne ich das Geschenk unseres Mitfahrers ab. Zunächst ist er beleidigt, dann freut er sich, dass mehr für ihn bleibt.

Beim Streitschlichter auf der Rückbank setzt die Wirkung ziemlich schnell ein. Bald redet der zuvor recht schweigsame Mann wie ein Wasserfall. Er erzählt, dass er seinen Kamel-Zuchtbullen beim Geschlechtsverkehr mit widerwilligen Kameldamen häufig Hilfestellung geben muss; dass Kamele launisch werden, wenn sie zuviel gefressen haben; dass man sich einem Kamel von hinten nähern muss, wenn man es schlachten möchte. Nähert man sich von vorne mit dem Messer in der Hand, fängt das Kamel an zu weinen. Doch der Mann kennt sich nicht nur mit Kamelen aus. Er weiß auch, dass die Araber den Äthiopiern viel Geld bieten werden, damit sie das Öl, das eines Tages in der Danakil gefunden werden wird, nicht fördern. Schließlich wollen die Scheichs nicht, dass ihr Öl in das durch die Ölförderung in Äthiopien entstehende Vakuum in die tiefer gelegene Danakil fließt. Er weiß, dass die Chinesen alle Arten von Tieren essen und dass unter Mao im Reich der Mitte Millionen verhungerten, weil der Politiker zu stolz war, Fehler zuzugeben.

Während der Qat-Kauer doziert, fordert ein am Straßenrand wartender Polizist mit großen Gesten eine Mitfahrgelegenheit ein. Unser gesprächiger Mitfahrer auf der Rückback bietet ihm gleich ein paar Stängel von seinem Qat an und klagt darüber, dass die besten Blätter leider nach London exportiert werden. Der Polizist lehnt freundlich ab, lauscht jedoch aufmerksam den Ausführungen des Mannes, der seinen Rausch so gerne teilen möchte. Als wir am späten Nachmittag Mekele erreichen, lässt die Wirkung des Qats auch bei unserem Begleiter aus der Danakil nach. Oder er hatte uns und den anderen Beifahrern einfach alles erzählt, was er weiß.

Kapitel 22

Die Qat-Königin

Nun habe ich schon einiges über Qat geschrieben, vielleicht sollte ich an dieser Stelle etwas mehr über die bitteren Blätter erzählen, die in fast ganz Äthiopien und den Nachbarländern gekaut werden. Auf dem Weg von Addis nach Harar im Osten Äthiopiens kam ich eines Morgens durch das kleine Städtchen Awaday. Selten habe ich in einer äthiopischen Stadt so geschäftiges Treiben gesehen. Frauen priesen hinter grünen Wänden aus Zweigen ihre Waren an, Männer schleppten die zu großen Bündeln zusammengebundenen Stängel auf der Schulter zu nigelnagelneuen Kleinlastwagen, die mit laufendem Motor am Straßenrand warteten. Sobald die Ladeflächen voll waren, rasten die Fahrer los: zum Flughafen im eine Stunde entfernten Dire Dawa oder zu den vier Stunden entfernten Märkten in Hargeisa, der Hauptstadt der international nicht anerkannten Republik Somaliland im Norden

Somalias. Sie transportieren Qat, jene Kaudroge, die in den meisten Ländern Europas illegal ist, von der jedoch viele Männer in Äthiopien und vor allem im Nachbarland Somalia abhängig sind. Das beste Qat, das sagt auch der fleißige Kauer, den wir aus der Danakil mitnahmen, wächst im ostäthiopischen Hochland rund um Awaday. Awaday ist so etwas wie das äthiopische Medellín. Nur dass es im kleinen Awaday im Vergleich mit der kolumbianischen Drogenstadt sehr friedlich zugeht. Vielen Qat-Bauern hat die Droge hier zu einem gewissen Wohlstand verholfen.

Mit einer von Qat-Blättern geschwollenen Backe führte Hussein mich durch seine Plantage. Über tausend bis zu drei Meter hohe Qat-Sträucher wachsen dort. »Ich arbeite jeden Tag hart, deshalb brauche ich Qat. Es gibt mir Kraft«, erklärte der Bauer. »Mein Vater hat noch Getreide, Obst und Gemüse angepflanzt. Ich baue nur noch Qat an. Das bringt einfach mehr ein«, sagte der Drogenbauer – und schob sich gegen das aufkeimende Hungergefühl gleich noch eine Handvoll Blätter in den Mund. Wer zuviel kaut, wird psychisch abhängig, leidet oft an Depressionen, Schlaflosigkeit, Impotenz und Angstpsychosen. Hussein ist einer der wenigen Konsumenten, der das zugibt. »Qat verringert das Blut im Körper und macht gleichgültig. Außerdem hat man keine Lust auf Sex«, sagte der Vater von vier Kindern. Ihnen hat er das Kauen verboten. »Aber sie müssen ja auch nicht so viel arbeiten wie ich«, fügte er hinzu.

Über Mittelsmänner verkauft Hussein seine Blätter an Suhura Ismail, die Qat-Königin. Nach meiner Rückkehr nach Addis Abeba, gewährte sie mir eine Audienz in ihrer Villa. »Vor Kurzem haben sie mich noch zur Geschäftsfrau des Jahres gekürt, jetzt haben sie mir eine Steuernachforderung über achtundvierzig Millionen Birr geschickt. Aber wir werden uns schon einigen. Ich habe einen guten Draht zur Regierung«, meinte die Qat-Händlerin mit den umgerechnet knapp zwei Millionen Euro Steuerschulden. Sie hatte es sich auf einem kunstledernen Sessel, auf dem auch eine

Kleinfamilie bequem Platz finden würde, gemütlich gemacht. Der kitschige Sessel ist so groß, wie er ist, weil sie es sich leisten kann. Hinter ihr stand ein Safe, der ihr bis zur Brust reichte. »Der Tresor ist leer. Es läuft gerade nicht so gut«, erzählte die Drogenhändlerin mir, die mit ihrem Familienbetrieb nach eigenen Angaben jeden Tag dreißigtausend bis vierzigtausend Kilogramm Qat umsetzt. Als Drogendealerin würde die füllige Äthiopierin sich allerdings nie bezeichnen. Die strengreligiöse Muslima sieht sich als Unternehmerin.

Als sie mit ihrem Mann eine viermonatige Pilgerfahrt nach Mekka unternahm, überließ sie das Geschäft ihren vier ältesten Söhnen. »Sie haben in einem Geschäftsjahr sechsundzwanzig Millionen Birr Verlust gemacht. Eigentlich wollte ich mich zur Ruhe setzen, jetzt muss ich noch mal ran. Gott ist mit den Tüchtigen«, erzählte mir die Mutter von zehn Kindern. Sie hat so gar nichts von einer international agierenden Drogenhändlerin. Keine Bodyguards, keine falschen Namen, keine Angst vor anderen Kartellen oder der Polizei, höchstens vor der Steuer.

Nachdem in den Neunzigerjahren der Kaffeepreis eingebrochen war, stiegen in Äthiopien viele Bauern auf Qat (der Botaniker sagt *Catha edulis*) um. Mittlerweile ist die Droge nach Kaffee eines der wichtigsten äthiopischen Exportgüter, und davon möchte auch die Regierung profitieren. Suhura ist für den stets an harter Währung knappen Staat eine wichtige Devisenbringerin – zumindest, wenn sie – wie vorgesehen – dreißig Prozent ihrer Gewinne an den Staat abführt.

Die Frau mit dem Goldzahn erzählte mir, dass sie ihr Handwerk von der Pike auf erlernt habe. Als sie vor neunundvierzig Jahren im äthiopischen Jigjiga, eine Stunde von der somaliländischen Grenze entfernt, geboren wurde, waren ihre Eltern bereits Qat-Händler. An einem kleinen Straßenstand verkauften sie die zu Büscheln zusammengebundenen Stängel. Die junge Suhura ging nur fünf Jahre zur Schule, half früh am Stand ihrer Eltern aus.

Doch reich wurde davon niemand. Das änderte sich, als die verschleierte Frau vor achtzehn Jahren ihren somaliländischen Mann Mohammed Ismail Tarabi heiratete, mit ihm gemeinsam begann, die Droge nach Somaliland zu exportieren.

Aus Suhura, der einstigen Verkäuferin vom Straßenrand, ist mittlerweile eine Unternehmerin mit nach eigenen Angaben mehreren Tausend Angestellten und eigener Airline (Suhura Airways) geworden. »Suhura ist im weltweiten Qat-Handel die unbestrittene Nummer eins. In Äthiopien kontrolliert sie vermutlich mehr als fünfzig Prozent des Marktes. Sie hat die finanziellen Ressourcen, um Mitbewerber mit Dumpingpreisen aus dem Markt zu drängen. Aber sie ist auch eine Pionierin. Sie hat in Sachen Qat viel PR und die Blätter in Äthiopien zu einer ganz normalen Handelsware gemacht«, sagte mir Ephrem Tesema, der an der Universität Basel über Produktion, Distribution und den Konsum von Qat promoviert hat.

»Kaum ein Verkehrs- oder Cargoflugzeug nach London oder Amsterdam verlässt Addis ohne Qat«, erzählte mir ein Insider, der namentlich nicht genannt werden möchte. Mit oft überladenen, meist viel zu schnellen Lieferwagen bringen Qat-Kuriere die nach Amsterdam (in Holland ist Qat legal) geflogenen Blätter dann zu ostafrikanischen Immigranten nach Skandinavien.

Mit der hässlichen Seite des Geschäfts will Suhura nichts zu tun haben. »Was kann ich dafür, dass manche Leute nicht mit Qat umgehen können? Was kann ich dafür, dass Qat bei euch in Deutschland illegal ist? Ihr bezeichnet doch eure Brauereibesitzer auch nicht als Drogenbosse«, sagte die Muslima, die noch nie einen Tropfen Alkohol getrunken hat, zu mir. Sie hofft, dass Qat irgendwann in Deutschland legalisiert wird, sie ihr Business nach Norden ausweiten kann. Die Qat-Königin kennt Deutschland gut. Als ihr Mann Zahnschmerzen hatte, flog sie mit ihm nach Frankfurt, um sein Gebiss dort richten zu lassen. Jetzt zermahlen die in Deutschland reparierten Zähne in Äthiopien und Somaliland wieder täglich die grünen Blätter. Suhura hat sich die bitteren Blätter angeblich noch nie in den Mund geschoben.

Ich hingegen habe Qat mehrmals probiert, kann es aber nicht empfehlen. Noch nie habe ich beim Kauen einen angenehmen Rausch verspürt, Angstzustände und Psychotrips allerdings auch nicht. Ich finde Qat vor allem bitter und die schnell verwelkenden Blätter, die einen nicht unbedingt schlauer aussehen lassen, wenn man sie im Mund hat, als Rauschmittel ziemlich unpraktisch.

Doch zurück zu meinem Besuch in Awaday. Nicht ohne Grund geben die Fahrer mit dem dicken Batzen Qat in der Backe Gas, sobald die Ladeflächen ihrer Wagen mit der Droge vollgepackt sind: Die bitteren Blätter haben eine begrenzte Halbwertszeit. Wer Qat kaut, das bereits sechsunddreißig Stunden zuvor vom Strauch geschnitten wurde, kaut auf wirkungslosem Grünzeug herum. Wer hingegen frisches Qat im Mund hat, verzieht zunächst meist unweigerlich das Gesicht, weil das Zeug so bitter ist. Gleichzeitig konsumierte Cola und Erdnüsse helfen. Nach etwa einer halben Stunde, wenn sich die Backe beult und beim Sprechen hellgrüner Schaum in den Mundwinkeln sichtbar wird, setzt bei den meisten Qat-Kauern die Wirkung der natürlichen Amphetamine Cathinon und Cathin (ähnlich der synthetischen Droge Speed, nur viel schwächer) ein. Dann weicht das Hungergefühl, der Konsument verfällt in eine leicht euphorische Stimmung, wird redselig, fühlt sich wach und konzentriert. Doch um das Glücksgefühl zu halten, müssen immer neue Blätter nachgeschoben werden, so mancher Mann hat so schon das gesamte Familienguthaben zerkaut. Ein Büschel kostet in Äthiopien, je nach Qualität, umgerechnet zwischen einem und acht Euro. Tagelöhner verdienen oft weniger als einen Euro am Tag. Die muslimisch geprägten Landesteile Äthiopiens verfallen nachmittags dennoch oft in Qat-Lethargie.

Kapitel 23

Die biblische Hungersnot

Morgendämmerung. Als die Sonne auf einer Ebene außerhalb von Korem die beißende Kälte der Nacht durchbricht, bringt sie eine biblische Hungernot ans Licht. Jetzt, im 20. Jahrhundert. ›Dieser Ort‹, sagen die Helfer hier, ›ist der Ort auf Erden, der der Hölle am nächsten kommt.‹ Tausende von ausgemergelten Gestalten kommen auf der Suche nach Hilfe hierher. Viele finden nur den Tod. Jeden Tag strömen sie aus Hunderte von Meilen entfernten Dörfern herbei. Abgestumpft vom Hunger, hoffnungslos. Fünfzehntausend Kinder sind hier. Sie leiden, sie sind verwirrt, sie sind verloren. Der Tod ist überall. Alle zwanzig Minuten stirbt ein Kind oder ein Erwachsener. Korem, eine unbedeutende Stadt, ist zum Ort der Trauer geworden.«

Mit diesen Worten leitete der damalige BBC-Reporter Michael Buerk am 23. Oktober 1984 seinen Bericht über die Hungersnot in Äthiopien ein. Während der Journalist mit getragener Stimme spricht, zeigt die Kamera Tausende ausgemergelte Menschen, die auf einem Feld apathisch auf Lebensmittel-Hilfslieferungen warten: Kinder mit riesigen Köpfen, staksigen Streichholzbeinchen und aufgeblähten Bäuchen; Mütter, die versuchen, ihren Kindern die Brust zu geben, aber keine Milch mehr geben können; Männer, die die in Decken gehüllten Toten der Nacht zu einer zentralen Sammelstelle bringen; Alte, die zu schwach sind, um die Fliegen aus ihrem Gesicht zu verscheuchen, und eine weinende Mutter. Sie hat gerade ihr viertes, ihr letztes, Kind verloren. Als das Baby starb, hielt die Kamera voll drauf.

Der kaum zu ertragende Film brachte den Tod in Äthiopien zunächst direkt in britische Wohnzimmer, rüttelte später Menschen auf der ganzen Welt wach, inspirierte Rockstar Bob Geldof 1985 zum Live-Aid-Konzert, dem größten Rockkonzert der Geschichte. Eineinhalb Milliarden Menschen sahen und hörten die weltweit übertragenen Konzerte, rund zweihundert Millionen Mark an Spenden kamen zusammen. Doch für viele Menschen kam die Hilfe zu spät. Aufgrund jahrelang ausgebliebener Regenfälle, einer Heuschreckenplage, katastrophaler Infrastruktur und der Unwilligkeit und Unfähigkeit des Regimes des kommunistischen Diktators Mengistu Haile Mariam starben in den Jahren 1984 und 1985 in Äthiopien bis zu eine Million Menschen. Die Hungerkatastrophe ist noch immer ein Trauma der nationalen Psyche, noch immer haftet Äthiopien das Hungerimage an.

Achtundzwanzig Jahre nachdem Michael Buerk seine schockierenden Bilder filmte, fahren Senait und ich nach unserem Trip in die Danakil auf dem Weg von Mekele in Richtung Süden durch die Ebenen um Korem. Hier irgendwo muss es gewesen sein. Hier muss der Engländer, umringt von Menschen, die dem Tod näher waren als dem Leben, Zeuge der vermeidbaren Katastrophe geworden sein. Aber wo? Auf den kleinen, wie ein Flickenteppich die Berghänge bedeckenden Feldern dreschen Bauern die Ernte, türmen das Stroh zu kunstvollen Haufen auf und haben aus bis zu drei Meter langen Hirsepflanzen große Garben errichtet. Andere bringen die Getreidestoppeln mit dem vom Ochsen gezogenen Holzpflug bereits wieder unter die Erde. Am Straßenrand liegen Getreide und Hülsenfrüchte auf großen Planen zum Trocknen in der Sonne, Händler bieten Tomaten, Kartoffeln und rote Zwiebeln an. Andere bringen ihre Ernte auf dem Rücken oder auf von Eseln gezogenen Karren nach Hause, zur Mühle oder zum Markt. Fröhliche Kinder winken uns zu.

Senait ist zwei Jahre nach der schlimmen Hungersnot geboren. Als wir uns am Vorabend den BBC-Bericht auf Youtube angesehen haben, hat sie, die Ärztin, die Müttern schon oft mit fester Stimme sagen musste, dass sie nichts mehr für ihre Babys tun konnte, Tränen in den Augen. Sie möchte nicht, dass ich die Leute auf den Feldern nach den Erinnerungen an die große Hungersnot frage. »Der Hunger, das *war* Äthiopien. Das *ist* nicht mehr Äthiopien. Das ist vorbei. Das ist Vergangenheit. Lass die schlimmen Erinnerungen ruhen«, sagt Senait. Ich stimme ihr zu. Der Hunger, der einst in Äthiopien wütete und Hunderttausende tötete, gehört der Vergangenheit an. Doch ich denke, dass die Erinnerung daran, bei allen, die so alt wie ich oder älter sind, ohnehin noch wach ist, dass nicht erst meine Fragen die schlummernde Vergangenheit wieder ins Bewusstsein bringen werden. Senait hat dennoch kein gutes Gefühl, als sie mir auf ein abgeerntetes Feld folgt. Drei wohlgenährte Ochsen stampfen, sich im Kreis drehend, auf vollen Ähren herum, die Männer werfen die Spreu mit hölzernen Mistgabeln in die Luft, Frauen fegen die dicken Weizenkörner mit kleinen Besen zusammen, Kinder spielen hinter den Garben Verstecken.

»Dieses Jahr hatten wir eine sehr gute Ernte. Es hat zur richtigen Zeit geregnet und zur richtigen Zeit wieder aufgehört«, sagt Bauer Ayane Hadis zufrieden. Nicht nur für ihn und seine Familie hat das kleine Feld genug abgeworfen, er wird sogar noch einiges auf dem Markt verkaufen können. Der Sechzigjährige ist der

Älteste auf dem Feld, alle anderen Männer und Frauen sind unter dreißig Jahre alt. Als ich ihn frage, ob er auch schon hier gelebt habe, als der Hunger wütete, antwortet er: »Ja, aber ich habe es überlebt.« Als der Alte zu erzählen beginnt, setzen sich viele der Kinder und Jugendlichen zu ihm und hören still zu. Für sie sind seine Geschichten Geschichten aus einer anderen Zeit. Ich kann mich noch daran erinnern, dass ich als kleines Kind im Fernsehen und auf Postern von Hilfsorganisationen die Bilder von verhungernden Kindern sah, die genau so alt waren wie ich damals.

»Mein Onkel, mein Nachbar, seine Frau und ihre Tochter starben. An die anderen Toten kann ich mich nicht mehr erinnern. Aber es waren viele, sehr viele«, erzählt der Bauer. »Siehst du die Straße dort?«, sagt er und zeigt dorthin, wo wir unser Auto geparkt haben. »Auf dieser Straße haben sich Tausende ins elf Kilometer entfernte Korem geschleppt, weil sie gehört hatten, dass die Regierung dort Essen verteilt. Aber auch in Korem gab es nichts. Viele schafften es ohnehin nicht bis in die Stadt. Sie fielen tot um und blieben einfach liegen. Niemand hatte mehr die Kraft, sie zu beerdigen.«

Was er als junger Mann mit eigenen Augen gesehen hat, etwas so Schreckliches, das wird sich in Äthiopien nie wiederholen. Da ist Ayane Hadis sich sicher. Das wird Allah nicht ein zweites Mal zulassen. Selbst wenn er es, wie damals, vier Jahre lang nicht regnen lässt, wird die Hölle nicht auf Erden zurückkehren. »Wir bewässern jetzt unsere Felder, wir haben die steilen Äcker am Hang terrassiert, und wir verwenden Dünger und dürreresistente Samen. Die Regierung hat für schlechte Zeiten Getreidespeicher angelegt, und die ausländischen Organisationen würden uns nicht noch einmal in unserer Not alleine lassen. Dürren wird es bei uns immer wieder geben, aber Dürren müssen jetzt nicht mehr zu Hunger und Tod führen«, sagt der Bauer.

Tatsächlich waren Äthiopien und das gesamte Horn von Afrika im Sommer 2011 von der schlimmsten Dürre seit sechzig Jahren betroffen. Während im vom Bürgerkrieg geplagten Nachbarland Somalia Zehntausende verhungerten, konnten die Notleidenden in Äthiopien anders als vor achtundzwanzig Jahren diesmal versorgt, eine Katastrophe verhindert werden.

Ayane Hadis, der einst nur knapp dem Hungertod entging, ist mittlerweile ein halbwegs gemachter Mann. Er besitzt zwei Ochsen, ein Pferd, drei Kühe, einen Esel, drei Schafe und fünf Hühner. Wie groß seine Felder sind, weiß er nicht. Mit Maßeinheiten wie Quadratmetern, Morgen oder Hektar kann der alte Mann nichts anfangen. Er weiß, dass er mit zwei Ochsen zwei Tage braucht, um sein Feld zu pflügen. So messen hier alle die Größe ihres Besitzes. Wer mit zwei Ochsen zwei Tage zum Pflügen braucht, dem geht es gut. Nachdem die Ochsen ihre Arbeit getan haben, baut Ayane Hadis die Hirsearten Sorghum und Teff, Weizen, Mais und Bohnen an.

»Erzähle ihm nicht, dass es dir so gut geht. Sonst kriegen wir nichts von ihm«, ruft ihm ein anderer Bauer zu, als der Alte mir stolz von seiner guten Ernte berichtet. Wenn irgendwo in Äthiopien ein *ferenji* mit Stift und Block bei einem Bauern auf dem Feld auftaucht, ist es meist ein Mitarbeiter einer Hilfsorganisation, der wissen will, wie die Ernte war. Meist übertreiben die Bauern dann ihre Not gewaltig, in der Hoffnung, auf diese Weise etwas rausschlagen zu können. Schilderwälder an den Straßen weisen darauf hin, dass ausländische Nichtregierungsorganisationen in den letzten dreißig Jahren eine Parallelgesellschaft aufgebaut und Aufgaben, von der sanitären Versorgung bis zur Aids-Aufklärung, übernommen haben, die eigentlich dem Staat obliegen. Denn dieser kann oder will selbst viele Grundbedürfnisse seiner Bürger immer noch nicht befriedigen.

»Solange ich lebe, haben wir von der UNO etwas zu essen bekommen. Wir wissen, dass sie uns nicht hängen lassen«, sagte mir eine dreißigjährige Frau einmal, als ich bei einer Lebensmittelverteilung des Welternährungsprogramms der Vereinten Nationen im chronisch von Dürren betroffenen Südosten Äthiopiens dabei war. Teilweise beziehen offensichtlich auch Menschen Hilfe, die darauf gar nicht angewiesen sind. Denn kurz nach den Verteilungen entdeckte ich auf den Märkten der Region Waren, die für Bedürftige bestimmt waren und eigentlich nicht weiterverkauft werden durften. Bethlehem Tilahun Alemu, die in Addis sehr erfolgreich Schuhe für den Export produziert und in den letzten Jahren fast alle wichtigen Unternehmerpreise gewann, macht das wütend: »Seit 1984/85 hat sich eine ganze Generation auf Hilfe von außen verlassen. Viele betteln um Almosen, anstatt ihr Leben selbst in die Hand zu nehmen«, wettert die Unternehmerin, die ihren Arbeitern weit überdurchschnittliche Löhne zahlt.

Ich weiß genau, was Bethlehem meint. Als *ferenji* gilt man in Äthiopien automatisch als reich. Im Vergleich zu den meisten Menschen ist man es auch. Wo auch immer ich auftauche, dauert es meist nur wenige Augenblicke, bis ein Kind, eine Frau oder ein Mann mit anklagender Leidensmiene die Finger der rechten Hand zum Mund führt und »hungry« sagt. Wenn ich mit dem Auto vor einer roten Ampel anhalte, drücken oft Frauen Babys an die Scheibe und sagen: »Mister! Baby hungry!« Nicht immer sind die Bettlerinnen die Mütter der Babys. Manche »mieten« sie, um ihre Einnahmen mit den herzerweichenden Kinderblicken zu steigern. Alten, Verletzten und Kranken gebe ich meistens etwas, bettelnden Frauen mit kleinen Kindern gebe ich nie etwas – und jedes Mal komme ich mir dabei schlecht vor. Was müssen diese Frauen von mir denken? Ich sitze in einem Auto, das das Tausendfache von dem kostet, was sie an einem Tag zusammenbetteln können. Selbst meine Dreißig-Euro-Armbanduhr ist mehr wert, als sie in einer Woche einnehmen. Ich schaue den Frauen und den Kindern in die Augen, dann sage ich: »Nein«. Was müssen sie nur denken? Wie soll ich ihnen klar machen, dass ich Nein sage, damit in Zukunft hoffentlich zumindest die instrumentalisierten Babys nicht mehr für diese entwürdigende Bettelei missbraucht werden? Aber haben diese Frauen überhaupt eine Alternative dazu, Kinder an die Fenster zu drücken und die Hand aufzuhalten? Sollte ich ihnen nicht lieber etwas geben? Würde es dann nicht ihnen und mir besser gehen?

Äthiopiens verstorbener Ministerpräsident Meles Zenawi hatte kurz vor seinem Tod vollmundig angekündigt, dass sein Land bis 2015 nicht mehr auf internationale Lebensmittel-Hilfslieferungen angewiesen sein möchte. Doch unabhängige Experten glauben nicht, dass das Ziel erreicht werden kann. Obwohl Äthiopien mit Unterstützung ausländischer Regierungen und internationaler Hilfsorganisationen seit Jahrzehnten gegen den chronisch drohenden Hunger kämpft, leben immer noch Millionen Menschen in bitterer Armut, sind jedes Jahr Millionen auf Lebensmittel-Hilfslieferungen angewiesen. In Äthiopien leben rund fünfundachtzig Prozent der rund neunzig Millionen Einwohner von der Landwirtschaft. Auch wenn Bauer Ayane Hadis dieses Jahr mit der Ernte sehr zufrieden ist, gehören die Erträge des äthiopischen Ackerbaus zu den geringsten weltweit.

Weil die Bevölkerung vor allem auf dem Land rasant schnell wächst, es dort aber kaum Jobs außerhalb der Landwirtschaft gibt, werden die ohnehin schon kleinen Felder durch Erbteilung immer kleiner. Oft sind es bereits jetzt eher Gärten als Felder. Viele von ihnen können schon heute keine Familie mehr ernähren.

Das liegt auch daran, dass auf vielen der winzigen Flächen die Zwerghirseart Teff angebaut wird. »Teff ist die ertragärmste Nutzpflanze der Welt. In vielen der chronisch von Hunger bedrohten Gebiete wird sie jedoch weiterhin angebaut. Teff muss durch andere Getreidesorten ersetzt werden«, schimpft Bernhard Meier zu Biesen, der sieben Jahre lang die Aktivitäten der Deutschen Welthungerhilfe in Äthiopien leitete. Um die Erträge zu steigern, müsste zudem dringend die hohe Zahl der kirchlichen Feiertage reduziert werden. Inklusive Sonntage gibt es in manchen Regionen bis zu 171 Feiertage. An diesen Tagen dürfen nach Ansicht der einflussreichen Äthiopisch-Orthodoxen Kirche viele landwirtschaftliche Tätigkeiten nicht verrichtet werden, die Felder liegen dann brach. Langsam lässt der Dogmatismus der Kirche zwar nach, doch gerade auf dem Land hat das Wort des Dorfpriesters immer noch großes Gewicht. Und wenn der sagt: »Heute wird nicht gepflügt«, dann trauen sich immer noch viele Bauern nicht, den Ochsen vor den Pflug zu spannen.

Doch es sind nicht nur die Zwerghirse und der Glauben. Das größte Problem ist das Bevölkerungswachstum. Momentan wächst die Bevölkerung jedes Jahr um etwa drei Prozent. Das ist schnell. Zu schnell. In diesem Jahr heißt das: rund 2,7 Millionen neue Äthiopier, die satt werden, anständig wohnen, medizinisch versorgt, später zur Schule gehen und einen guten Job haben wollen. Die Gefahr, dass das Bevölkerungswachstum die bisher erzielten Fortschritte auffrisst, ist groß.

Johannes Schoeneberger ist dennoch optimistisch. »Äthiopien hat in den letzten Jahren in punkto Ernährungssicherheit große Fortschritte erzielt«, berichtet der promovierte Ernährungswissenschaftler. Der Rheinländer leitet in Äthiopien im Auftrag des Bundesentwicklungsministeriums das Programm »Nachhaltige Landbewirtschaftung« der Deutschen Gesellschaft für Internationale Zusammenarbeit (GIZ).

Doch internationale Experten beklagen auch die in Äthiopien weitverbreitete, die Eigeninitiative erstickende und bis zur Selbstentmündigung führende Nehmermentalität. Seit Jahrzehnten ist das Land ein Liebling der internationalen Gebergemeinschaft. Die Republik, in der sich nach offiziellen Angaben fast zwei Drittel der Bewohner zum christlichen Glauben bekennen, gilt in der Unruheregion am Horn von Afrika als Bollwerk gegen den sich ausbreitenden Islamismus. Weitere Unterstützung ist der Regierung also sicher.

Bauer Ayane Hadis sagt, dass er schon seit fünfzehn Jahren keine Hilfe mehr erhalten und mindestens ebenso lange nicht gehungert habe. Als ich ihm erzähle, dass dort, wo ich herkomme, für viele Leute Äthiopien immer noch das Äthiopien aus dem achtundzwanzig Jahre alten BBC-Bericht und nicht das Korem von heute sei, wird er wütend. »Dann sollen deine Leute herkommen und sich selbst anschauen, dass die Kinder hier nicht mehr mit aufgeblähten Hungerbäuchen rumlaufen«, schimpft der Bauer, als wir uns verabschieden. »Siehst du, habe ich dir doch gesagt«, sagt Senait zu mir, als wir zurück zum Auto gehen.

Kapitel 24

Mit der Polizei auf Diebesjagd

Die Sonne steht bereits flach über den Bergen im Westen, als wir uns vom stolzen Bauern verabschieden, doch Senait und ich wollen heute unbedingt noch die Stadt Weldiya erreichen. Bis dort sind es noch über hundert Kilometer. Gerne würde ich ankommen, bevor die Dämmerung sich ohne Übergang in finstere Nacht verwandelt. Zwar ist die Straße asphaltiert, doch vor allem in der Abenddämmerung treiben viele Hirten ihre Schafe, Ziegen, Esel, Kühe, Pferde und Kamele auf der sich in unzähligen Kurven bergauf und bergab windenden Straße nach Hause. Oft sind es Kinder, die mit dieser verantwortungsvollen Aufgabe betraut werden. Auf dem Feld haben sie ihre Tiere unter Kontrolle, aber wenn sie sich das Terrain mit Autos teilen müssen, sind, das behaupte ich jetzt einfach mal so, Äthiopier die schlechtesten Hirten der Welt.

Manchmal hat man den Eindruck, dass eher die stoischen Tiere auf die ohne Vorwarnung auf die Straße laufenden Menschen aufpassen als andersherum. Wenn ein störrischer Esel mitten auf der Straße stehen bleibt, eine Ziege im Zickzack panisch vor dem Auto wegläuft, ein Hund, statt die Herde zu hüten, in suizidaler Anwandlung die vorbeifahrenden Autos attackiert oder ein Schaf auf dem Asphalt in aller Seelenruhe nach etwas Essbarem sucht und den Verkehr so zum Erliegen bringt, haben äthiopische Hirten in der Regel zwei Reaktionsmuster. Erstens: Sie schreien aufgeregt, knallen, wenn vorhanden, mit der Peitsche und werfen einen Stock oder einen Stein nach den renitenten Tieren. Zweitens: Sie tun so, als gehörten die Tiere nicht zu ihnen, gucken unschuldig in die Luft. Beides bringt in der Regel: nichts. Ich habe schon Lastwagenfahrer gesehen, die ausgestiegen sind, um den Job der Hirten zu übernehmen, damit sie weiterfahren konnten. Senait fragt mich, ob ich wisse, warum Esel stets bewegungslos auf der Straße stehen bleiben, Ziegen die Flucht ergreifen und Hunde zum Angriff übergehen, wenn ein Auto komme. Aufgefallen war mir das schon oft, erklären konnte ich es mir nie. Senait kann es und erzählt mir eine in ganz Äthiopien bekannte Geschichte.

»Es waren einmal ein Hund, eine Ziege und ein Esel, die wollten zusammen verreisen. Das Busticket kostete fünf Birr. Die Ziege hatte kein Geld und versteckte sich vor dem Schaffner im Bus. Der Esel hatte genau fünf Birr und bezahlte. Der Hund gab dem Schaffner einen Zehn-Birr-Schein, doch der hatte kein Wechselgeld. Als der Bus am Ziel ankam, ergriff die schwarzfahrende Ziege die Flucht. Der Esel hatte bezahlt und blieb seelenruhig stehen. Der Hund jedoch hatte sein Rückgeld immer noch nicht bekommen, rannte dem Bus hinterher und bellte: ›Gib mir meine fünf Birr, gib mir meine fünf Birr.‹«

Doch eigentlich will Senait keine Märchen erzählen, eigentlich will sie essen. Wir haben heute seit dem Frühstück nichts gehabt. Dabei besteht Senait, wie fast alle anderen Äthiopier, die ich kenne, auf der peniblen Einhaltung der Mahlzeit-Zeiten. Wenn man es sich leisten kann, isst man dreimal am Tag. Alles andere kann dann erst mal warten. Einmal war ich mit einer äthiopischen Freundin unterwegs, die einen Ohnmachtsanfall vortäuschte, um das Mittagessen einzufordern. Senait greift zu weniger drastischen Maßnahmen, sie wird einfach griesgrämig, wenn sie nichts zu essen bekommt. Mein Vorschlag, am Straßenrand ein paar Bananen zu kaufen und sie während der Fahrt zu essen, ist für sie kein ernstzunehmendes Angebot. Essen hat in einem Land, in dem es oft nicht genug gab, etwas »Quasireligiöses«. Eine Mahlzeit wird zelebriert. Man stopft sich nicht einfach während der Fahrt eine Banane rein. Man setzt sich in Ruhe mit Freunden oder der Familie hin und isst. Und macht sonst nichts. Fast Food haben die Äthiopier nicht gerade erfunden. Das Land ist McDonald's-und-Imbissbuden-frei. Wenn man in ein Restaurant geht, muss man mit Bestellen, Essen und Warten auf die Rechnung und aufs Wechselgeld mindestens eine Stunde einplanen. Eines Tages wollte ich mit vier Freunden in Addis frühstücken. Wir bestellten in einem Café Orangensaft, Kaffee, Brot und Rührei. Eigentlich nichts übermäßig Kompliziertes. Doch nach über einer Stunde hatten wir immer noch nichts auf dem Tisch. Als ich dem Kellner sagte, dass er ja zumindest schon mal den frisch gepressten Orangensaft bringen könne, antwortete er: »Die Küche bereitet den Orangensaft schon vor. Sie haben nur keine Orangen.« Eigentlich finde ich die Wertschätzung, die dem Essen entgegengebracht wird, ja gut, das Warten aufs Essen jedoch nicht. Noch weniger mag ich es, in Äthiopien im Dunkeln Auto zu fahren. Darum setze ich mich heute gegen Senait durch.

Es ist trotzdem stockfinster, als wir Weldiya erreichen. Den Dreck, die benutzten Kondome und die verstopften Toiletten in den Hotelzimmern der Stadt, in der viele Trucker ihre Reise über Nacht unterbrechen, sehen wir dennoch. Erst das dritte Hotel genügt unseren Ansprüchen, und wir sind nicht pingelig. Wirklich nicht. Wir sind vor allem hungrig.

Als wir zwei Stunden später mit dickem Bauch von einem Restaurant zu unserem Hotel zurückkehren, merken wir sofort, dass etwas nicht stimmt. Die Rezeption ist unbesetzt, dafür lungern die beiden Rezeptionisten nervös vor Senaits Zimmer herum. Als sie die Tür aufschließt, brennt in der Kammer das Licht. Senait ist sich hundertprozentig sicher, dass sie es ausgeschaltet hatte, bevor wir gingen. Während wir essen waren, war jemand in ihrem Zimmer. Eindeutig. Senait kontrolliert ihr Gepäck. Ihr Portemonnaie ist leer, tausendzweihundert Birr, umgerechnet knapp fünfzig Euro, fehlen.

»Ist was?«, fragen die beiden Rezeptionisten scheinheilig. »Ja, es ist was. Und ihr wisst, was ist«, sagen wir. Da es keine Einbruchsspuren gibt und sie außer Senait die Einzigen sind, die einen Schlüssel zum Zimmer haben, vor dem wir sie offensichtlich fast auf frischer Tat ertappt haben, muss man nicht Sherlock Holmes sein, um erahnen zu können, wer jetzt um tausendzweihundert Birr reicher ist. Wir schlagen vor, die Sache unbürokratisch zu regeln, indem sie Senait das Geld zurückgeben und wir den Vorfall vergessen. Die beiden Hotelangestellten tauschen Blicke aus, sagen dann: »Wir wissen nicht, wovon ihr sprecht.« Okay, dann also nicht. Da es in Äthiopien keinen funktionierenden allgemeinen Polizeiruf gibt, bitten wir sie, die Polizei zu rufen. Doch angeblich kennen sie die örtliche Notrufnummer nicht. Wir fragen sie, wo die nächste Polizeiwache ist, doch auch das wissen sie nicht. Allmählich beginnen die Vögel, mich zu nerven.

Äthiopien ist vielleicht kein Polizeistaat, aber Polizisten gibt es genug. Nur ein paar Hundert Meter von unserem Hotel entfernt, treffen wir auf die erste Fußstreife, erzählen dem freundlichen Polizisten Fantahun, was passiert ist. »Warum seid ihr denn auch dort abgestiegen?«, ist seine erste Frage, dann ruft er vier seiner Kollegen zusammen. Begleitet von fünf Polizisten in

Tarnfleckanzügen und Springerstiefeln mit insgesamt zwei Kalaschnikows und drei Schlagstöcken machen wir uns auf den Weg zum Hotel. Mir ist das ziemlich peinlich, und ich finde, dass hier mit Kanonen auf Spatzen geschossen wird. Aber Wachtmeister Fantahun besteht darauf. »Es tut mir sehr leid, was passiert ist. Wir wollen dir, dem *ferenji,* zeigen, dass wir gute Polizisten sind«, sagt er.

Nach meinen bisherigen Erfahrungen mit der äthiopischen Polizei habe ich da so meine Bedenken. Ich lebte erst ein paar Tage in Addis Abeba, als ich in der Hauptstadt in einem Minibus ausgeraubt und aus dem fahrenden Vehikel gestoßen wurde. Ich dachte, dass ich den Überfall der Polizei melden müsse, um möglicherweise einen Teil der Beute von meiner Versicherung ersetzt zu bekommen.

»Welche Religion haben Sie?«, fragte der Polizist mich, als ich in der Polizeiwache in Addis berichtete, was mir widerfahren war. Auch wenn ich nicht davon ausging, dass die Angaben zu meiner Konfession maßgeblich zur Ergreifung der Täter beitragen würden, antwortete ich, wie mir geheißen war. Spätestens als der Polizist weiter fragte, welche Religion mein Vater habe und in welchem Stockwerk mein Hotelzimmer sei, anstatt nach dem Tatverlauf oder nach einer Beschreibung der Täter zu fragen, war mir klar, dass ich in der Dienststube meine Zeit verschwendete. Besonders wehrhaft schien diese Polizei auch nicht zu sein. Während ich allerlei Angaben zur Religion meines Vaters und meiner temporären Unterkunft machte, kam ein anderer Polizist ins Verhörzimmer. Er fragte den Beamten, der sich meiner angenommen hatte, ob er sich mal kurz dessen Pistole ausleihen könne. Der mir gegenübersitzende Polizist händigte seinem Kollegen bereitwillig das Schießeisen aus. Was der damit vorhatte, erschloss sich mir nicht. Kurz nachdem er sich die Pistole ausgeliehen hatte, brachte er die Waffe zurück. Einen Knall hatte ich in der Zwischenzeit nicht gehört. Der jetzt wieder wehrhafte Polizist legte die Waffe vor mir auf den Schreibtisch. Ich rückte meinen Stuhl etwas zur Seite, sodass der Lauf nicht mehr direkt auf mich gerichtet war.

Nach einer guten Stunde, in der der Polizist viel über mich und meine Familie, jedoch kaum etwas über den Überfall und die Täter erfahren hatte, war das Verhör beendet. Der Polizist stempelte den Durchschlag seines Protokolls mit zwei hölzernen Stempeln ab und gab mir den Wisch, auf dem er meine Angaben in amharischen Schriftzeichen festgehalten hatte. Ich habe mich nie getraut, die Schadensanzeige bei meiner Versicherung einzureichen.

Doch zurück zum Hotel in Weldiya, in dem Senaits Geld abhanden kam. »Wir haben gehört, dass hier aus Versehen Geld verschwunden ist. Das kann ja mal passieren. Aber guckt doch mal kurz nach, Jungs, ob ihr es nicht doch noch findet, damit ich nicht erst meinen Stift und meinen Block rausholen muss«, sagt Fantahun höflich zu den beiden Tatverdächtigen, als wir mit unserer Privatarmee wieder an der Rezeption des Hotels auftauchen. Zwei seiner Kollegen klopfen sich dabei mit ihren Knüppeln lasziv gegen die Stiefel. Die Polizisten erinnern mich an die gewaltverliebten Schläger aus Stanley Kubricks »Uhrwerk Orange«, und ich denke, dass wir die tausendzweihundert Birr besser hätten abschreiben sollen. Fantahun findet das nicht, aber seine Einschüchterungstaktik wirkt nicht. Zwar verstricken die beiden Freunde sich in Widersprüche, aber mit dem Verschwinden von Senaits Geld wollen sie nach wie vor nichts zu tun haben.

Also machen wir eine Tatortbegehung. Für fünf schwer bewaffnete Polizisten, zwei Hotelangestellte und zwei Gäste ist die kleine Kemenate eindeutig zu eng. Fünfmal, ich habe mitgezählt, schauen die Polizisten unter Senaits Kopfkissen nach den Scheinen, aber das Geld bleibt verschwunden. »Tja, Jungs, dann müssen wir euch jetzt leider zum Verhör mit auf die Wache nehmen. Über Nacht müsst ihr in Untersuchungshaft bleiben«, sagt Fantahun. Als ich ihm sage, dass sie es auch auf der Wache unbedingt beim Gegen-die-Stiefel-Klopfen belassen sollen, antwortet er empört: »Wir werden sie nur verhören. Ich habe dir doch gesagt, dass wir gute Polizisten sind.«

Auf dem Weg nach Weldiya nahmen wir heute einen Polizisten mit. Auch seine Erzählungen haben mein Vertrauen in die äthiopische Polizei nicht unbedingt gestärkt. Über eine Stunde stand der Polizist in der Hoffnung auf eine Mitfahrgelegenheit an der Straße, bis er mit seiner Kalaschnikow in unser Auto stieg. Berhe musste in die nächste Kleinstadt, um dort beim heutigen Markttag für Ordnung zu sorgen. Der Markt hatte schon vor einer Stunde begonnen. »Wir haben im gesamten Bezirk nur einen Polizeiwagen, und der muss für Notfälle bereitgehalten werden«, sagte Berhe. Natürlich hätte er auch einen Bus nehmen können, um zum Markt zu kommen, aber das war dem Polizisten zu teuer. Für den Trip zum Markt bekommt er fünfzig Birr, umgerechnet knapp zwei Euro, Spesen. Wenn er trampt, bleiben ihm die fünfzig Birr. Bei einem Monatsgehalt von eintausendachthundert Birr (zweiundsiebzig Euro) kommt er lieber ein bisschen zu spät, dafür umsonst, zum Dienst. »Kaum einer will mich mitnehmen, weil sie Angst haben, dass ich ihnen während der Fahrt einen Strafzettel ausstelle«, sagt der Mann, der kein Problem damit hat, dass ich mich, wie alle anderen äthiopischen Fahrer, nicht immer ans Tempolimit halte. Ohne Radarfallen und ohne Autos oder Motorräder, um die Temposünder zu verfolgen, müssen die Polizisten vielen Verkehrsdelikten tatenlos zuschauen. Was für ein undankbarer Job! Es scheint, dass Berhe meine Gedanken gelesen hat. »Früher war Polizist ein guter Job. Da hatten die Leute noch Respekt vor dir, aber heute? Heute machen das vor allem Leute, die keinen anderen Job finden können. Ich habe meinen Kindern jedenfalls verboten, Polizist zu werden«, erzählt der vierfache Vater, der sich vor einundzwanzig Jahren das erste Mal die Uniform anzog und sein kärgliches Gehalt mit einer kleinen Farm aufbessert. Die Felder bestellt er vor, nach und manchmal während des Dienstes.

Die Polizisten, die sich in Weldiya um Senaits Fall kümmern, könnten Berhes Söhne sein, doch wir haben den Eindruck, dass sie ihren Job nicht ergriffen haben, weil sie nichts anderes gefunden haben, sondern weil sie ihrem Land tatsächlich dienen wollen. Trotz des Gehaltes. Als sie mit den beiden Rezeptionisten abgezogen sind, belauscht Senait ein Gespräch zwischen dem Wachmann und dem inzwischen eingetroffenen Besitzer des Hotels. Der Wachmann berichtet seinem Chef, dass er die beiden Rezeptionisten in unserer Abwesenheit an unserem Zimmer überrascht habe. Doch die Jungs schickten ihn weg, sagten, er solle sich lieber darum kümmern, das Eingangstor zu bewachen. Vielleicht keine ganz unwichtige Information für das Verhör, denken wir, und rufen Fantahun an. Er findet die Aussage des Wachmanns auch ziemlich interessant und bittet uns, zur Polizeiwache zu kommen. Zehn Minuten später sind wir dort.

Unsere Aussagen werden im Liegen aufgenommen. Das heißt, in der unbeheizten und in der Nacht bitterkalten Wache liegen fünf Polizisten in Schlafsäcken in Stockbetten und stellen Fragen, ein Polizist in Bomberjacke sitzt an einem Schreibtisch, nimmt die Aussagen handschriftlich auf, wir sitzen neben den Verdächtigen auf einer Holzbank. Erst dürfen sie ihre Version der Geschichte erzählen, dann wir unsere. Während des Verhörs bringt ein anderer Polizist einen kleinen, vielleicht elfjährigen Jungen in die Amtsstube. Er ist barfuß, trägt am Körper nur das, was mal eine Jogginghose, ein T-Shirt und eine Weste waren. Die Polizisten begrüßen den Kleinen, der niemandem in die Augen zu schauen wagt, wie einen alten Bekannten.

Als unser Verhör beendet ist, fragen wir, was es mit dem verschüchterten Jungen auf sich habe. Die Polizisten erklären uns, dass Lij-Alem ein stadt- und polizeibekanntes Straßenkind sei. Er war zufällig in der Nähe eines Hotels, als dort eine Scheibe zu Bruch ging. Reflexartig verdächtigte das Wachpersonal den Straßenjungen, brachte ihn zur Polizei. Lij-Alem sagt, dass er mit der

Sache nichts zu tun habe. Die Polizisten glauben ihm. Dann fragt der Junge die Polizisten, ob er nicht dennoch über Nacht in Untersuchungshaft bleiben dürfe. In der Zelle gibt es zumindest so etwas wie eine Matratze, und er müsste nicht die ganze Nacht Angst haben, dass andere Straßenkinder ihn, der ohnehin nichts hat, wieder mal überfallen. Lij-Alem darf bleiben. Wir fragen die Polizisten, ob wir irgendetwas für ihn tun könnten. Das Einzige, was ihnen einfällt, ist, etwas Geld dazulassen, von dem die Polizisten ihm eine warme Mahlzeit kaufen wollen. Wir wissen, dass das eigentlich nichts ändern wird, aber zumindest wird der Junge auf diese Weise heute Abend satt. Als wir uns auf den Rückweg zum Hotel machen, werden die beiden Rezeptionisten in die Zelle geführt, in der sie unfreiwillig und Lij-Alem freiwillig übernachten. Der Junge geht mir nicht aus dem Kopf.

Kapitel

25

Stadt der Engel

Ohne weitere Verluste verlassen wir am nächsten Morgen das Hotel. Auf einer gut ausgebauten Straße, die auf Falks Karte sogar ganz offiziell Chinese Road heißt, fahren wir nach Lalibela. Kurz vor der Stadt, die mit Aksum um den Titel »Religiöse Hauptstadt Äthiopiens« konkurriert, nehmen wir die beiden Anhalter Abebaw und Wende mit. Die Cousins sind krank, haben sich auf den Weg in die heilige Stadt gemacht, um sich dort mit heiligem Wasser behandeln zu lassen. »Was habt ihr denn?«, fragt Senait, die Ärztin, die beiden jungen Männer. Vor allem um Abebaw ist es nicht gut bestellt. Seit vier Monaten hat er Blut im Urin, ständig ist ihm schlecht, er hat keinen Appetit, ein böser Husten macht ihm zu schaffen. Der klapperdürre Bauer hat in letzter Zeit viel Gewicht verloren. Einmal ist er zu einer Krankenstation in der Nähe seines Dorfes gelaufen, doch dort konnte man ihm nicht helfen, da in der einfach ausgestatteten Einrichtung keine Bluttests gemacht werden konnten. In den letzten Wochen hätte Abebaw ohnehin keine Zeit gehabt, sich in Behandlung zu begeben, da er seiner Familie bei der Ernte helfen musste. Doch jetzt ist das Feld gemäht, und die Ähren sind gedroschen, jetzt wollen sein Cousin und er sich heilen lassen.

Senait vermutet, dass Abebaw Tuberkulose hat. Unbehandelt kann sie schnell zum Tod führen, doch mit Medikamenten kann sie leicht geheilt werden. Sie versucht, den jungen Bauern zu überreden, sich zusätzlich zur Wasserbehandlung auch in einem Krankenhaus ordentlich durchchecken zu lassen, doch für Abebaw ist die Wahl der Therapie nicht nur eine ideologische, sondern auch eine finanzielle Frage. Einhundert Birr, umgerechnet rund vier Euro, haben die beiden insgesamt dabei. Davon wollen sie eine Woche in Lalibela schlafen und essen. Die Therapie beim Priester ist kostenlos. »Ob die Behandlung erfolgreich sein wird, hängt davon ab, wie fest wir glauben«, sagt Wende. Die Glaubensfestigkeit der beiden Cousins zweifele ich nicht an, den Erfolg der Therapie hingegen schon. »Fahrt ihr auch wegen des heiligen Wassers nach Lalibela?«, fragt der fromme Bauer. »Nein, wir kommen wegen der in den Fels gehauenen Kirchen«, gebe ich zur Antwort, und der Anlass unserer Fahrt kommt mir fast zu profan vor. »Ich weiß: Viele *ferenji* glauben zunächst nicht an die Kraft des heiligen Wassers. Aber sobald sie unsere von Engeln erbauten Kirchen sehen, ändern viele ihre Meinung«, meint Wende. Dann schreit er laut: »Stopp!«, und stößt die Tür auf. Sein Cousin muss sich übergeben.

»Es ist mir genug, weiter über diese Denkmäler zu schreiben, denn wahrscheinlich wird mir niemand glauben, wenn ich noch weiter schreibe, und weil man mich schon wegen dessen, was ich bereits geschrieben habe, für einen Lügner halten wird. Deshalb schwöre ich bei Gott, in dessen Gewalt ich bin, dass alles, was ich geschrieben habe, die Wahrheit ist, und dass ich sogar einiges ausgelassen habe, aus Furcht, man würde mich der Fälschung verdächtigen«, leitete der Portugiese Francisco Álvarez Anfang des 16. Jahrhundert seinen Bericht über den Besuch der Felsenkirchen Lalibelas ein. Seitdem haben weniger furchtsame Schreiberlinge versucht, den Zauber von Lalibela zu beschreiben. Ich kenne keine Darstellung, die der in den Stein geschlagenen Frömmigkeit gerecht würde.

Dabei verdankt Lalibela seine Existenz der Sage nach einem ganz und gar unchristlichen Verbrechen, einem versuchten Brudermord. Im 12. Jahrhundert vergiftete König Harbay seinen jüngeren Bruder Lalibela. Doch Lalibela fiel nur in einen dreitägigen Schlaf. Im Traum führte Gott ihn nach Jerusalem, befahl ihm, in Äthiopien ein zweites Jerusalem zu errichten. Als Lalibela wieder erwachte, dankte Harbay ab und überließ Lalibela den Thron. Damit bewahrheitete sich die Prophezeiung. Denn schon unmittelbar nach Lalibelas Geburt hatte ein Schwarm Bienen dessen Wiege umschwirrt, das Baby jedoch nicht gestochen. Lalibelas Mutter interpretierte dies als Zeichen seiner künftigen Regentschaft, von der ihn auch der Giftanschlag des eifersüchtigen älteren Bruders nicht abhalten konnte. Sie gab ihm dem Namen Lalibela, was soviel bedeutet wie: Die Bienen erkennen seine Herrschaft an.

Aus dem Koma erwacht, tat der visionäre Lalibela, wie ihm von Gott geheißen war, und begann das Abbild der heiligen Stadt in Palästina in den roten Tuffstein Äthiopiens zu schlagen. Da die Aufgabe für Menschenhand zu groß war, sandte Gott himmlische Hilfe. Nachdem der wie ein Besessener arbeitende König sein Tagwerk beendet hatte, schwebten Nacht für Nacht Engel vom Himmel, schafften im Schutz der Dunkelheit das Doppelte von dem, was der fromme König tagsüber mit seinen Arbeitern erreicht hatte. Während seiner vierzigjährigen Herrschaft schufen Lalibela und die Engel so elf Kirchen. Zwischen den Heiligtümern fließt der nur in der Regenzeit Wasser führende Fluss Jordan; Namen wie Golgatha und Sinai, die symbolischen Gräber

Christi und Adams und andere aus Jerusalem entliehene Orte legen Zeugnis davon ab, welche Stadt Lalibela als Vorbild diente.

»Diese Kirchen könnten Menschen auch heute mit den modernsten Werkzeugen nicht ohne Gottes Hilfe erschaffen«, glaubt Belay, der uns durch die monumentalen Basiliken, geheimnisvollen Kirchen, versteckten Kapellen, kühlen Krypten, dunklen Gänge und steinernen Labyrinthe führt. Zwischen den Spitzbögen aus der islamischen Welt, griechischen Kreuzen, pompösen Pilastern und romanischen Bögen und Malteserkreuzen scheint die Zeit vor Jahrhunderten stehen geblieben zu sein.

Um ihren Göttern möglichst nahe zu sein, streben Menschen überall auf der Welt in die Höhe, errichten majestätische Kathedralen, mächtige Moscheen und trutzige Tempel. In Lalibela suchen die Gläubigen Gottes Nähe in der von ihm geschaffenen Erde. Warum, das ist bis heute nicht zweifelsfrei geklärt. Wollten sie sich vor Feinden des Christentums verstecken? Wohl eher nicht, denn die in den Stein gehauenen Kirchen lassen sich nur äußerst schlecht verteidigen. Dennoch legten Lalibela und seine Handwerker mit Hammer und Meißel riesige, monolithische Blöcke frei. Aus dem Stein schlugen sie mächtige Pfeiler, krönende Kapitelle, prächtige Fassaden und filigrane Ornamente. Nachdem sie die Quader freigelegt hatten, höhlten sie sie von innen aus, schufen Altäre, Gewölbe und heilige Hallen. Keinen falschen Schlag verzieh der Stein den frommen Steinmetzen, doch den virtuosen Handwerkern gelang es, Kunstwerke zeitloser Eleganz und schlichter Harmonie zu schaffen. Achthundert Jahre ist es her, dass in Lalibela der letzte Hammerschlag getan wurde, doch das von Menschen und Engeln geschaffene Meisterwerk ist kein lebloses Museum. Im Licht und Schatten der verwinkelten Gänge wandeln in Weiß gewandte Pilger; in den kühlen Kirchen studieren Priester die uralten, heiligen Schriften; in den stillen Kapellen sind Gläubige ins Gebet vertieft; nachts lehnen sich die Seelenheilsuchenden, die im Stehen beinahe einschlafen, auf lange Gebetsstäbe. Im Schatten der knorrigen Olivenbäume, oberhalb der sich im Fels versteckenden Kirchen, sitzen junge Priesterschüler mit ihren Lehrern und lernen murmelnd Verse in der alten Kirchensprache Ge'ez. In kleinen, in den Fels getriebenen Höhlen backen Kirchendiener über rauchenden Feuern heiliges Brot für den Gottesdienst, der Duft von Weihrauch und Myrrhe wabert durch das Felsenlabyrinth.

In weiße Tücher gehüllt und mit einem Turban auf dem wie aus Stein gemeißelten Gesicht sitzt Priester Abba Melesse Demis auf den Stufen der Marienkirche. Bei ihm lernte unserer Führer Ge'ez. Mit ihm studierte er die Bibel, der Priester mit der hellen Stimme erzählte Belay die uralten Geschichten von König Lalibela und taufte den damals vierzig Tage alten Jungen in einem in den Stein gehauenen Becken, in dem auch Frauen mit unerfülltem Kinderwunsch baden. Belays Taufe liegt mittlerweile vierundzwanzig Jahre zurück, doch wenn den frommen Fremdenführer etwas bedrückt, wendet er sich mit seinen Sorgen immer noch an den geduldig zuhörenden Kirchenmann. Psychologen gibt es in Äthiopien kaum, Priester hingegen sehr viele. Neben den liturgischen, übernehmen sie auch alle seelsorgerischen Aufgaben. Abba Melesse Demis ist seit dreiunddreißig Jahren Priester, seit achtundzwanzig Jahren dient er in Lalibela. »Schon mein Vater und mein Großvater waren hier Priester. Mir wird mein Sohn nachfolgen. Ich bin der glücklichste Mensch, weil ich schon auf Erden dem Himmel so nah sein darf«, sagt der Geistliche. Senait zündet eine Kerze an, um Gott zu danken, dass sie die in den Stein geschlagenen Wunder erstmals sehen darf. Belay küsst die Knie des Gottesmanns, um so seinen Respekt auszudrücken.

Wäre Belay, der vor fünf Jahren beim Besuch des ehemaligen US-Präsidenten Bill Clinton in Lalibela dessen Tochter Chelsea die Hand schüttelte, nicht Fremdenführer geworden, hätte er sich wohl auch zum Priester weihen lassen. So wie Jesus seinen Jüngern die Füße wusch, so wäscht Belay noch heute regelmäßig Pilgern, die oft in wochenlangen Fußmärschen nach Lalibela kommen, demütig die staubigen Füße. »Wir haben hier das neue Jerusalem errichtet, am Tana-See war das Paradies und in Aksum behüten wir die Bundeslade mit den Zehn Geboten. Weil uns so viel genommen wurde und das irdische Leben in Äthiopien heute so hart ist, beanspruchen wir für uns, dem Himmel besonders nah zu sein, und interpretieren unsere Geschichte mit Hilfe der Bibel«, erklärt Belay und erzählt uns, dass Lalibela und Aksum die einzigen beiden Städte Äthiopiens seien, in denen es keine Moschee gebe. »Erst wenn die Muslime uns erlauben, in Mekka eine Kirche zu errichten, dürfen sie auch hier eine Moschee bauen«, scherzt der Fremdenführer.

Nachdem Belay auch das silberne Kreuz Abba Melesse Demis geküsst hat, führt er uns weiter zum krönenden Abschluss des Wirkens König Lalibelas. Auf einem kargen Felsplateau etwas abseits der anderen Kirchen erblicken wir das meistfotografierte Motiv Äthiopiens: die Kirche des Heiligen Georg. Fünfzehn Meter hoch erhebt sich der Bau mit dem kreuzförmigen Grundriss aus dem Felsen. Grün schimmern die Flechten auf dem roten Stein, weiß leuchtet das Gewand eines Kirchendieners, der den aus dem Stein gemeißelten Hof kehrt. Die jüngste ist die vollkommenste Kirche des neuen Jerusalem. Doch beinahe wäre sie nie gebaut worden. König Lalibela hatte bereits zehn Kirchen errichten lassen, dachte, er hätte seine göttliche Mission erfüllt, als Sankt Georg ihm erschien. Der Heilige beschwerte sich beim König, weil dieser ausgerechnet ihm bisher noch keine Kirche gewidmet hatte. Hufspuren seines Pferdes im Fels an der Kirche legen noch heute Zeugnis vom Besuch des beleidigten Georgs in Lalibela ab. Die Kritik des wichtigsten äthiopischen Heiligen wollte der König nicht auf sich sitzen lassen, begann mit himmlischer Hilfe mit seinem letzten Werk. Bei keiner anderen Kirche in Lalibela sind die Formen so perfekt, die Proportionen so harmonisch, die Ornamente so kunstvoll. »Lalibela hat in der Kirche des Heiligen Georg alle Erfahrungen, die er beim Bau der ersten zehn Kirchen sammelte, einfließen lassen«, erklärt Belay. Als Dank für den Bau der Kirchen ernannte die Äthiopisch-Orthodoxe Kirche den frommen König nach dessen Tod selbst zum Heiligen.

Kapitel 26

Mit der Hexe auf Diebesjagd

Als bereits kein Sonnenstrahl mehr die in den Fels geschlagenen Kirchen erreicht, kommen wir an der »Apotheke« einer traditionellen Heilerin vorbei. Allerlei Kräuter und Pülverchen hält die junge Frau bereit, verspricht unverzügliche Heilung von jeglicher Pein. Zum Glück haben wir beide keine gesundheitlichen Probleme, doch Senait hat ein anderes Problem: Sie ist pleite. Noch immer hat sie keinen Anruf von der Polizei in Weldiya erhalten, noch immer ist ihr gestohlenes Geld aus dem Hotelzimmer nicht wieder aufgetaucht. Ich weiß, dass Senait nicht an Hexerei und ähnlichen Mummenschanz glaubt. Um so erstaunter bin ich, als ich sie die Heilerin fragen höre: »Können Sie auch gestohlenes Geld zurückholen?« »Ich nicht, aber ich kenne eine *awaki,* eine Hexe, die das kann. Mein Sohn wird euch zu ihr führen«, sagt die »Apothekerin«.

Auf schmalen, staubigen Pfaden führt der zehnjährige Hailegiorgis uns einen steilen Hang hinab, bis wir vor einem kleinen Häuschen stehen. Vor der lehmverputzten Hütte frisst ein Kalb Heu, irgendwo schreit ein Esel. »Was wollt ihr?«, fragt uns ein Mädchen misstrauisch. »Wir wollen mit der *awaki* sprechen«, sagt Senait. »Sie ist nicht hier. Kommt morgen Mittag um zwölf Uhr wieder. Seid pünktlich. Dann wird sie euch helfen«, sagt das Mädchen.

Als wir am nächsten Mittag die dunkle, verrauchte Hütte betreten, sitzen bereits fünf Frauen und ein junger Mann wie im Wartezimmer auf mit Tierfellen gepolsterten Hockern. Die *awaki* hockt ihnen gegenüber auf einer niedrigen Bank. Sie ist wahrscheinlich die dickste Frau, die ich je in Äthiopien gesehen habe. Ihr Alter zu schätzen, ist mir unmöglich. Irgendetwas zwischen fünfzig und achtzig Jahren. Sie trägt ein großes, hölzernes Kreuz um den Hals, hat sich in mehrere Röcke, Jacken und Tücher gehüllt. Breitbeinig wie ein Cowboy sitzt sie mit geschlossenen Augen, scheinbar in tiefe Konzentration versunken, im Rauch des Feuers. Eine Fliege, die über ihr faltiges Gesicht wandert, stört sie nicht. Leise blubbernd, köchelt auf dem Feuer neben ihr in einer tönernen Kanne ein Gebräu. Ab und zu wirft die Hexe aus einer rußgeschwärzten Dose getrocknete Harze ins Feuer. Manchmal, wenn sie von weit unten etwas hochwürgt, gerät ihr gesamter massiger Köper in Wallungen. Bedeutungsvoll spuckt sie anschließend in die Glut. Die Männer und Frauen neben uns verfolgen andächtig jede Bewegung der Hexe. Mir tränen in der verrauchten Bude die Augen; jedes Mal, wenn der süßliche Qualm der knisternd verglühenden Räucherwaren mich husten lässt, treffen mich die strafenden Blicke der anderen Patienten. Ich habe ein bisschen Angst vor dem, was jetzt kommen wird. Ich habe keine Ahnung, was es sein wird.

Als die Hexe plötzlich aus ihrer Meditation erwacht, nimmt sie die tönerne Kanne vom Feuer, schenkt sich selbst und all ihren Kunden im hohen Bogen ein Tässchen ein. Mittlerweile ist das junge Mädchen von gestern in die Hütte gekommen, reicht uns die Tässchen mit der dampfenden, braunschwarzen, erdig riechenden Flüssigkeit. Ich weiß nicht, was es ist. Normaler Kaffee jedenfalls nicht. Vielleicht so eine Art Muckefuck aus geröstetem Getreide? Vielleicht aufgekochtes Schmutzwasser? Vielleicht etwas Fieseres? Die *awaki* sagt, es sei Kaffee. Senait und ich sagen, dass wir keinen Kaffee tränken. »Trinkt, sonst kann ich euch nicht helfen«, sagt die Hexe in einem Ton, der keinen Widerspruch duldet. Sie und die anderen Kunden haben ihre Tassen schon fast vollständig geleert, akute Vergiftungserscheinungen zeigen sie nicht. Ich versuche, an Kaffee zu denken, und schlucke das braune Wasser runter. Wie Kaffee schmeckt es nicht, ekelhaft allerdings auch nicht. In der kleinen Tasse bleibt ein schwarzer Satz zurück.

Nun steht zunächst die Frau ganz rechts auf. Mit gesenktem Haupt geht sie zur Hexe, gibt ihr drei zerknitterte Ein-Birr-Scheine, umgerechnet zwölf Cent, in einer Plastiktüte ein paar Krümel Räucherwerk und die leere Tasse mit dem schwarzen Schlamm auf dem Boden. Die Hexe steckt sich die Scheine ins üppige Dekolleté, riecht an den Harzen und wirft ein paar Krümel in die Glut. Dann drückt sie sich mit einer Hand ihre fleischige Wange unter das linke Auge und starrt mit dem nur einen Spalt weit geöffneten rechten Auge in die Tasse, die sie in der ausgestreckten linken Hand hält. Die geschiedene, unterwürfige Frau, die ihr die Tasse gegeben hat, ist gekommen, weil ihre Nachbarn ihr ihr kleines Stück Land wegnehmen wollen. Von der Hexe möchte die verzweifelte Bäuerin wissen, was sie jetzt tun solle. Nachdem die Hexe einige Augenblicke regungslos in die Tasse gestarrt hat, fängt sie an zu murmeln. Nachdem sie ein paar Fragen zum Nachbarschaftsstreit gestellt hat, rät sie: »Schlachte ein Huhn. Wirf es nachts auf das Gründstück deiner Nachbarn. Dann werden sie dich in Ruhe lassen.« Als Therapie für die vielen gesundheitlichen Probleme der hageren Frau empfiehlt die Hexe zudem die Behandlung mit heiligem Wasser. Als Honorar für ihre heißen Tipps fordert sie neben den drei Birr und dem Räucherwerk, dass die arme Frau ihr zur nächsten Sitzung ein weißes und ein schwarzes Schaf mitbringen möge.

Der zweiten Kundin, die von einem bösen Zauberer mit einem Fluch belegt wurde, gibt sie getrocknete Kräuter mit, die sie zu Hause verbrennen und den Rauch einatmen soll. Das werde gegen den Fluch helfen. Ganz bestimmt. Außerdem soll die Frau, die die Hexe mit einer Flasche selbst gebrannten Schnapses bezahlt, eine Brennerei aufmachen. Das sei eine gute Geschäftsidee. Allerdings müsse sie den Schnaps am frühen Morgen oder in der Nacht brennen, und die Hexe müsse den Alkohol stets segnen, bevor die verfluchte Frau ihn an ihre Gäste ausschenke. Als Lohn für diese weisen Ratschläge solle sie zur nächsten Sitzung neben einer weiteren Buddel Schnaps ein schwarzes Küken und ein rotbraunes Huhn mitbringen.

Der dritten Hilfesuchenden rät sie, dass ihre unverheiratete Tochter die Schule abbrechen solle, damit sie endlich einen Mann finde. Dem jungen Mann, der Probleme mit seiner Frau und seinen Nachbarn hat, empfiehlt sie, sich scheiden zu lassen, sein Dorf zu verlassen und nach Lalibela zu ziehen, wo er sicher einen Job finden werde. »Welche Arbeit gibt es denn in der Stadt für mich?«, fragt der junge Mann, der nichts anderes gelernt hat, als das Feld zu bestellen. »Du wirst schon etwas finden«, sagt die Hexe. Dann schaut sie noch mal genau in die Tasse und sagt: »Nein, du sollst dich doch nicht scheiden lassen. Ich sehe gerade, dass deine Frau dir einen schlauen Sohn schenken wird. Vielleicht ist sie sogar schon schwanger.« Trotz der Kehrtwende in der Paartherapie bleibt sie dabei, dass der Mann so schnell wie möglich nach Lalibela ziehen solle. Da sei der Bodensatz in der Tasse eindeutig. Auch auf den zweiten Blick.

Dann ist Senait an der Reihe. Nachdem die polizeilichen Ermittlungen in Weldiya bislang offensichtlich nicht erfolgreich waren, will sie jetzt von der Hexe wissen, wo ihr Geld ist. Da Senait im Gegensatz zu den anderen Patienten nicht zu den Stammkundinnen der Wunderheilerin gehört, holt die Hexe erst mal ein paar Informationen über ihre neue Patientin ein. Sie will wissen, woher sie kommt, was sie beruflich macht, wo ihr das Geld gestohlen worden ist. Dann starrt sie in die Tasse. »Ein dünner Mann hat dein Geld gestohlen«, orakelt die dicke Frau. Das grenzt den Kreis der Verdächtigen in Äthiopien zugegebenermaßen nur sehr geringfügig ein. Doch mehr sagt die Tasse leider nicht zu dem Verbrechen. Aber dafür sagt sie noch einiges über Senait. Sie solle sich vor einigen ihrer Freundinnen in Acht nehmen, die ihr hinter ihrem Rücken Böses wünschten, ihr Platz sei in Addis, sie solle nicht darüber nachdenken, in die USA zu ziehen. Daran hatte Senait ohnehin nie einen Gedanken verschwendet. Falls sie irgendwann wieder den Rat der *awaki* bräuchte, könne Senait sie jederzeit anrufen. Sie werde dann einfach für sie eine Tasse Drecksplörre trinken und alle Antworten im Bodensatz finden. Ich weiß nicht, warum die undankbare Senait die Nummer nicht notiert hat.

Nachdem Senait zunächst keine weiteren Fragen hat, knöpft die Hexe sich meine Tasse vor. Da ich kein akutes Problem mit Dieben, habgierigen Nachbarn, meiner Freundin oder bösen Zauberern habe, blickt sie einfach mal ganz allgemein in meine Zukunft. Kann ja auch nicht schaden. Die Tasse offenbart ihr, dass ich bald umziehen werde, allerdings nicht zurück in meine Heimat in der Nähe von Bremen. Außerdem werde ich bald reich und berühmt. Als Nicht-Stammkunden mussten Senait und ich insgesamt einhundert Birr, rund vier Euro, zahlen. Für das Geld will sie uns offensichtlich einiges bieten und uns nicht mit schlechten Zukunftsaussichten verärgern. Dann fragt sie mich, ob ich nicht vielleicht auch schon Opfer eines Verbrechens geworden sei, bei dessen Aufklärung sie behilflich sein könne. Ich erzähle ihr, dass unser Hauswächter vor etwa einem Jahr bei uns eingebrochen sei und sich mit meinem Laptop, einer Bettdecke, einem Koffer und einem in diesem versteckten Geburtstagsgeschenk für meine Freundin aus dem Staub gemacht habe. Vor allem das Präsent für meine Freundin hätte ich gerne wieder. Konzentriert guckt die Alte in die Tasse, dann murmelt sie: »Du wirst den Wachmann auf der Straße wiedertreffen.« »Wo?«, frage ich. »In Awassa«, antwortet sie. Awassa ist eine Stadt rund vier Autostunden südlich von Addis. Ich weiß, dass unser alter Wächter aus Bahir Dar kommt. Ich schätze, dass er sich nach dem Diebstahl dorthin abgesetzt hat. Von Bahir Dar nach Awassa sind es über achthundert Kilometer. Ehrlich gesagt, glaube ich nicht, dass der flüchtige Dieb sich ausgerechnet dort aufhält. »Wann werde ich ihn treffen?«, frage ich. »Nach Weihnachten«, sagt die Hexe. Genauer festlegen, zum Beispiel nach welchem Weihnachten, will sie sich nicht. Seit ihrer Prophezeiung ist bereits ein Weihnachten vergangen. Bislang konnte ich den Dieb nicht zur Rede stellen. Allerdings war ich seit Weihnachten auch noch nicht in Awassa.

Kapitel 27

Der verstoßene Sohn

Als wir abends auf dem Rückweg von Lalibela nach Weldiya sind, klingelt Senaits Handy. Es ist Fantahun, der Polizist, der sich um ihr gestohlenes Geld kümmert. »Es sieht gut aus. Ich glaube, du kriegst dein Geld zurück. Komm' morgen früh um halb neun zur Polizeiwache. Der Besitzer des Hotels wird auch kommen.« Diesmal steigen wir in dem Hotel ab, das Fantahun uns empfohlen hat. »Es ist das beste Hotel der Stadt. Dort übernachten auch hohe Regierungsbeamte, wenn sie nach Weldiya kommen«, hatte der Polizist gesagt. Klopapier, eine funktionierende Spülung und heißes Wasser gibt es in den Zimmern, in denen wir absteigen, zwar nicht, aber dafür haben wir auch keine ungebetenen Gäste. Außer ein paar Kakerlaken.

Als wir am nächsten Morgen bei der Polizeiwache aufkreuzen, sind weder die beiden mittlerweile aus der Untersuchungshaft entlassenen Rezeptionisten noch der Hoteldirektor dort. Dafür ist Lij-Alem, der Straßenjunge, den wir hier in der Nacht, in der Senaits Geld verschwand, getroffen haben, noch immer oder schon wieder da. Er wärmt sich nach einer kalten Nacht in der Gefängniszelle gerade in der Morgensonne auf. Wir fragen ihn, wie er auf der Straße gelandet sei. Mit gesenktem Blick beginnt der Zwölfjährige zu erzählen.

»Als meine Eltern sich getrennt haben, bin ich bei meinem Vater geblieben. Aber seine neue Frau mochte mich nicht. Sie hat mir nie etwas zu essen gegeben. Wenn mein Vater nicht da war, hat sie mich geschlagen und getreten.« Als der Junge sich seinem Vater anvertraute, stellte seine neue Frau ihn vor die Wahl: ich oder der Junge. Der Vater entschied sich für seine Frau, gegen seinen Sohn, den er neun Jahre zuvor auf den Namen Lij-Alem hatte taufen lassen. Lij-Alem bedeutet: Mein Sohn ist meine Welt.

»Von meinem Vater und ihrem ersten Mann hat die neue Frau meines Vaters drei kleine Kinder. Zu ihnen ist er gut. Ich bin ihm egal«, sagt Lij-Alem. Vom Vater verstoßen, ging Lij-Alem zurück zu seiner Mutter. »Meine Mama sagte: ›Ich bin arm, ich kann mich nicht um dich kümmern. Geh' zurück zu deinem Vater oder kümmere dich um dich selbst.‹« Damals war Lij-Alem neun Jahre alt. Zu seinem Vater konnte und wollte er nicht zurück. Stattdessen stieg er in einen Bus und zwei Stunden später in Weldiya wieder aus. Das erste Mal in seinem Leben war er in einer Stadt. Was er dort sollte und wie man dort ganz alleine überlebt, wusste er nicht. Er versuchte es mit Betteln, kleinen Botengängen und damit, Autos zu waschen. Meist reichte das, was dabei zusammenkam nicht, um abends satt zu werden. Ab und zu schenkten Restaurant- und Ladenbesitzer ihm etwas zu essen. Ab und zu. Hatte niemand Mitleid mit ihm, machte der Hunger Lij-Alem zum Dieb. Oft wurde der Junge vom Lande beim Klauen erwischt, oft wurde er geschlagen, oft landete er auf der Polizeiwache, in der wir ihn kennenlernten. Wenn Lij-Alem nicht bei der Polizei übernachten darf, schläft er auf einem Stück Pappe vor einem kleinen Kleiderladen. Einmal gab der Besitzer ihm Geld für ein Busticket, damit er zurück zu seinen Eltern fahren konnte. Lij-Alem kaufte sich eine Fahrkarte, fuhr zu Mutter und Vater, wurde erneut von beiden abgewiesen. Ein paar Tage später schlief er wieder vor dem Klamottenladen. Senait und ich kämpfen mit den Tränen, Lij-Alem erzählt mit fester Stimme.

Unterdessen tauchen endlich die beiden Rezeptionisten auf. Allerdings ohne ihren Boss. Und das angekündigte Geständnis wollen sie nun doch nicht ablegen. Sie behaupten nach wie vor, dass sie keinen blassen Schimmer hätten, wie Senaits Geld aus dem Hotelzimmer habe verschwinden können. Uns ist das mittlerweile auch ziemlich egal. Nachdem wir Lij-Alems Geschichte gehört haben, kommt uns der Grund, warum wir bei der Polizei sind, ziemlich lächerlich vor. »Ich weiß, was ihr getan habt, ihr wisst, was ihr getan habt, und Gott weiß, was ihr getan habt«, faucht Senait die grinsenden Hotelangestellten an. Dann würdigt sie sie keines Blickes mehr und schreibt ihre eintausendzweihundert Birr ab.

Wie wir jetzt Lij-Alem helfen können, ist ihr wichtiger. Aber wie? Inspektor Wendatir, der Chef der Polizeiwache, verspricht uns, dass er bei einer Familie ein kleines Zimmer für Lij-Alem suchen wird, wenn wir ihm das Geld für ein Jahr Miete im Voraus geben. Dann müsste Lij-Alem zumindest nicht mehr auf der Straße schlafen. Wir vertrauen dem Polizisten, doch was bringt es schon, wenn Lij-Alem demnächst ein Wellblechdach über dem Kopf hat? Wie soll der Junge, der für sein Alter viel zu klein ist, satt werden? Wie soll das Kind, das nur ein Jahr lang zur Schule ging, sich Schuluniform, Stifte, Bücher und Hefte leisten? Wie soll der von Mutter und Vater Verstoßene, der in Weldiya weder Freunde noch Familie hat, Geborgenheit finden? Was soll aus dem Jungen, der von der Hand in den Mund lebt, werden?

Während wir unser Auto reparieren lassen, wollen wir weiter darüber nachdenken. Nach mehreren Tausend Kilometern, teilweise auf einem Waschbrett ähnelnden Pisten, hängt die hintere Stoßstange nur noch am polyesternen Faden. Nur ein Schnürsenkel aus meinem Wanderstiefel hält sie seit gestern Abend noch davon ab, sich komplett vom Auto zu verabschieden. Wir fragen Inspektor Wendatir, ob er uns in der Stadt einen guten Schweißer empfehlen kann.

»Lij-Alem kann euch eine Werkstatt zeigen. Aber ihr müsst ihn nachher wieder hier abliefern. Wir müssen noch das Protokoll mit ihm machen«, sagt der Polizist. Stolz steigt Lij-Alem zu uns ins Auto, zeigt uns den Weg zur Werkstatt. Ausnahmsweise wird er mal nicht hin- und hergestoßen, ausnahmsweise hört mal jemand auf das, was er sagt. Auf der Fahrt durch die Stadt entdecke ich am Straßenrand das Schild eines Waisenheims. Zwar leben Lij-Alems Eltern noch, doch von den eigenen Eltern verjagt zu werden ist schlimmer, als die Eltern sterben zu sehen. Vielleicht kann das Heim Lij-Alem endlich das geben, was seine Eltern nie konnten oder wollten.

Nachdem ein Mechaniker, der seine Augen nur mit einer zerkratzten Sonnenbrille vor dem gleißenden Licht der Schweißflamme schützt, die Stoßstange wieder angebracht hat, gucken wir uns mit Lij-Alem das Waisenhaus an. Das von der deutschen Kindernothilfe geförderte Heim ist das beste Kinderheim, das ich in Äthiopien je gesehen habe. Jungs in sauberen Schuluniformen spielen im Schatten großer Bäume; im Schlafsaal riecht es frisch geputzt; auf dem Gelände des Hauses gibt es einen Fußballplatz und einen großen Garten, in dem Kinder helfen, Gemüse für die Küche des Heimes anzubauen. Doch Lij-Alem schaut keinem der neugierigen Kinder, keinem der freundlichen Betreuer in die Augen, sagt nur, dass er nicht bleiben wolle. »Die Betreuer sind nett. Du kriegst hier dreimal am Tag etwas zu essen, brauchst keine Angst zu haben, im Schlaf überfallen zu werden, bekommst eine Uniform, kannst zur Schule gehen und wirst hier Freunde finden. Versuch es doch wenigstens!« Senait redet sich den Mund fusselig, doch Lij-Alem will nicht.

Einerseits verstehe ich, dass ein Kind, das von allen Menschen verlassen wurde und seit Jahren nur auf sich selbst gestellt ist, niemandem mehr vertraut, sich nicht einordnen möchte. Andererseits macht es mich traurig und auch ein wenig wütend, dass Lij-Alem die wohl größte Chance seines bisher so traurigen Lebens ungenutzt verstreichen lassen möchte. Während Senait versucht, Lij-Alem zu überzeugen, setzt sich ein etwa gleichaltriger Junge zu den beiden. »Ich habe dich oft auf der Straße gesehen. Ich weiß, wie du dich fühlst. Ich habe früher auch auf der Straße gelebt. Ich kam hier auch schmutzig und ohne Schuhe an. Ich hatte auch Angst vor den anderen Kindern, vor den Betreuern, vor der Schule und davor, eingesperrt zu sein. Aber es ist alles nicht schlimm. Und viel besser als das Leben auf der Straße. Komm zu uns. Alle hier werden dir helfen. Hier ist es gut«, sagt der Junge. Was Senait und ich in einer Stunde nicht geschafft haben, schafft der kleine Demeki in zwei Minuten. Lij-Alem will bleiben.

»Aber vorher muss ich noch mal zur Polizei, die haben noch Fragen«, sagt Lij-Alem. Als Lij-Alem Inspektor Wendatir erzählt, dass er noch heute ins Waisenheim zieht und nie wieder klauen müssen wird, um satt zu werden, nimmt der Polizist ihn in den Arm und sagt ihm: »Dann möchte ich dich hier nie wieder sehen. Nutze deine Chance.« Bevor wir zurück zum Waisenhaus fahren, möchte Lij-Alem sich auch noch bei Omer, dem Besitzer des Ladens, vor dem er nachts meist schlief, verabschieden. Der Mann, der ihm einst Geld gab, damit er zurück zu seinen Eltern fahren konnte, soll sich keine Sorgen machen, wenn Lij-Alem plötzlich abends nicht mehr auftaucht. Weil Lij-Alem nicht in den Fetzen, die er am Körper trägt, sein neues Leben beginnen möchte, kaufen wir ihm Schuhe, eine Hose, ein Hemd und eine Jacke. Der Ladenbesitzer gibt sie uns zum Einkaufspreis. Lij-Alems altes, völlig zerlöchertes T-Shirt, die viel zu große Hose und das, was einmal eine Weste war, möchte Omer gleich wegschmeißen, doch Lij-Alem will es behalten. Sein altes Leben passt in eine Plastiktüte.

Als wir mit Lij-Alem in seinen neuen Klamotten wieder beim Heim auftauchen, gibt es gerade Mittagessen. *Injera* mit Linsen. Selten zuvor habe ich jemanden so schlingen sehen wie Lij-Alem. Das erste Mal schaut er mir in die Augen, lächelt mich an. Senait sagt er: »Jetzt bin ich glücklich.« Während Lij-Alem isst, regele ich mit dem Leiter des Heimes die Formalitäten. Bis Lij-Alem achtzehn Jahre alt ist, muss ich alle Kosten für seine Unterkunft, Verpflegung und Ausbildung übernehmen. Ich kann ihn besuchen, so oft ich will, mindestens einmal im Jahr wird er mir einen Brief schreiben.

Viele meiner *ferenji*-Freunde, die in Äthiopien leben, haben eine Patenschaft für ein Kind übernommen. Ich fand das bislang immer problematisch. Warum helfe ich ausgerechnet diesem einen Kind? Warum nicht einem anderen? Oder einem weiteren, dem es genauso schlecht geht? Bei fast jedem Menschen, der, wie ich, privilegiert in einem armen Land lebt, stellt sich irgendwann das schlechte Gewissen ein. Zum Beispiel, wenn man in einem guten Restaurant für ein leckeres Essen zu zweit so viel ausgibt, wie die Bettler vor dem Restaurant nicht in einem Monat zusammenbekommen, oder wenn wieder einmal eine Frau ein Baby an die Scheibe drückt, und man einfach weiterfährt. Das schlechte Gewissen stellt sich nicht ein, weil es einem selbst gut und den anderen schlecht geht, sondern weil man ständig das Gefühl hat: Eigentlich müsste ich viel mehr tun, damit es den anderen auch endlich besser geht. Allen kann man nicht helfen. Das begreift man in Äthiopien schnell. Doch soll man niemandem helfen, weil man nicht allen helfen kann? Als ich mich entschließe, Lij-Alem zu helfen, fühlt es sich gut und richtig an.

Kapitel 28

Bob Marley und der Kaiser

Nachdem wir uns von Lij-Alem verabschiedet haben, geht es für uns weiter gen Süden. Nach Addis sind es noch fünfhundert Kilometer. Es werden die schnellsten fünfhundert Kilometer unserer Reise. Die Straße ist fast durchgehend asphaltiert, und es gibt kaum Tramper. »Wir sind in der Amhara-Region. Alle Äthiopier sind stolz. Aber die Amharen sind die stolzesten. Die meisten von ihnen sind zu stolz, um einen *ferenji* nach einer Mitfahrgelegenheit zu fragen«, sagt Senait.

Abends kommen wir in Dessie an. Die Reisebibel »Lonely Planet« schreibt über die Großstadt: »Wäre Dessie ein Mädchen, würde es keinen Schönheitswettbewerb gewinnen.« Dem gibt es eigentlich nicht viel hinzuzufügen. Dessie hat zwar keinen Charme, aber Dessie hat Bars. Manche sind nur an einer auf einen Stock gestülpten, leeren Konservendose im Vorgarten als solche zu identifizieren, manche machen mit psychedelisch blinkenden Lichtergirlanden auf sich aufmerksam. In fast allen Kneipen läuft ein Fernseher mit äthiopischen Musikvideos. In diesen Clips führt meist eine Gruppe junger Männer in engen, kurzen Buxen einen traditionellen Tanz auf. Während sie akrobatisch mit den Schultern zucken, besingen sie dabei die Schönheit der Heimat und die reiche Ernte. Oft stehen sie dabei in einer pastoralen, grünen Landschaft, durch die sich ein schlammiger Bach oder Fluss wälzt. Wie aus dem Nichts erscheinen dann plötzlich ein paar wunderschöne Frauen in traditionellen Kostümen, die wie Bademäntel aussehen. Praktischerweise sind es immer genauso viele Männer wie Frauen, sodass diese sich mit aufreizenden, der Fantasie wenig Spielraum lassenden Bewegungen gegenseitig Avancen machen können. Dabei besingen sie weiterhin die Vorzüge der heimischen Landwirtschaft. Was das großbusige, sich am Pool oder vor/auf einem Sportwagen räkelnde Bikinimädchen für das amerikanische Hip-Hop-Video ist, ist die wohlgenährte Kuh auf grüner Wiese für den äthiopischen Musikclip. Nur selten fehlt das den Wohlstand symbolisierende Tier in den Filmen.

In einer Bar, in der ununterbrochen Kuh-Videos laufen, stoßen Senait und ich abends mit Bier auf Lij-Alem an. Wir sind uns sicher, dass er seine Chance nutzen wird. Mittlerweile ist selbst Senait nicht mehr richtig wütend auf die Rezeptionisten, die jetzt vielleicht im einhundertzwanzig Kilometer entfernten Weldiya mit ihrem Geld darauf anstoßen, dass sie während der U-Haft nicht angefangen haben zu singen und als Sieger aus unserem kleinen Nervenkrieg hervorgegangen sind. Doch nach ihrem »Ich weiß, und ihr wisst und Gott weiß«, fühlt Senait sich zumindest als moralische Siegerin. Und wäre ihr Geld nicht geklaut worden, hätten wir Lij-Alem nie getroffen.

Während wir uns Lij-Alems Zukunft in den schönsten Farben ausmalen, setzt sich ein junger Mann zu uns: »Irieeee«. Anthony grüßt mit dem lang gezogenen Gruß der Rastafaris. Eigentlich lebt der Äthiopier in Shashamane, jener über sechshundert Kilometer südlich von hier gelegenen äthiopischen Rastafari-Gemeinde. »Dessie sucks, Shashamane rules«, sagt der nicht mehr ganz nüchterne Rasta-Jünger. Anthony besucht gerade Verwandte in Dessie, will aber eigentlich so schnell wie möglich wieder nach Shashamane. »In Shashamane ist alles total relaxed. Wollt ihr nicht mitkommen?«, fragt Anthony uns. Meine Lust hält sich ehrlich gesagt in Grenzen. Ich war nämlich schon mal in Shashamane und muss nicht unbedingt allzu bald wieder dorthin.

Damals traf ich in Shashamane Brother Moody. Noch schnell einen Joint, dann hatte er Zeit, mir von seinen guten Freunden zu erzählen. Der eine ist ein Gott und Kaiser, der andere nur ein Musikgott. Leider sind beide schon tot. Ihre Namen: Haile Selassie und Bob Marley. Der sechsundachtzigjährige Brother Moody kannte sie beide gut. Sagte er. Der Mann mit den langen Dreadlocks und dem trotz Tausender Joints immer noch wachen Blick ist der älteste Bewohner der Rasta-Gemeinde, die dem vor sechsunddreißig Jahren verstorbenen Kaiser und seinem vor neunundzwanzig Jahren verstorbenen musikalischen Propheten huldigt. Ich habe mit Brother Moody und seinen Glaubensbrüdern und -schwestern den 118. Geburtstag des Königs der Könige gefeiert.

»Haile Selassie und Bob, das waren zwei sehr anständige Männer. Völlig unterschiedliche Typen, aber beide sehr anständig. Sie haben uns hier in Shashamane besucht«, sagte Brother Moody, während er auf einem Stuhl vor seinem bescheidenen Haus saß. Das ist jetzt ungefähr vierzig Jahre her, doch in der Einhunderttausend-Einwohner-Stadt ist das ungleiche Duo noch immer allgegenwärtig. Bob Marleys Hymnen plärren überall aus schrammeligen Lautsprechern; kaum ein Bewohner der etwa dreihundertköpfigen Rastafari-Gemeinschaft peppt seine Aussagen nicht bisweilen mit den abgedroschenen Phrasen aus Marleys Songs auf. Viele der kiffenden Marley-Jünger huldigen ihrem langhaarigen Idol mit T-Shirts, auf denen der Jamaikaner selbst raucht. Der strenge Kaiser mit dem akkurat geschorenen Kopf- und Gesichtshaar und der Militäruniform schaut dem Treiben von zahlreichen Fahnen und T-Shirts etwas skeptisch zu.

Shashamane ist nicht schön. Eigentlich ist die vier Stunden südlich von Addis gelegene ehemalige Garnisonsstadt sogar ziemlich hässlich. In der Trockenzeit staubig, in der Regenzeit schlammig. Doch für mehrere Millionen Anhänger der Rastafari-Bewegung ist es das Paradies, das gelobte Land, der Ursprung und das Ziel, das Alpha und das Omega. Und das kam so:

»Schaut nach Afrika! Wenn sie dort einen schwarzen König krönen, dann ist der Tag der Befreiung nahe«, predigte Marcus Garvey 1920. Die Worte des radikalen jamaikanischen Panafrikanisten fielen bei den Nachfahren der aus Afrika verschleppten Sklaven in den Elendsvierteln der Hauptstadt Jamaikas, Kingston, auf fruchtbaren Boden. Garveys Anhänger schauten nach Afrika, und zehn Jahre später sollten sie sehen, was ihnen prophezeit war: Am 2. November 1930 wurde Ras (Fürst) Teferi Mekonnen in Addis als Haile Selassie I. (Macht der Dreifaltigkeit I.) zum Kaiser von Äthiopien gekrönt. Als die Bilder der feierlichen Zeremonie um die Welt gingen, begann es in Jamaika nach einer langen Dürre plötzlich zu regnen. Garveys Jünger waren sich sicher: Die Prophezeiung hatte sich erfüllt. In Afrika hatte nicht nur ein weltlicher Herrscher, sondern auch der schwarze Messias den Thron bestiegen.

In der Bibel hatten die Nachfahren der Sklaven die Geschichte der Gefangenschaft der Israeliten in Ägypten gelesen, sie mit ihrem Dasein in der Karibik gleichgesetzt. Im kleinen Kaiser aus Äthiopien sahen sie auch den schwarzen Mose, der sie in einem neuen Exodus, dem später von Bob Marley besungenen »Movement of Jah people« heraus aus dem Babylon des weißen Mannes, zurück in ihre afrikanische Heimat führen sollte. Haile Selassie war den Rastafaris nicht nur der *niguse negest,* der König der Könige, sondern auch der siegreiche Löwe von Juda, der König aus dem Hause David, der Auserwählte Gottes, der rechtmäßige Herrscher auf Erden, von dem schon Johannes in seiner Offenbarung gesprochen hatte. Mit dem 255. Nachfahren König Salomons und reichlich Geschichtsklitterung sollte das von Johannes verheißene tausendjährige Friedensreich endlich beginnen.

Doch zunächst kam es ganz anders. Nur fünf Jahre nach der Krönung in Addis Abeba marschierte Mussolini in Äthiopien ein, führte einen brutalen Eroberungskrieg gegen das Land. Der Kaiser floh ins Exil nach England, während seine Landsleute unter dem italienischen Imperialisten darbten. Erst als die Äthiopier mit Hilfe der Briten Mussolini vertrieben hatten, kehrte der Herrscher 1941 nach in seine Heimat zurück. Für die Rastafaris erfüllte sich damit der in der Offenbarung des Johannes angekündigte Sieg über Babylon.

Als Dank für ihre Unterstützung der Schwarzen in aller Welt schenkte der heimgekehrte Kaiser den Rastafaris ein Stückchen Land in eben jenem Shashamane, der Stadt am transafrikanischen Highway Kairo–Kapstadt. Einen Zacken brach er sich mit der Schenkung nicht aus der Krone. Auf die fünfhundert Hektar im Territorium der unbotmäßigen Oromo konnte er wohl recht gut verzichten.

Am 21. April 1966 reiste Haile Selassie zum Staatsbesuch in die jamaikanische Heimat Markus Garveys, des Propheten, der sein Kommen sechsundvierzig Jahre zuvor angekündigt hatte. Tagelang hatte es auf der Karibikinsel heftig geregnet, doch als die kaiserliche Maschine aufsetzte, brach plötzlich die Sonne durch die Wolken. Ein Wetterphänomen als Theophanie, als Manifestation Gottes in der Natur. »Ich bin nicht Gott. Ich bin kein Prophet. Ich bin ein Sklave Gottes«, erklärte Haile Selassie. Doch die Tausenden, die sich in Jamaika mittlerweile nach Ras Teferi Mekonnen Rastafaris nannten, wollten das nicht hören. Für sie war der autokratische Herrscher nichts anderes als der prophezeite Messias – und die Männer und Frauen, mit den langen Mähnen wollten ihm folgen. Endlich kam Schwung in das von Marcus Garvey begründete Black Zionism Movement, eine Bewegung, der Afrika als utopischer Ort für Tradition und Einheit galt. Das willkürliche, neoreligiöse Konglomerat aus Legenden und mystischen Heilserwartungen materialisierte sich im real existierenden Shashamane.

Brother Moody fühlte sich vom Genius Loci Shashamanes inspiriert und zog 1972 hierher. »Der Kaiser kam hier regelmäßig mit seinem Mercedes vorbei. Er wollte sich vergewissern, dass es seinen Leuten gut geht. Wenn es uns an etwas fehlte, mussten wir es ihm nur sagen, und er hat sich persönlich darum gekümmert«, erzählte er mir. Wenn der Mann mit den tiefen Falten im Gesicht spricht, hören sie in Shashamane ehrfurchtsvoll zu, schließlich ist er so etwas wie das Gedächtnis des Ortes.

Auch das Wort der Priesterin Daughter Baby I hat in der Rastafari-Gemeinschaft Gewicht. Ich suchte sie in ihrer Kirche auf. Ihr Name steht in einem Kontrast zu ihrer äußeren Erscheinung, wie er größer kaum sein könnte. Eine riesige, schwere Frau mit einem langen, weißen Kinnbart schleppte sich in breiten Schuhen an mir vorbei. Als ich sie fragte, ob sie mir ein paar Fragen beantworten könnte, entgegnete sie nur: »You have money?« und verschwand. Ganz so schlimm finden die Rastafaris den Materialismus des Babylon-Systems scheinbar doch nicht. Als die Priesterin wieder auftauchte, fragte sie erneut: »You have money?«, und ging ohne die Antwort abzuwarten. »Was willst du von meiner Mutter?«, fauchte ein Rasta-Mann mich an, der Touristen lieblos durch ein kleines Museum schleuste. »Mit ihr sprechen«, antwortete ich. »Listen! I tell you what, brother«, leitete der Rasta-Mann die meisten seiner jetzt folgenden Sätze ein. Aufforderung und Ankündigung, die in einem Zwiegespräch eigentlich nicht nötig sind. Finde ich. Schließlich erzählte er mir, dass seine Mutter nur für Geld mit mir sprechen würde. Da sie mir auch das Wissen von zwei weiteren weisen Priestern offenbaren könnte, müsste sie mir jedoch drei Interviews in Rechnung stellen. Widerwillig entrichtete ich die geforderte Summe, mit der man in Äthiopien ziemlich viel Marihuana kaufen kann.

Kurz darauf erschien Daughter Baby I, begrüßte mich jetzt schon freundlicher mit dem Gruß der Rastafaris, den zum Herz geformten Daumen und Zeigefingern der rechten und linken Hand und einem lang gezogenen »Rastafareiiiii«. »Wir feiern heute den Geburtstag seiner Majestät. Er ist der Schöpfer des Lebens«, sagte die Frau über den Despoten, unter dessen konservativ-autokratischer Herrschaft Hunderttausende verhungerten, während er in seinem Palast Bankette gab. »Die Trockenheit hielt Einzug, die Erde dörrte aus, die Rinder krepierten, und die Bauern starben – das war nun einmal der natürliche Gang der Dinge, so war es immer schon gewesen. Das war so natürlich und ewig, dass kein Würdenträger gewagt hätte, den allgewaltigen Herrscher mit dem Hinweis zu stören, in einer seiner Provinzen sterbe jemand vor Hunger«, berichtete ein ehemals enger Mitarbeiter Haile Selassies Ryszard Kapu´sci´nski bei dessen Recherchen zu »König der Könige«.

Auf meinen Einwand, dass dem Monarchen das Wohl seiner eigenen Leute wohl nicht allzu sehr am Herzen gelegen hätte, erwiderte Daughter Baby I nur: »Er ist der König.« Schließlich hat Bob Marley in »Blackman Redemption« über den Äthiopier bereits gesungen: »Coming from the root of King David, through to the line of Solomon, His Imperial Majesty is the Power of Authority«. Und das gilt in Shashamane noch heute. Basta! Kritik an dem Mann, der ihnen ein Stück Land schenkte, ist nach wie vor nicht zulässig. Erst recht nicht von einem aus Sicht der Rastafaris ungläubigen, geschorenen Typen wie mir. Schnell wechselte Daughter Baby I das Thema. »Die Marihuana-Pfeife muss brennen. The herb is the healing of the nation«, sagt die Neunundsechzigjährige, die unter Asthma leidet und trotzdem jeden Tag mindestens einen Joint raucht. Selbstverständlich nur, um ihrem

Gott nahe zu sein. So wie andere Gläubige in der Nacht aufstehen müssen, um ihrem Herrn zu huldigen, so müssen die Rastafaris rauchen. Kiffen als heiliges Sakrament. Je öfter, desto frommer. Ob hier eine Sucht zur religiösen Pflicht uminterpretiert wird oder ob die religiöse Pflicht zur Sucht wird, bleibt unklar. Klar ist, dass die Rastafaris dadurch nicht klarer im Kopf werden. Von Haile Selassie ist übrigens nicht bekannt, dass er je Marihuana geraucht hätte, aber als menschgewordener Gott hätte er sich so ja auch nur selbst beweihräuchert.

»*Ganja* ist unsere spirituelle Nahrung und unsere spirituelle Reinigung. So wie du dir die Hände wäschst, bevor du isst, so reinigen wir unseren Geist mit Marihuana, bevor wir zu Jah beten. Steht schon in der Bibel«, sagte Brother Moody und zitierte aus Matthäus, Kapitel 12, Vers 20: »Das zerstoßene Rohr wird er nicht zerbrechen, und den glimmenden Docht wird er nicht auslöschen …« Als ich einwarf, dass ich mir nicht sicher sei, ob der Evangelist damit das Kiffen rechtfertigen wollte, legte Brother Moody mit der Offenbarung des Johannes (»und die Blätter des Holzes dienten zu der Gesundheit der Heiden«) und dem 18. Psalm nach. »Dampf ging auf von seiner Nase und verzehrend Feuer von seinem Munde«, heißt es dort über den Herrn. Für Brother Moody, für den auch das in der Schöpfungsgeschichte erwähnte »Kraut« das Kraut ist, das er mehrmals täglich raucht, ist die Sache damit klar. Ich mache denselben Einwand wie bei Matthäus. Da dreht der Rastafari den argumentativen Spieß einfach um. »Schon viele sogenannte Christen wollten uns erzählen, dass man nicht Marihuana rauchen soll. Ich habe sie gefragt, wo das in der Bibel geschrieben steht. Bislang hat es mir niemand zeigen können.«

Während Brother Moody den spirituellen Nutzen des Marihuanas in den Vordergrund stellte, versuchte Daughter Baby Is *kingman,* so bezeichnen Rastafari-Frauen ihre Männer, unterdessen eine Krankheit mit dem heiligen Kraut zu heilen. Als der zehn

Jahre zuvor zu den Rastafaris konvertierte Bob Marley sich 1977 beim Fußballspielen den Fuß verletzt hatte, hatte auch er die Verletzung mit dem heilenden Kraut kurieren wollen. Ganz geklappt hat es nicht, doch Daughter Baby Is *kingman* wollte der Homöopathie eine weitere Chance geben.

Bevor die Priesterin aufstand, um nach dem Genesenden zu schauen, fragte sie: »Wo ist mein Geld?« Ich antwortete ihr, dass ich bereits bei ihrem Sohn gezahlt hätte, damit er mich an ihrem Wissen teilhaben ließe. »Meine Söhne sind auf Jamaika«, sagte die Priesterin. Der selbst ernannte Sohn hatte es da mit der Wahrheit offensichtlich nicht so genau genommen. Mir fielen Bob Marleys Worte »You can fool some people sometimes, but you can't fool all the people all the time«, ein. Bestimmt fünfmal hatte ich sie an diesem Tag schon gehört.

Mit den Worten des Meisters lässt sich in Shashamane fast alles erklären. Und darum hätten die Bewohner ihren Bob auch so gerne bei sich. Als seine Witwe Rita im Jahr 2005 in einem Interview anlässlich des sechzigsten Geburtstags ihres vierundzwanzig Jahre zuvor verstorbenen und mit einem Ring Haile Selassies begrabenen Ex-Mannes dessen Exhumierung in Jamaika und Beisetzung in Shashamane ins Gespräch brachte, war die Aufregung auf beiden Seiten des Atlantiks groß. In Jamaika, wo mit der disneyesken Ruhestätte des Rasta-Manns ordentlich Geld gemacht wird, entbrannte ein Proteststurm, in Äthiopien hofften die Rastafaris, dass Brother Bobs letzter Wille endlich erfüllt würde. Der Leichnam blieb in Jamaika, Rita Marley sagte später, sie sei falsch verstanden worden. Brother Moody nimmt ihr das halbherzige Dementi nicht ab. »Brother Bob hat selbst gesagt, dass er hier begraben werden möchte«, erzählte der alte Mann mir.

Einen Song des Toten, den sie hier in Shashamane besonders gerne spielen, ist seine Hymne »Africa Unite«. »Cause we're moving right out of Babylon, and we're going to our father's land.« Während Bob Marley es, abgesehen von einem Besuch in

Shashamane 1978, im warmen Jamaika beim Besingen der spirituellen Heimat beließ, ging Sonja (ihren Namen habe ich hier geändert, falls sie irgendwann doch noch mal nach »Babylon« zurückkehren möchte) aus Weiden in der kalten Oberpfalz einen Schritt weiter. »Achter Monat«, sagte sie, als sie sich die Hand auf den kugelrunden Bauch legte und fest am Joint zog, den ihr Mann Samuel (auch nicht sein echter Name) aus Trinidad ihr gereicht hatte. Die werdende Mutter sah erschöpft aus. Körperlich und seelisch. Mit ihrem halbwüchsigen Sohn aus einer vorherigen Beziehung, ihrem Mann und der gemeinsamen kleinen Tochter lebte sie in einem einfachen Haus in der Rastafari-Siedlung.

»Warum bist du nach Shashamane gekommen?«, fragte ich sie. Sie schaute mich an, als hätte sie gerade die dümmste Frage ihres Lebens gehört. »Na, um dem Second Death zu entgehen«, antwortete sie. »Was ist der zweite Tod?«, fragte ich und erntete wieder den gleichen Blick. »Das ist der spirituelle Tod. Der erste, der fleischliche, ist ja nicht so schlimm, aber wenn du auch den Second Death gestorben bist, dann ist es wirklich aus. Und das kannst du als Rastafari nur vermeiden, indem du nach Shashamane ziehst«, erklärte die Frau mit den langen, blonden Dreadlocks mir. Dann verlor sich ihr leerer Blick irgendwo im Raum, während der Blick ihres deutlich älteren Mannes sich ganz ungeniert auf dem Po einer deutlich jüngeren Frau festheftete. »Die hätte ich früher klargemacht«, prahlte der Rasta-Mann und stieß mir mit dem Ellenbogen in die Rippen.

Sonja schien das nicht zu stören, sie war die Machosprüche ihres Mannes offenbar gewohnt. Ein Schicksal, das sie mit vielen ihrer Rasta-Schwestern in Shashamane und auf der ganzen Welt teilt. Auf niederträchtige Art hatten die Plantagenbesitzer in Jamaika versucht, ihren steten Bedarf an Arbeitskräften zu stillen, indem sie die Promiskuität unter ihren Sklaven förderten. Für sie waren die Sklavinnen nicht nur Arbeiterinnen, sondern auch Gebärmaschinen. Manche Soziologen sehen darin bis heute eine der

Ursachen des bei den Rastafaris stark ausgeprägten Machotums. Auch wenn die Männer ihre Frauen *sister* oder *queen* nennen: Die Rasta-Gesellschaft wird von Männern dominiert, das musste auch Sonja nach ihrem Exodus aus Weiden schnell begreifen. Ihrem Mann gilt der Gehorsam der Frau als von Gott geboten, andersrum müsse man es da nicht so genau nehmen, schließlich hatte Bob Marley auch nicht nur eine Frau. Bis zu sechsundvierzig Kinder werden ihm zugeschrieben, allein während seiner Ehe mit Rita sollen sieben uneheliche Marleys zur Welt gekommen sein. Und was Bob getan hat, kann so falsch nicht gewesen sein.

»Brother Bob wusste wahrscheinlich gar nicht, wie viele Kinder er hatte. Er war sehr beliebt bei den Frauen«, erzählte Brother Moody mir mit einem Schmunzeln. Verhütungsmittel waren bei Brother Bob hingegen offensichtlich weniger beliebt, und die lehnen viele Rastas auch heute noch ab. Nicht selten führen sie an, dass der weiße Mann mit den von ihm erdachten Mittelchen nur darauf hinwirken wolle, die schwarze Rasse aussterben zu lassen. Außerdem, so meinen viele der Rasta-Machos, könnten Frauen ihre Liebe am besten unter Beweis stellen, indem sie ihrem Mann ein Kind schenken. Sonja tat das wenige Wochen nach meinem Besuch wieder.

Auch Free I ist dem Ruf nach Äthiopien gefolgt. Dabei hätte er sich eigentlich gar nicht angesprochen fühlen sollen, zumindest wenn es nach Marcus Garvey gegangen wäre. Dem Propheten der Rastafari-Bewegung, der mit dem Ku-Klux-Klan kooperierte, weil ihm offene Feinde der Schwarzen lieber waren als vermeintliche Freunde, war ein strenger Befürworter der Rassentrennung. Doch Free I, der seinen bürgerlichen Namen schon vor Langem abgelegt hat, ist weiß, ziemlich blass sogar. In Shashamane leben mittlerweile Rastafaris aller Hautfarben. »Äthiopien ist Jah Country. Ich habe gespürt, dass ich hierher gehöre, auch wenn das Leben hier nicht immer einfach ist. Aber life is struggle«, sagte der Physiotherapeut aus Norddeutschland. Ich fragte ihn, ob er auf immer bleiben wolle. Er antwortete: »Deine Fragen sind so deutsch! Woher soll ich wissen, wo mein Gott mich in fünf Jahren braucht?« Wozu er ihn jetzt gerade hier brauchte, blieb zumindest mir unklar, denn weitere deutsche Fragen wollte Free I nicht beantworten. Er wollte in der offenen Rundkirche lieber mit Haile-Selassie-Gesängen dem »rechtmäßigen Herrscher auf Erden« huldigen. Zu Ehren des Kaisers hatte der Priester Marihuana auf den Altar gelegt, von dem alle Kaiserdienst-Teilnehmer sich kostenlos bedienen durften. »Heute hat der Lord of Lords Geburtstag. Zur Feier des Tages darf sie auch schon mal«, sagte ein junger Mann und hauchte seinem Baby in der Kirche den Rauch seines Joints ein. Die Mutter schaute wohlwollend zu, das Baby begann zu weinen. Ich wollte etwas bezüglich des Nichtraucherschutzes sagen, aber das wäre wahrscheinlich wieder zu deutsch gewesen.

Einige Stunden und unzählige Joints später sollte der Höhepunkt des Festes steigen: ein Reggaekonzert zu Ehren des längst verstorbenen Geburtstagskindes. Auf einer Bühne hatten sich zwölf Priester in langen Gewändern vor den Bildern des Jubilars aufgebaut. »Wir haben uns hier versammelt, um den Geburtstag des Königs der Könige zu feiern. Also benehmt euch. Der Lord of Lords will keine Gewalt«, mahnten sie immer wieder. Zwei Polizisten mit Kalaschnikows hatten sich mittlerweile auf dem Grundstück der Rastafari-Gemeinde Twelve Tribes of Israel eingefunden, um den Worten der Gottesmänner Nachdruck zu verleihen. Obwohl die Rastafaris laut ihren eigenen Regeln eigentlich keinen Alkohol trinken dürfen, waren viele der jungen Männer mittlerweile sturzbetrunken, Bier und Marihuana hatten nicht alle friedlicher gemacht oder ihrem Gott näher gebracht.

Einer von ihnen war Menilek. »Jahrtausendelang hat der weiße Mann den schwarzen Mann unterdrückt und kaputt gemacht. Heute drehen wir den Spieß um«, sagte mir der Mann mit den kräftigen Armen, den hüftlangen Dreadlocks und dem Goldzahn. Er würde in jedem Hip-Hop-Video eine Ehrenrolle bekommen, und er steht mit seiner Meinung nicht alleine da. Schon 1935 hatte der radikale Rastafari-Priester Leonard Percival Howell, der wegen seiner Forderungen mehrmals im Gefängnis und schließlich in der Psychiatrie landete, in seinem Traktakt »The Promise Key« neben der Anerkennung Haile Selassies als Herrscher aller Schwarzen die Rache der Geschundenen an ihren weißen Unterdrückern gefordert.

Ich war der einzige weiße Nicht-Rastafari weit und breit. Es war ziemlich eindeutig, wer das erste Opfer der Rache des Menilek werden sollte. Im Gegensatz zum rachsüchtigen Äthiopier predigen die meisten Rastafaris Liebe und Frieden. Doch Intoleranz, Hass und Gewalt gegenüber Weißen als Vertretern des verhassten Babylon-Systems sind keine Seltenheit. Zumindest bin ich nicht schwul, denn da hört die Toleranz bei fast jedem Rastafari auf. Sich auf die Bibel berufend und angestachelt von den oft homophoben Texten moderner Spielarten des Reggae, gilt die gleichgeschlechtliche Liebe als Todsünde. Nachdem ich mich mit einigen Bier freigekauft hatte, beschloss Menilek, seinen Feldzug noch einmal aufzuschieben. Als ich ging, flogen Flaschen und Fäuste, die Geburtstagsparty war ziemlich ungemütlich geworden. Haile Selassie blickte noch immer mit strengem Blick von den riesigen Bannern auf der Bühne auf die Gäste, die zu seinen Ehren erschienen waren. Besonders stolz wäre der Kaiser auf diese Feier wohl nicht gewesen.

Kapitel 29

Stadt der Läufer

Ich höre nur das federleichte, gleichmäßige Getrippel von etwa vierzig Turnschuhen und das asthmatische, immer schneller werdende Pfeifen meines eigenen Atems. Die anderen zwanzig Läufer höre ich nicht nach Luft schnappen, ihr Atem geht so ruhig, als wären sie im Tiefschlaf. Es ist noch kalt, die fahle Morgensonne zeichnet lange, sich schnell und geschmeidig bewegende Schatten auf die taufrische Wiese. Die Schatten bleiben dicht beieinander, nur meiner wird immer langsamer, fällt weiter zurück, bald verliert er den Anschluss zu den anderen Schatten, schließlich bleibt er bebend stehen, lehnt sich nach vorne, stützt sich mit den Händen auf den Knien ab und kippt oberhalb der Kleinstadt Bekoji um. Zwei Tage nachdem wir uns in Dessie mit Anthony, dem unglücklichen Rastafari, bei viel Bier übers Kiffen, Haile Selassie und Bob Marley unterhalten haben, sind wir in der Stadt der Läufer angekommen.

Als ich im Gras liege, ist das Geräusch der Turnschuhe bereits verhallt. Ich höre jetzt nur noch meinen mir Angst machenden Atem, mein hämmerndes Herz und das rauschende Blut im Kopf. Tausend Nadeln stechen in meiner Lunge, mir ist kotzübel, auf meiner Stirn steht kalter Schweiß. Fühlte Falk sich ungefähr so, als wir den 4543 Meter hohen Ras Dashen bestiegen? Aber ich bin nicht auf über viertausendfünfhundert Metern, ich bin auf zweitausendfünfhundert Metern Höhe. Allerdings habe ich mich hier mit Leuten eingelassen, die nicht ganz meine Kragenweite sind. Um sieben Uhr morgens habe ich mich auf einer Wiese oberhalb von Bekoji mit rund einhundertfünfzig Läufern aus der Kleinstadt getroffen. Die Olympiasieger Kenenisa Bekele, Tirunesh Dibabba und Derartu Tulu kommen aus dem verschlafenen Bergnest. Sie alle wurden von Sentayehu Eshetu entdeckt. In Bekoji nennen sie ihn nur Coach. Als ich mit geschlossenen Augen schwer atmend und hustend im Gras liege fragt Coach mich: »You are okay?«

»Yes«, japse ich mit Schnappatmung. Es ist eine Lüge. Okay fühlt sich anders an. Irgendwo habe ich mal gelesen, dass der körperliche Verfall mit fünfundzwanzig beginnt. Bei mir muss er in den letzten neun Jahren ziemlich rasant verlaufen sein. Eigentlich habe ich mich immer für fit gehalten, aber das lag wohl nur daran, dass ich mich stets mit den falschen Leuten gemessen habe. Im Vergleich zu den Läufern von Bekoji bin ich ein Wrack. Physisch und nach der Schmach auch psychisch. Sie sind nicht nur einfach schneller gelaufen als ich, sie haben mich fertiggemacht, mich demontiert. Dabei sah es am Anfang ganz leicht aus. Als Coach das Zeichen zum Loslaufen gab, konnte ich, angespornt vom aufmunternden Lächeln der Läufer und Läuferinnen, zunächst recht gut mithalten. Halb so wild, dachte ich mir. Bis ich begriff, dass das, was für mich bereits Hochleistungssport war, für die Jungs und Mädchen neben, vor und hinter mir, nur ein paar lockere Aufwärmrunden waren. Kurz nachdem sie auf ein Zeichen ihres Trainers das Tempo anzogen, fiel ich ins Gras.

Als ich wieder zu Atmen gekommen bin, ist außer mir nur noch Senait auf der Wiese. Sie hatte ihre Kräfte besser eingeschätzt, sich gar nicht erst auf den Vergleich mit den Sportlern von Bekoji eingelassen, stattdessen genüsslich mein Scheitern beobachtet. Die anderen Läufer sind mittlerweile zu einer höher liegenden Wiese gelaufen oder, besser gesagt, gerannt. Wir fahren ihnen mit dem Auto nach. Coach hatte uns vorher prophezeit, dass seine Läufer mich abhängen würden, wir mit dem Auto hinterherfahren sollten.

Als wir auf der Wiese ankommen, sprinten die Läufer nach scharfen Stößen aus Coachs Trillerpfeife an ihrem Trainer vorbei. Mit seiner Pfeife und dem leichten Bauchansatz sieht der Mann mit der roten Schirmmütze und dem blauen Trainingsanzug eher wie einer meiner Sportlehrer aus der Schule und nicht wie der wohl größte Talentscout der vielleicht größten Laufnation der Welt aus. Coach macht sich keine Notizen, nimmt nicht mit einer Sportlehrer-Stoppuhr die Zeit, doch seinem geübten Blick und seinem Instinkt entgeht kein Detail: Wie ist Merons Antritt? Wie groß sind Tewoldes Schritte? Wie schnell kommt Mekonnen nach dem Sprint wieder zu Atem?

Jeden Morgen und jeden Nachmittag beobachtet Coach seine Schützlinge beim Training. Er sieht ihre Muskeln, er sieht ihre Sehnen, er sieht ihren Herzschlag. Doch er sieht auch das, was andere nicht sehen können. Er hat gelernt, in die Köpfe seiner Läufer zu schauen. Er sieht, ob jemand bereit ist, alles, wirklich alles, dem Laufen unterzuordnen. Er sieht, ob jemand mit Rückschlägen fertig werden kann, er sieht, ob jemand den unbedingten Willen zum Sieg hat. »Nur wenn Beine, Herz und Kopf zueinander passen, kann jemand es nach ganz oben schaffen«, sagt Coach.

Dibabe ist so eine, bei der alles stimmt. Seit drei Jahren trainiert die Fünfzehnjährige zweimal pro Tag mit Coach. An sechs

Tagen in der Woche. Nur am Sonntag gönnt sich das strenggläubige Mädchen eine Pause. »Wenn Gott und Coach mich nicht im Stich lassen, kann ich eines Tages so schnell, so berühmt und so reich wie Haile Gebrselassie werden«, erzählt Dibabe mir nach dem Training.

Wie die meisten ihrer Freunde und Freundinnen quält sie sich zweimal am Tag und folgt den Anweisungen des Trainers bedingungslos, um der Armut eines Tages davonzulaufen. So, wie die Olympiasieger Tirunesh Dibabba, Kenenisa Bekele und Derartu Tulu aus Bekoji oder Haile Gebrselassie, der vor vierzig Jahren im nur fünfzig Kilometer entfernten Asela als eines von zehn Kindern eines Bauern geboren wurde. Laufen ist in Äthiopien Religion, und Haile Gebrselassie ist der Prophet der Sportler. Jeden Tag musste der kleine Haile zehn Kilometer zur Schule laufen, zehn Kilometer zurück. Jeden Tag ein Halbmarathon. Zum Gehen fehlte Haile die Zeit, schließlich erwarteten seine Eltern, dass er nach der Schule auf dem Feld half. Bald merkte Haile, dass er schneller als all seine Klassenkameraden war. 1993 gewann er als Zwanzigjähriger bei der Leichtathletik-Weltmeisterschaft in Stuttgart über zehntausend Meter Gold. Bei den Olympischen Spielen in Atlanta (1996) und Sydney (2000) gewann Haile über dieselbe Distanz jeweils olympisches Gold, insgesamt stellte er sechsundzwanzig Weltrekorde auf. Und noch immer erinnert die Haltung seines linken Armes daran, dass seine Karriere auf dem Schulweg begann. Mit den Schulbüchern unterm Arm.

Mittlerweile gewinnt eine jüngere äthiopische Generation die Medaillen für die große Laufnation, einige der zukünftigen Olympiasieger und Weltmeister dehnen sich nach dem Training wahrscheinlich gerade neben mir auf der Wiese in Bekoji. Haile ist mittlerweile einer der erfolgreichsten Geschäftsmänner des Landes. Er importiert Hyundai-Autos nach Äthiopien, macht Immobiliengeschäfte, besitzt ein Luxushotel, ein Kino und das Fitnessstudio, in dem auch ich trainiere und ihn oft treffe. Fast jeden

Abend taucht er in der muffigen Umkleidekabine auf, hängt sein Jackett in den blauen Blechspind, schreibt auf seinem alten Nokia-Handy meist noch eine SMS und schlüpft dann, für die zweite Trainingseinheit des Tages, in seine Laufsachen. Als ich einmal, halb so schnell wie er, auf dem Laufband neben ihm lief, sagte er mir: »Nicht schlecht. Wenn du fleißig weiter trainierst, wirst du bald eine passable Marathonzeit laufen.« Ich bin froh, dass er mich heute Morgen nicht beim Training in Bekoji gesehen hat. Er hätte dann wohl sein eigenes Urteil revidieren müssen.

Nachdem Coach das Morgentraining beendet hat, laden Senait und ich ihn in ein unscheinbares Hotel ein. Kenenisa Bekele hat es in seiner Heimatstadt gebaut. »Er hat zwar dieses Hotel eröffnet, aber bei mir hat er sich nie richtig bedankt. Genau wie die anderen, die ich entdeckt habe«, sagt Coach, während wir mit den Fingern zusammen aus einer Schale Rührei essen. Es klingt nicht verbittert, nur ein bisschen enttäuscht. Coach, der im Monat 1968 Birr, umgerechnet knapp achtzig Euro verdient, will keinen Anteil an den Millionen, die die von ihm entdeckten Talente in den letzten zwanzig Jahren mit Startgeldern, Siegprämien und Sponsorenverträgen gescheffelt haben. Er will einfach nur ein bisschen Anerkennung. Und ein kleines, geländegängiges Motorrad. Coach war selber nie ein großer Läufer. Vor sechsunddreißig Jahren verletzte er sich beim Fußballspielen das rechte Knie, wenn man genau hinsieht, sieht man noch heute, dass er seitdem leicht humpelt. Mit seinen teilweise über vierzig Jahre jüngeren Schützlingen kann er jedenfalls schon lange nicht mehr mithalten. »Wenn ich ein Motorrad hätte, könnte ich sie bei längeren Läufen begleiten, aber von meinem Einkommen werde ich mir das nie leisten können«, sagt Coach. Doch eigentlich will er überhaupt nicht jammern, eigentlich will er viel lieber von all den vielversprechenden Talenten Bekojis erzählen.

Ich frage ihn, wie es kommt, dass so viele gute Läufer aus seiner Heimatstadt kommen. »Die gute Luft, die vielen Vorbilder und die gute Gerste, die hier wächst, machen unsere Läufer stark«, sagt Coach. Doch gute Luft, Vorbilder und Gerste gibt es auch anderswo in Äthiopien, Coach gibt es nur in Bekoji. Aber seine eigene Rolle redet der Talentscout und Trainer gerne klein. »Ich kann nur motivieren, laufen müssen die Athleten selbst«, sagt der Lauflehrer. Dibabe, die mir heute morgen nach dem Training erzählt hat, dass sie hoffe, dass Gott und Coach sie nie im Stich ließen, sieht das anders. »Coach ist wie unser Vater. Wir können mit allen Problemen zu ihm kommen. Er liebt den Sport, und er liebt uns wie seine eigenen Kinder. Ohne ihn wäre Bekoji nicht das geworden, was es ist.«

Kapitel

30

Das böse Baby

Von Bekoji nach Jinka sind es 525 Kilometer. Wenn Dibabe normal trainiert, läuft sie die Distanz in einem Monat. Wenn man mit dem Auto fährt, kann man die Strecke an einem Tag schaffen. Auf der Straße, die erst durch eine von Schirmakazien beschattete Savanne, durch die kleine Staubtornados tanzen, dann durch das saftige Grün von Bananenplantagen führt, sind mehr Rinder als Autos unterwegs. Nur ein alter Toyota Corolla will auf der von unzähligen Schlaglöchern übersäten und kurvigen Straße nicht aus dem Rückspiegel verschwinden. Viel zu dicht fährt er auf, manchmal setzt er zu halsbrecherischen Überholmanövern an, die er dann wegen des entgegenkommenden Verkehrs oder weil er die Kraft seines mindestens zwanzig Jahre alten Motors überschätzt hat, abbrechen muss.

Bevor die Straße sich in einer Senke unvermittelt in eine holprige Piste verwandelt, bremse ich. Im Rückspiegel sehe ich, dass der Fahrer des Corollas dies offensichtlich nicht tut. Schnell verringert sich der Abstand zwischen unserer hinteren und seiner vorderen Stoßstange. Als der Fahrer schließlich mit einem schaurigem Geräusch, das von Bremsscheiben zeugt, die ihre besten Zeiten seit vielen Tausend Kilometern hinter sich haben, in die Eisen geht, ist es viel zu spät. Um einen Zusammenstoß zu vermeiden, reiße ich das Lenkrad nach links, fahre in den Graben neben der Straße. Im selben Augenblick schießt der Corolla rechts an uns vorbei. Er donnert in das erste große Schlagloch, hebt ab, setzt auf der Böschung rechts der Straße wieder auf und bleibt wenige Zentimeter vor einem dicken Baum stehen.

Mit zittrigen Knien steige ich aus. Wie geht noch mal Erste Hilfe? Der letzte Kurs, den ich gemacht habe, liegt Jahre zurück. Aber jetzt muss ich wohl ran. Einen funktionierenden Notruf gibt es in Äthiopien nicht. Auf einen Krankenwagen muss man manchmal Stunden warten. Schon kleinere Verletzungen können so fatale Folgen haben. In kaum einem Land gibt es deshalb so viele Unfalltote wie in Äthiopien, ein Freund von mir ist einer von ihnen. An ihn muss ich denken, als ich zum Corolla laufe. Da öffnen sich die Türen des Autos, und Fahrer und Beifahrer steigen offensichtlich völlig unverletzt aus. »Sorry, sometimes it happens«, sagt der Fahrer. Eben war ich noch besorgt, jetzt bin ich erleichtert und wütend zugleich. »Nein, das passiert nicht einfach manchmal so! Du bist die ganze Zeit viel zu dicht aufgefahren. Du bist viel zu schnell gefahren und hast nicht aufgepasst«, antworte ich stinksauer. »Wir *müssen* schnell fahren! Wir transportieren Baumaterialen«, sagt der Fahrer und zeigt in sein Auto, das mit Schläuchen und Rohren vollgestopft ist. Er weiß genau, dass er Mist gebaut hat und nur durch viel Glück niemand verletzt worden ist. Aber ich glaube, er hält seine Begründung tatsächlich für hieb- und stichfest. Wer Baumaterialien transportiert, darf, ja, *muss* rasen. Doch noch mehr als die Baumaterialien regt mich »sometimes it happens« auf. Unfälle werden demnach nicht durch unverantwortliches Fahren verursacht, Unfälle *passieren*. Einfach so. Ein unabwendbares Schicksal, höchstens der allmächtige Gott kann sie verhindern oder, wie heute, Schutzengel schicken. Fatalismus statt Verkehrssicherheit. Ohne dass noch mal etwas passiert, erreichen wir Jinka, die Hauptstadt des Omo-Tals.

Der siebenhundertsechzig Kilometer lange, erst 1896 kartierte Omo-Fluss entspringt in Nek'emte, dreihundert Kilometer westlich von Addis in zweitausendvierhundert Metern Höhe. Durch tosende Stromschnellen und über donnernde Wasserfälle fließt er gen Süden, gen Kenia. Bevor er wenige Kilometer vor der Grenze auf 375 Metern Höhe in den Turkana-See mündet, wird aus dem in seiner Jugend ungestümen Fluss, ein breiter, brauner, träge dahinfließender Strom. Im schlammigen Wasser des Unterlaufs leben Nilpferde, die sich farblich kaum vom Wasser abheben, an den sandigen Stränden liegen Krokodile mit weit aufgesperrtem Maul faul in der Sonne. Wenn Vögel ihnen die Zähne reinigen, sind die Tiere meist satt und lahm. Doch wenn nur ihre wachen Augen aus dem Wasser des Omo lugen, sind sie oft hungrig und angriffslustig. Die Menschen an den Ufern wissen das. Doch manchmal siegt die brütende Hitze über die kühle Vernunft. Wenn die Temperaturen mittags teilweise auf über vierzig Grad steigen, wird die Anziehungskraft des so friedlich wirkenden Flusses manchmal unwiderstehlich. Kurz, nur ganz kurz soll die Abkühlung sein. Es wird schon gut gehen. Nicht immer geht es gut! Von zwei, drei lautlosen Schlägen des gepanzerten Schwanzes angetrieben, schießt das Krokodil dann wie ein Torpedo auf den Abkühlung Suchenden zu, rammt seine Zähne in das Fleisch und zieht mit einer Kraft, der nichts entgegenzusetzen ist, die Beute in die Tiefe. Erst wenn nichts mehr zappelt und um sich schlägt, lockert der Biss sich. In jedem Dorf am Omo erzählen die

Menschen solche Geschichten, in jedem Dorf am Omo gehen sie irgendwann doch wieder ins Wasser.

Doch der Unterlauf des Omo ist nicht nur für seine Tiere, sondern hauptsächlich für seine Menschen bekannt. Nirgendwo auf der Welt leben so viele verschiedene Völker mit so unterschiedlichen Kulturen auf so engem Raum zusammen. Zweihundertzwanzigtausend Menschen, sechzehn Ethnien. Jäger und Sammler, Halbnomaden und sesshafte Bauern. Viele von ihnen leben noch fast wie vor Tausenden von Jahren. Auch mit Blick auf das Omo-Tal bezeichnete der italienische Historiker Carlo Conti Rossini Äthiopien 1937 als ein »Museum der Völker«. Auch mehr als fünfundsiebzig Jahre später ist die abgeschiedene Region immer noch ein riesiges Freiluftlabor für Ethnologen aus aller Welt. 1980 erklärte die UNESCO das untere Omo-Tal zum Weltkulturerbe, doch das Erbe ist in Gefahr. Ein riesiger Damm, ein 1870-Megawatt-Wasserkraftwerk und Plantagen ausländischer Investoren könnten das traditionelle Leben am Fluss schon bald für immer ändern, die kulturelle Vielfalt an den Ufern auslöschen. Doch noch kommen Touristen aus aller Welt ins »Museum der Völker«. Allerdings erleben viele den Trip nicht als einen lehrreichen Besuch im Museum, sondern als eine teilweise verstörende Menschensafari.

Die Mursi sind auf dieser Safari die größte Attraktion, sie sind der Inbegriff dessen, was sich viele Reisende noch immer unter dem »exotischen, afrikanischen Eingeborenen« vorstellen. Um Fotos der Mursi mit zurück in ihre Zivilisation zu nehmen, sind sie bereit viel Geld zu zahlen. Der Reisende als Voyeur. Viele Mursi machen bei diesem Geschäft, das sich für beide Seiten befremdlich und oft falsch anfühlt, mit. Sie verkaufen sich und zahlen einen hohen Preis für diesen Ausverkauf.

Die Grundlage für das unwürdige Geschäft sind die Lippen der Mursi-Frauen oder, besser gesagt, die *dhebi* genannten Lippenteller aus Ton. In der Pubertät durchtrennt eine Frau den Mädchen des Stammes mit einer scharfen Klinge die Haut unterhalb der Unterlippe. Mit einem Stöckchen wird die sich entzündende, oft eiternde Wunde offen gehalten. Sind die Narben verheilt, wird ein kleiner Teller, den die Mädchen oft selbst getöpfert haben, in den Schlitz zwischen Kinn und Lippe eingesetzt, dehnt so die Haut. Ist sie nach einigen Wochen nicht mehr zum Zerreißen gespannt, kommt ein größerer Teller, dann ein noch größerer, schließlich haben die Tonplatten einen Durchmesser von oft über fünfzehn Zentimetern. Nehmen die Frauen die Platte raus, schlabbert die vernarbte Unterlippe oft bis weit über das Kinn. Älteren Frauen wird der Hautwulst manchmal so lästig, dass sie ihn einfach abschneiden. Noch immer kursiert die Sage, dass die Mursi ihren Frauen auf so schmerzhafte Weise die Lippen dehnen, um sie für andere Männer möglichst unattraktiv zu machen, sie so vor Raub und Entführung schützen wollen. Das ist ausgemachter Blödsinn. Das Gegenteil ist der Fall. Bei den Mursi ist der möglichst große Lippenteller ein Schönheitsideal – und mittlerweile eine wichtige Einnahmequelle.

In der Trockenzeit spucken fast täglich Geländewagen weiße Touristen in den von oftmals windigen Reiseveranstaltern als »authentische Mursi-Dörfer« auserkorenen Hüttensiedlungen aus. Dabei sind gerade diese Dörfer oft nicht mehr besonders authentisch, sondern nur am einfachsten zu erreichen. Sofort umringen mit weißem Kalk bemalte Männer und barbusige Frauen und Mädchen, die sich noch schnell den Lippenteller einsetzen, die mit Kameras behängten Besucher. »Photo, photo! Picture, picture! Me, me!« schallt es den Touristen dann im Chor entgegen. Für jede Aufnahme werden fünf bis zehn Birr fällig, umgerechnet zwanzig bis vierzig Cent. Jeder Klick ein Schein. Münzen wollen die Mursi nicht. Wird der Obolus nicht entrichtet, wird es sehr schnell sehr ungemütlich. Bevor es dunkel wird, düsen die Touristen mit den vollen Speicherkarten ihrer Digitalkameras in ihren klimatisierten Geländewagen wieder ab. Denn abends haben die meisten Mursi keine Lust mehr zu posieren. Ein Teil des Geldes, das die Tellerlippenfotos eingebracht haben, wird dann ohne Tonteller im Mund versoffen. Doch den größten Teil dessen, was die Touristen für die Fotosafari zahlen, streichen die amharischen Reiseveranstalter in Addis ein. Bei den Mursi kommt davon meist nichts an.

Auch wenn sich als Fotomotiv schneller und leichter Geld verdienen lässt, arbeiten die meisten Mursi immer noch als Bauern. Nachdem der in der Regenzeit angeschwollene Omo die Ufer mit fruchtbarem Schlick überschwemmt hat, bauen sie dort unter anderem Sorghum und Mais an. Regnet es nicht, bleiben die Überschwemmung und die Ernte aus, doch die Mursi haben noch ihre Rinder, die ihnen Milch, Blut und Fleisch liefern. Das Leben am Fluss war stets hart, aber lange ausschließlich von den Gesetzen der Natur und den Mursi selbst bestimmt. Doch jetzt führen bessere Straßen und Pisten zu den Menschen mit den Tellerlippen. Auf ihnen kommen Händler, die den einst so abgeschieden lebenden Männern harten Alkohol verkaufen, und Touristen, die den fotogenen Frauen Birr-Scheine in die Hände drücken. Die Regierung im fernen Addis Abeba will die Mursi einerseits als Touristenattraktion vermarkten, sie andererseits teilweise umsiedeln: um sie mit den oft ungewollten Vorzügen der Zivilisation zu beglücken und um freie Flächen für Devisen bringende Plantagen zu schaffen. Das über Jahrhunderte gewachsene soziale Gefüge ist so aus den Angeln geraten. Alkoholismus ist in den entlegenen Dörfern ein riesiges Problem. Viele Mursi versuchen den schleichenden Verlust ihrer Identität, ihrer Traditionen und ihres Stolzes mit Schnaps zu vergessen.

Ariyo Dore kämpft dafür, dass die alten Traditionen der Mursi und der fünfzehn anderen Ethnien im Omo-Tal nicht verschwinden oder nur noch als Show für Touristen weiterleben. Auf seinem kräftigen linken Oberarm prangt eine wulstige Narbe. Ariyo hat sie sich zugezogen, als er sich mit seinen Altersgenossen im *urodama,* dem traditionellen Stockkampf der Kara, gemessen hat. Er hofft, dass auch noch seine Söhne so ihre Tapferkeit unter Beweis stellen werden. Doch einen Brauch will der Dreiunddreißigjährige gerne aussterben sehen, damit nicht noch mehr Kinder seines Stammes sterben müssen. Die *mingi*-Tradition, die Tradition der bösen Babys! Tausende Kinder sind ihr im Omo-Tal schon zum Opfer gefallen, und jedes Jahr kommen Hunderte hinzu. Schätzt Ariyo. Genaue Zahlen gibt es nicht. Im fernen Addis Abeba hat die um ein modernes Image bemühte Regierung die archaischen Kindstötungen lange totgeschwiegen. Im Omo-Tal hat ein Kartell des Schweigens die grausamen Verbrechen lange gedeckt. Die Dunkelziffer ist entsprechend hoch.

»Diese Kinder hätten alle sterben sollen«, erzählt Ariyo mir und zeigt auf zwölf Jungen und Mädchen, die hinter der hohen Mauer des Waisenhauses der Hilfsorganisation Omo Child in Jinka auf ihren Plastiktöpfchen sitzen. Morgentoilette. Die Babys und Kleinkinder wurden von ihren Eltern verstoßen oder zum Sterben in der Wildnis ausgesetzt. Sie alle sind *mingi*-Kinder, sie alle wurden von Ariyo und seinen Kollegen gerettet. Wenn ein uneheliches Kind oder Zwillinge geboren werden, wenn die Eltern vor dem Akt der Zeugung nicht bestimmte Rituale vollzogen oder wenn bei einem Kind die Milchzähne zunächst aus dem Zahnfleisch des Oberkiefers anstatt des Unterkiefers brechen, so ist es verflucht, unrein und voller Sünde und muss sterben. Sonst bringt es Krankheit, Tod und Elend über seine Familie, sein Dorf und seinen Stamm. So die grausame Tradition der Kara, Bena und Hamer. Die Tötungen sind keine altertümliche Form der Geburtenkontrolle, sie sollen das Gegenteil, das Wachsen des eigenen Volkes bewirken. Denn im Glauben der Kara, Bena und Hamer kann nur der Tod der verfluchten Kinder, das (Über-)Leben der Gemeinschaft ermöglichen.

»Als ich noch ganz jung war, hörte ich in der Hütte unserer Nachbarn ein Baby schreien. Dann war es plötzlich ganz still.

Nur die Mutter schrie hysterisch«, erzählt Ariyo mir. Der kleine Junge fragte seine Mutter, warum zunächst das Baby, dann die Mutter geschrien hat. »Es war ein *mingi*-Baby. Sie haben es getötet, damit es nicht uns tötet«, sagte seine Mutter gleichmütig. Ariyo, der heute eine enge, grüne Jeans, ein gefälschtes, blaues Ralph-Lauren-T-Shirt und Turnschuhe trägt, wuchs in Dus, einem Kara-Dorf am Ufer des Omos, auf. Damals war er nackt, bemalte sich zu besonderen Anlässen mit Mineralien und Lehm. Die Muster waren dem Fell des Leoparden, den Streifen des Zebras und den Federn des Perlhuhns nachempfunden. Ariyo ging mit Speer und Pfeil und Bogen barfuß im Busch auf die Jagd nach Dikdik-Zwergantilopen. In seinem Dorf gab es kein Radio, kein Fernsehen, kein Hinterfragen uralter Tradition. Ariyo nahm das, was seine Mutter ihm über das plötzliche Verstummen des Babygeschreis erzählte, einfach hin. Wie jeder Kara-Junge hatte er großen Respekt vor den Alten.

Als er zwölf Jahre alt war, passierte etwas, das Ariyos Leben für immer verändern sollte. Eine schwedische Missionarin kam in sein Dorf. Das erste Mal in seinem Leben sah Ariyo einen weißen Menschen. Die Fremde bat die Ältesten, zumindest einige ihrer Kinder in die Schule zu schicken. Viele Missionare hatten sich schon im Omo-Tal versucht, die meisten waren gescheitert. Manche waren von denjenigen, die sie zum rechten Glauben bekehren wollten, getötet worden, andere von den Malariamücken, wiederum andere mussten einsehen, dass sie gegen die uralten Traditionen der »Ungläubigen« keine Chance hatten. Doch diesmal gewannen die Argumente der Schwedin mit der Bibel. Ariyos alleinerziehende Mutter Buno ließ ihren ältesten Sohn zur Schule gehen. Die Missionarin steckte Ariyo in Hemd und Hose, zog ihm Schuhe an und brachte ihm Lesen und Schreiben bei. Und sie las ihm aus der Bibel vor. Dort hieß es: »Du sollst nicht töten.« Doch genau das taten die Menschen in Ariyos Dorf! Wer hatte recht? Die Bibel oder die Alten? Und wenn beide recht hatten? Welches Recht wog schwerer: das der Bibel der Missionare oder das der Traditionen der Kara? Wenn Ariyo in den Schulferien in sein Dorf zurückkehrte, zog er die Stadtkleider aus, war fast wieder einer der Seinen. Fast. Denn Ariyo stellte Fragen, doch er bekam keine Antworten. So lernte er, in zwei Welten mit zwei unterschiedlichen Wertesystemen zu leben. Doch je länger Ariyo zur Schule und später zur pädagogischen Hochschule ging, um Lehrer zu werden, desto mehr entfernte er sich von seinen Wurzeln.

Ich bin mit Ariyo von Jinka aus zu seinen Wurzeln im Dorf Dus zurückgekehrt. Als der Omo-Child-Geländewagen rund fünfzig Kilometer östlich von Jinka von der asphaltierten Straße auf eine staubige Piste gen Süden abbiegt, lassen wir die Welt der Autos, der westlichen Klamotten und Vorstellungen hinter uns. Plötzlich tragen die meisten Männer und Frauen am Straßenrand nicht mehr Hose und T-Shirt, sondern oft nur noch einen Lendenschurz oder einen Rock aus Ziegenfell. Statt Handys tragen sie winzige Hocker mit sich rum. Bei Pausen auf ihren oft stundenlangen Märschen zum nächsten Markt oder zum einzigen Krankenhaus weit und breit dienen die Schemel als Nackenstütze und sollen Ungeziefer davon abhalten, in ihre Gesichter zu krabbeln. Zudem schützen sie die kunstvollen, mit Lehm und Ziegenfett geformten Frisuren der Männer und Frauen, wenn sie in der Mittagshitze im Schatten einer Schirmakazie ein Schläfchen halten.

Die meisten Männer schleppen zudem eine schwere, oft mit Straußenfedern verzierte Kalaschnikow mit sich rum. Manche sollen sich für jeden getöteten Feind eine Kerbe in den hölzernen Schaft geritzt haben. So lange sie Rinder halten, haben die Völker im unteren Omo-Tal sich gegenseitig die Tiere streitig gemacht. Zunächst gingen sie dabei mit Speeren und Pfeil und Bogen aufeinander los, doch mit dem Ende des Kalten Krieges und des Zusammenbruchs des Regimes des kommunistischen Diktators

Mengistu Haile Mariam wurde das Omo-Tal mit Kalaschnikow-Sturmgewehren überschwemmt. Seit der Ankunft der Schnellfeuerwaffen fordern die brutalen Viehdiebstähle viel mehr Todesopfer. Es ist leichter, einen Mann aus mehreren Hundert Metern Entfernung zu erschießen, als seinem Gegenüber aus kurzer Distanz den Speer in den Leib zu rammen. Der Kampf ums Vieh wurde zu einem nur schwer aufzubrechenden Kreislauf von Überfall und Vergeltung, Mord und Rache.

»Als ich klein war, herrschte Krieg zwischen meinem Volk und dem Volk der Nyangatom. Zunächst ging es nur um Vieh, dann auch um Blutrache«, sagt Ariyo. Als er mit seinem ebenfalls zum Schulbesuch auserkorenen, besten Freund Lale mehrfach im Jahr zu Fuß den mehrtägigen Marsch von seinem Dorf bis zur Schule zurücklegte, mussten die beiden Jungs oft kilometerlange Umwege um das Gebiet der Nyangatom in Kauf nehmen. Und nicht nur feindliche Krieger, auch wilde Tiere, sengende Hitze und immer wieder versiegende Wasserstellen machten den Schulweg zur lebensgefährlichen Reise. Doch Ariyo und Lale waren Kinder des Busches. Sie wussten, welches Tier welche Fährte hinterlässt, welche Wurzel man essen, wo man Wasser finden und wie man Feuer machen kann, um sich nachts Löwen und Hyänen vom Hals zu halten. Das war vor mehr als zwanzig Jahren.

Jetzt sitzt Ariyo neben mir im klimatisierten Geländewagen. Ständig guckt er auf sein Handy, es macht ihn nervös, dass es hier keinen Empfang hat. Doch Ariyo hat nicht vergessen, was er als Junge gelernt hat. Der Jäger im Stadtmenschen ist immer noch wach. Ariyo entdeckt Dikdiks, wo ich nur Dornengestrüpp, meterhohe, sich wie Giraffenhälse aus der Ebene erhebende Termitentürme und Staub sehe. Er findet den rechten Weg, wenn sich die in keiner Karte eingezeichnete, sandige Piste, wieder einmal teilt und ich nur Busch sehe.

Doch plötzlich ist der Busch weg. Auf einer riesigen Fläche ragen nur noch ein paar verkohlte Stümpfe aus einer erloschenen

Ebene. Was das Feuer nicht schaffte, haben schwere Bulldozer platt gemacht. Ein türkischer Investor will dort, wo einst Dikdiks im Unterholz Schutz fanden, Baumwolle anbauen. Die Menschen, die das Land jahrhundertelang auf der Jagd durchstreiften, wurden nie gefragt. Irgendwann rückten einfach die Bulldozer an. Die Plantage soll später mit dem Wasser des nahen Omo bewässert werden. Welche Folgen dies für das ökologische Gleichgewicht an seinen Ufern haben wird, ist noch völlig unklar. Wir spüren die Folgen schon jetzt. In den Schlammlöchern gräbt sich der schwere Toyota Landcruiser mehrfach ein, nur dank des starken Motors, des Allradantriebs und der Künste des Fahrers Mitiku spuckt der Matsch uns irgendwann doch immer wieder aus. Zumindest jetzt. Doch mir graut schon vor der Rückfahrt. Wird Mitiku auch im Dunkeln immer den besten Weg durch den Morast finden, oder werden wir die Nacht in einem festgefahrenen Auto verbringen müssen, bis uns am nächsten Morgen vielleicht einer der Bulldozer rauszieht? Genug Wasser haben wir dabei, doch die Aussicht, die Nacht in einer schlammigen, abgebrannten Wildnis zu verbringen, finde ich wenig erbaulich.

Nach fünf Stunden Fahrt, auf der wir kaum einem anderen Wagen begegnet sind, erreichen wir Dus, Ariyos Dorf. Sofort umringen nackte Kinder, nur mit Ziegenlederröcken bekleidete und mit schweren Perlenketten behängte Frauen und muskulöse, Lendenschurz tragende Männer das Auto. Ariyo, Mitiku und ich, sind die Einzigen, die ein T-Shirt tragen. Es kommt nicht oft vor, dass ein Auto nach Dus kommt. Passiert es doch, wollen alle Dorfbewohner wissen, was es Neues aus der Stadt, aus Jinka, gibt. Doch Ariyo hat keine Zeit, alle Fragen zu beantworten, denn zunächst muss er sich den Fragen seiner Mutter stellen. Die immer noch starke Frau zieht ihren Sohn in ihre aus dürrem Reisig und knorrigen Stämmen erbaute Hütte, in der in einem verrußten Topf auf einem rauchenden Feuer irgendetwas köchelt. Hoffentlich muss ich es nicht probieren. »Ariyo, wann heiratest du endlich? Du bist schon so alt«, sagt Buno zu ihrem dreiunddreißigjährigen Sohn. Die kehlig klingende Sprache der Kara wird nur im unteren Omo-Tal gesprochen, die gleichen vorwurfsvollen Mütter-Fragen gibt es überall auf der Welt. Die Söhne-Antworten sind auch überall die gleichen. »Bald, Mutter, bald«, sagt Single Ariyo, um die immer wiederkehrende Diskussion abzukürzen. Er ist heute nicht gekommen, um sich mit seiner Mutter zu streiten, sondern um Arka zu besuchen. Die Frau, die nicht weiß, wie alt sie ist, und ihr viereinhalb Monate alter Sohn Daniel sollen ein Vorbild für alle Kara und Ariyos wichtigste Mitstreiter im Kampf gegen die *mingi*-Kindstötungen werden.

Wir treffen Arka im Schatten eines Baumes am Ufer des Omo. Sie gibt gerade Daniel die Brust. »Ich liebe ihn«, sagt die junge Mutter. Dabei wollte sie ihn vor ein paar Monaten noch dem Tod durch Verdursten aussetzen. Denn Daniel ist ein *mingi*-Baby. Seine Mutter und sein Vater haben sich, bevor sie ihn zeugten, nicht mit Lehm eingerieben und keine Kaffeezeremonie gefeiert. Doch das fordern die Alten, damit das Baby ohne Sünde geboren wird, und in den Kara-Siedlungen gibt es keine Türen, die man hinter sich schließen kann. Es gibt keine Geheimnisse, selbst das Privateste bleibt nicht privat. Zudem sind Daniels Eltern nicht verheiratet, Daniel ist in doppelter Hinsicht ein *mingi*-Baby. Dass er leben darf und seine stolze Mutter ihm den Kopf streichelt, während sie ihn stillt, verdankt das wohlgenährte Baby Ariyo und Omo Child. Jahrelang setzte Ariyo sich im Schatten des großen Supo-Baumes immer wieder mit den Ältesten seines Stammes zusammen. Er braute ihnen, wie es sich für einen Jüngeren geziemt, das traditionelle Hirsebier, erzählte und hörte zu.

Ariyo erzählte, was er bei den Missionaren gehört und gelernt hatte und dass es gegen die Gesetze seines neuen Glaubens verstoße, Babys und Kinder zu töten. Er hörte zu, wenn die Alten von *mingi*-Babys erzählten, die Dürre, Krankheit und Tod über ihren Stamm gebracht hätten, hätten die Hüter der alten Traditionen ihnen nicht Sand in den Mund gestopft, ihnen nicht die Schlinge um den Hals zugezogen, sie nicht in den Fluss geworfen oder sie im Busch ausgesetzt.

Nach vielen Treffen boten Ariyo und Omo Child den Ältesten einen Deal an. »Lasst uns eure *mingi*-Kinder nehmen. Wir fürchten uns nicht vor ihnen. Und wenn sie nicht mehr bei euch sind, können sie bei euch auch kein Unheil anrichten.« Lange berieten die Alten über Ariyos Vorschlag, dann stimmten sie zu.

Arka, die jetzt ihren Sohn Daniel stillt, war eine der ersten, die nach dem historischen Beschluss der Ältesten ein Mädchen zur Welt brachte. Das war vor knapp zwei Jahren. Sie wusste, dass sie das Baby nicht mehr töten musste, doch mit ihrem unreinen Kind wollte sie dennoch nichts zu tun haben. Zu groß war ihre Angst vor dem Unheil, das ihre *mingi*-Tochter anrichten könnte. Doch Ariyo hatte in Dus, wie in allen Kara-Dörfern, einen Vertrauensmann, der alle schwangeren Frauen beobachtete. Sobald Arka nur mit Hilfe ihrer Mutter außerhalb des Dorfes unter einem Baum ihr erstes Kind zur Welt gebracht hatte, nahm Seme, einer von Ariyos Vertrauten, das Baby an sich und verständigte Omo Child. Sofort machten die Retter sich auf den Weg, doch die Fahrt dauerte über fünf Stunden. »Arka wollte ihre Tochter nicht stillen. Da habe ich Milch in den Mund genommen und sie dem Baby von Mund zu Mund eingeflößt bis die Omo-Child-Leute mit Babymilchpulver kamen«, sagt Seme. Weil er sich selbst nicht immer an die Rituale vor dem Sex hielt, lebt auch eines seiner vier Kinder mit Arkas Tochter im Waisenheim Jinka. Seme besucht es so oft er kann, Arka hat ihre Tochter nach der Geburt nie wieder gesehen.

Als die Alten sahen, dass weder Dürren die Ernte vernichteten, noch Krankheiten ihr Volk dahinrafften, obwohl die *mingi*-Babys nicht getötet wurden, sondern wohlbehütet im Waisenheim in Jinka aufwuchsen, setzte Ariyo sich wieder mit ihnen unter den Schatten spendenden Baum. Nach stundenlangem Palaver erzielte er dort im letzten Jahr schließlich seinen bislang größten Erfolg. Als erste von drei Ethnien verboten die Kara die Tötung von *mingi*-Kindern! »Nicht alle waren für den Bruch mit der alten Tradition. Wenn eine Viehseuche oder eine schlimme Krankheit mein Volk heimsucht, werden einige sagen: ›Das kommt davon, dass wir die *mingi*-Babys nicht getötet haben‹«, erklärt Ariyo mir. Und die nächste Viehseuche, die nächste schlechte Ernte, die nächste Krankheit werden kommen. Es ist nur eine Frage der Zeit. Damit dann nicht wieder unschuldige Kinder und Babys sterben, fährt Ariyo so wie heute regelmäßig in die Kara-Dörfer, bestärkt seine Leute darin, dass sie die richtige Entscheidung getroffen haben.

Was auch immer die Alten beschließen werden, Arka wird sich daran halten. »Ich bin froh, dass sie das Gesetz geändert haben, aber hätten sie gesagt, dass ich Daniel aussetzen müsse, hätte ich ihn ausgesetzt. Hätten sie gesagt, dass ich ihn töten müsse, hätte ich ihn getötet«, sagt die Mutter und streicht ihrem Sohn zärtlich die Schweißtropfen von der Stirn. Sie sagt es ohne Unrechtsbewusstsein. Das Kollektiv zählt in der extrem konservativen Gesellschaft der Kara mehr als das Individuum, das Wohlergehen der Gemeinschaft mehr als die Mutterliebe.

Ariyos Volk hat kaum Zugang zu Verhütungsmitteln und modernen Krankenhäusern. Abtreibungen werden meist vorgenommen, indem eine Frau in die Schwangere greift und den Kopf des ungeborenen Kindes zertrümmert. Oft sterben dabei nicht nur die Babys, sondern auch die Mütter. Kara-Männer dürfen erst heiraten, nachdem sie in einer feierlichen Zeremonie mit den anderen Jünglingen des Dorfes nackt über die Rücken von bis zu zwanzig nebeneinander aufgereihten Bullen balanciert sind, sie der Familie der Braut viele Rinder als Mitgift geboten haben und alle ihre älteren Brüder verheiratet sind. Uneheliche Kinder wird es so immer wieder geben. Weil er den Brautpreis an ihre Eltern nicht zahlen kann, ist Arkas Freund noch nicht über die Rinder gelaufen, wahrscheinlich wird seine Freundin ein weiteres Kind bekommen, bevor die beiden endlich heiraten können. Doch wenn die Alten das Gesetz nicht wieder ändern, werden die unehelichen Kinder mit ihren Eltern aufwachsen dürfen.

Am Nachmittag drängt Mitiku zur Rückkehr. Am Horizont sind hohe Gewitterwolken aufgezogen. Der Fahrer weiß, dass die Schlammkuhlen, die uns schon auf der Hinfahrt zu schaffen gemacht haben, nach einem heftigen Schauer wahrscheinlich unpassierbar werden. Wir verabschieden uns von Arka und Daniel, dann gibt Mitiku Gas. Es wird ein Wettlauf gegen das aufziehende Unwetter. Ich bin eigentlich ein guter Beifahrer, aber auf der Rückfahrt treibt mir nicht nur die noch immer brütende Hitze den Schweiß auf die Stirn, es ist vor allem Mitikus rasanter Fahrstil. Addis, ein junger Kara-Mann, der mit uns nach Jinka will, setzt das Tempo noch mehr zu. Regelmäßig müssen wir anhalten, weil er sich übergeben muss, Mitiku wartet dann ungeduldig mit laufendem Motor. Ihm macht seine eigene Raserei nichts aus. Er fährt immer so schnell, wenn er und seine Kollegen gerufen werden, um ein ausgesetztes Kind zu retten.

Ist er schnell genug, kann der Fluch, der zunächst auf den Babys liegt, sich in einen Segen wandeln. Von liebevollen Pflegerinnen umsorgt, wachsen die *mingi*-Babys dann in einem sauberen Haus auf, werden zum Arzt gebracht, wenn sie krank sind, gefüttert, wenn sie hungrig sind, und zur Schule geschickt, wenn sie alt genug sind. Momentan kümmert Omo Child sich in Jinka um achtundzwanzig Jungen und acht Mädchen. Ein weiteres Mädchen lebt mit einer Betreuerin in Addis Abeba. Es wurde bereits im Mutterleib mit dem HI-Virus infiziert, braucht medizinische Versorgung, die nur in der Hauptstadt gewährleistet werden kann. Das älteste Omo-Child-Kind ist gerade mal zehn Jahre alt. Doch was passiert, wenn sie älter werden und beginnen, Fragen zu stellen? Nach ihren Eltern? Nach ihrer Herkunft? »Es wird wahnsinnig schwer werden, ihnen zu sagen, dass ihre Eltern sie nicht wollten, weil sie Angst vor ihnen hatten. Aber irgendwann werden wir das tun müssen, doch noch sind die Kinder zu jung«, sagt Ariyo, der sich vor dem Tag der Wahrheit fürchtet. Wenn sie alt genug sind, sollen seine Schützlinge als lebender Beweis, dass sie nicht Tod und Verderben über ihr Volk gebracht haben, mit Ariyo gegen die rituellen Kindstötungen kämpfen. In spätestens zwanzig Jahren, da ist Ariyo sich sicher, wird dieser Kampf so gewonnen sein.

Es ist Nacht, als wir wieder in Jinka ankommen. Das heftige Gewitter hat uns auf halbem Weg erwischt. Wir hatten Glück, hatten gerade wieder die bessere, auch nach heftigen Regenfällen befahrbare Piste unter den grobstolligen Reifen.

Von Jinka nach Addis sind es sechshundert Kilometer. Als unsere Reise dort zu Ende geht, hat sich mein einst grünes Auto nach Tausenden Kilometern auf Straßen und Pisten farblich der Landschaft angepasst. Den Staub wird unser Hauswächter, der schmutzige Autos nicht ausstehen kann, am nächsten Morgen abwaschen, meine Erinnerungen nicht.

Nachwort

»Wer nicht reist, der wird immer glauben, dass seine Mutter die beste Köchin ist«, lautet ein afrikanisches Sprichwort. Mir hat es zu Hause immer gut geschmeckt, aber ich wollte auch immer schon wissen, was in anderen Töpfen brutzelt. Viele Äthiopier haben mich auf meinen Reisen ihr Essen kosten lassen. Im wahrsten Sinne des Wortes und im übertragenen Sinn. Meistens hat es mir gut geschmeckt.

»Die Straße sagt dem Reisenden nicht, was vor ihm liegt«, heißt ein anderes afrikanisches Sprichwort. Ich habe mich in Äthiopien treiben lassen. Nicht selten haben die Tramper, die wir mitgenommen haben, den Verlauf unserer Reise und meinen Blick auf das Land und die Menschen bestimmt. Mehr oder weniger zufällig landeten so Namen und Geschichten in meinem Notizblock. Momentaufnahmen. Nach drei Jahren in Äthiopien, Hunderten Gesprächen und Tausenden von Kilometern habe ich versucht, diese Momentaufnahmen zu einem Mosaik zusammenzusetzen, und musste feststellen, dass mir immer noch viel zu viele Steinchen fehlen, um ein halbwegs vollständiges Bild von diesem großen und widersprüchlichen Land zu gewinnen. In Äthiopien bin ich teilweise immer noch blind. Ich glaube, dass ich es auch noch nach vielen weiteren Jahren im Land sein werde. Doch gerade das macht den Reiz dieses geheimnisvollen Landes für mich aus. Zugleich fällt es mir deshalb so schwer, mir ein Urteil zu bilden, das meiner momentanen Heimat gerecht wird.

Vieles, was ich gesehen, gehört, gerochen und gefühlt habe, hat mich gefreut, mich erstaunt und hoffnungsvoll gemacht. Dennoch bemühe ich mich, das Land nicht naiv zu idealisieren und in kitschige Afrika-Gefühlsduselei zu verfallen. Manches, was ich gesehen, gehört, gerochen und gefühlt habe, hat mich traurig oder sogar wütend gemacht. Ich habe es nicht verdrängt, aber ich bemühe mich, Äthiopien nicht als hoffnungslos und auf ewig rückständig abzustempeln. Ich habe bedingungslose Gastfreundschaft erlebt und bin auf großes Misstrauen gestoßen. Selbst wenn ich die vielen Sprachen Äthiopiens perfekt spräche, wären mir ohne Senait und Solomon viele Türen verschlossen geblieben. Die Skepsis gegenüber Fremden ist nach wie vor groß. In Äthiopien, einem Land mit mehr als neunzig Millionen Einwohnern, ist man fast nie allein. Doch als *ferenji,* der auch nach Jahren nicht richtig dazugehört, der vieles nicht versteht und von vielen nicht verstanden wird, ist man dennoch manchmal einsam.

Ich habe viele Äthiopier gefragt, wie ich ihr Land in meinem Buch darstellen solle. Die meisten haben gesagt: »Schreibe nur das Gute und Schöne auf, verschweige das Schlechte und Hässliche.« Die Augen vor der Wirklichkeit zu verschließen, ist in Äthiopien ein weitverbreitetes Phänomen, Kritikfähigkeit in einer sehr harmoniebedürftigen und konfliktscheuen Gesellschaft ein seltenes Gut. Gespräche dienen oft ausschließlich dazu, Konsens herzustellen, nicht dem Austausch von Informationen oder gar von unterschiedlichen Standpunkten. Zu Beginn einer Unterhaltung werden zunächst meist ritualisierte, oft phrasenhafte Erkundigungen nach dem werten Befinden ausgetauscht. Komischerweise geht es immer allen gut. Zumindest wenn man den Antworten Glauben schenken darf. Die Realität dürfte häufig anders aussehen.

Kritik wird fast nie offen ausgesprochen. Passiert es doch einmal, fühlt das Gegenüber sich meist persönlich angegriffen und reagiert in der Regel mit a) dem Bestreiten jeglicher Kritik, b) Beleidigtsein oder c) einer völlig überzogenen Gegenoffensive. Eine fruchtbare Diskussionskultur hat sich in dem Land, das von feudalen Monarchen, von einem kommunistischen Diktator, einem autokratischen Premierminister und jetzt von einer übermächtigen Partei, die kaum Presse- und Meinungsfreiheit duldet, (noch) nicht gebildet. Vor allem Amts- und Respektspersonen würden die meisten Äthiopier im Hierarchie gläubigen Land niemals kritisieren. Ich habe damit oft meine Probleme. Ich bin ein direkter Mensch, und es ist mir egal, ob jemand eine Uniform trägt oder das Parteibuch besitzt. Mich und meine Reisebegleiter habe ich dadurch manchmal in unangenehme Situationen gebracht, aus denen Senait und Solomon uns jedoch stets wieder rausmanövrieren konnten. Die beiden sind anders als die meisten Äthiopier. Sie sagten mir: »Schreibe auf, was wir erlebt haben. Das Gute und das Schlechte. Die Leute sollen erfahren wie Äthiopien *ist* und nicht wie es *sein sollte*.«

Das Äthiopien, das ich erlebt habe, befindet sich einerseits in rasantem Aufbruch, andererseits ist es in Stillstand erstarrt. In der Hauptstadt entsteht ein Blendwerk des Fortschritts nach dem anderen; doch im Vergleich zu den schwindelerregenden Veränderungen in Addis, scheint das Leben in mancher abgelegenen Klause sogar rückwärts zu gehen. In Zeiten des Umbruchs gibt die Besinnung auf uralte Bräuche, Riten und Vorstellungen vielen Äthiopiern Sicherheit. Zumindest zeitweise. Doch nicht alle wollen sich darauf verlassen. Manche Äthiopier versuchen atem- und rastlos den Modernisierungswettlauf mitzurennen, manche stehen am Wegesrand und schauen verwundert zu, manche wünschen sich, der Lauf hätte nie begonnen. Auf unserer Reise habe ich die Läufer, die Zuschauer und die Verweigerer getroffen, oft lebten sie nur wenige Kilometer voneinander entfernt und wussten nichts von den unterschiedlichen Welten, in denen sie zu Hause sind. Die Grenzen, die die Moderne von der Tradition trennen, sind in Äthiopien häufig unsichtbar, doch schwer zu überwinden.

Mit Senait, Solomon und Falk habe ich während unserer Tour viel über das Reisen gesprochen. Unsere afrikanische Reise war nicht gefährlich oder strapaziös wie die des Whiskey trinkenden Draufgängers und Schriftstellers Graham Greene, der 1935 zu Fuß durch den Busch Liberias zog und seine Recherchen für »Journey without Maps« (auf Deutsch erschienen als: »Der Weg nach Afrika«) mehrfach beinahe mit dem Leben bezahlte. Und sie war kein Trip in das von Joseph Conrad beschriebene afrikanische »Herz der Finsternis«, auf der Kapitän Marlow Zeuge von Grausamkeiten wurde, die ihn für immer veränderten. Doch auch für uns war die Reise eine Reise zu uns selbst, auf der wir viel gelernt haben.

Ich habe etwa fünfundzwanzig Staaten Afrikas und viele Länder auf allen anderen Kontinenten bereist. Außer in Deutschland war ich nirgendwo so lange wie in Äthiopien. Doch auch nach drei Jahren erscheint mir kaum ein anderes Land so fremd wie das ostafrikanische. Aber gerade das Fremde lässt mir bewusst werden, dass das, was uns trennt, kleiner ist, als das, was uns verbindet. Viele Reisende erzählen nach ihrer Rückkehr von dem, was in der Fremde anders ist. Die Menschen sehen anders aus, sie sprechen anders, sie glauben an etwas anderes, sie essen etwas anderes. In Äthiopien ist das nur schwer zu übersehen. Auch wenn viele Menschen, die ich getroffen habe, an die Kraft des heiligen Wassers glauben, fest davon überzeugt sind, dass wir nicht vom Affen, sondern von Eva und Adam abstammen, viele von ihnen Individualismus als etwas Gefährliches, den familiären und nationalen Zusammenhalt Gefährdendes ansehen und die meisten von ihnen ihr kärgliches Auskommen durch harte Arbeit auf dem Feld finden, ist das, was sie wollen, und das, was ich will, so unterschiedlich nicht.

Das klingt banal und lässt Raum für jede Menge Differenzen, aber letztlich haben wir weitestgehend die gleichen Bedürfnisse. Sie und ich wollen ein Leben ohne Not. Unsere Vorstellungen davon und Ansprüche daran, mögen unterschiedlich sein, der Wunsch ist der gleiche. Sie und ich wollen Partner, Freunde und Familie, die Geborgenheit geben. Dass ich mit vierunddreißig Jahren immer noch nicht verheiratet bin und noch keine Kinder habe, hat mir oft Mitleid eingebracht. Sie und ich wollen eine erfüllende Arbeit und verdiente Freizeit. Viele Menschen, mit denen ich gesprochen habe, machen eine gute Ernte und Zeit mit der Familie glücklich. Dass es mich glücklich macht, an Orte zu reisen, an denen ich noch nicht war, und über die Menschen zu schreiben, die dort leben, und dass ich auch ohne ständig von meiner Familie umgeben zu sein, froh sein kann, können viele von ihnen nicht verstehen. Sie und ich wollen an etwas glauben, das Hoffnung gibt. Sie glauben unter anderem an die Macht der Bundeslade. Mein Vertrauen in das göttliche Wirken ist weniger konkret und nicht so unerschütterlich, doch es ist da.

Ich bin auch nach meinen Reisen durch Äthiopien ein rational denkender Mensch. Ich glaube nach wie vor, dass es sinnvoller ist, antiretrovirale Medikamente zu nehmen, anstatt sich mit heiligem Wasser taufen zu lassen, wenn man HIV-positiv ist. Ich glaube nach wie vor, dass es besser ist, das Leben in die eigene Hand zu nehmen, anstatt sich schicksalsergeben darauf zu verlassen, dass Gott es schon richten wird. Aber ich habe auch gelernt, dass das eine das andere nicht ausschließt, es sich sogar positiv ergänzen kann.

Senait kannte die meisten Orte, die wir besucht haben, nicht. Dabei ist sie äußert reiselustig und unterscheidet sich dadurch von den meisten ihrer Landsleute: »Ein äthiopisches Sprichwort lautet: ›Einen Ort, den du nie gesehen hast, wirst du nie vermissen‹«, erzählte Senait mir, als wir gemeinsam unterwegs waren. Es sagt viel über das Beharrungsvermögen der Äthiopier aus. Dabei sind viele von ihnen ständig unterwegs. Sie laufen an den Rändern der Straßen, sie sitzen auf den Rücken ihrer Pferde und drängen sich in die aufgrund ihrer (selbst-)mörderischen Fahrweise oft Al-Qaida genannten Busse. Doch nur ganz selten ist der Weg das Ziel. Meist ist der Weg nur der Weg zum Ziel. Menschen sind unterwegs, weil sie ihre Ernte zum Markt bringen, weil sie zur Schule wollen, weil sie ins Krankenhaus in der weit entfernten nächsten Stadt müssen, weil sie Familie oder Freunde oder eine Pilgerstätte besuchen möchten, weil sie zu einer Hochzeit, einer Beerdigung oder zur Dorfversammlung im Schatten eines Baumes eilen.

Als Senait ihr Medizinstudium beendete, wünschte sie sich als Einzige von achtzig Absolventen Geld von ihren Eltern, um auf Reisen zu gehen. Ihre Freundinnen und Freunde wünschten sich Handys, Computer und andere Fetische der Moderne. Niemand konnte verstehen, warum Senait unbedingt nach Kenia, Ruanda und Uganda wollte. Auch Senaits Mutter nicht. »Reisen ist gefährlich und bringt nichts«, meint die Frau, die ihr Land nie verlassen hat, obwohl sie es sich hätte leisten können. »Manche meiner Freunde haben mir sogar vorgeworfen, dass ich unpatriotisch sei, weil ich ins Ausland reisen wollte«, erzählte Senait mir. Tatsächlich wird in traditionellen und modernen äthiopischen Liedern immer wieder besungen, dass es in Äthiopien so schön wie nirgendwo sonst auf der Welt ist. Oft schwingt in den Texten mit, dass die uralte Kultur Abessiniens der anderer Länder überlegen ist. Bis sie ins Ausland reiste, hat Senait viel von dem, was ständig aus dem Radio und dem Fernsehen schallt, geglaubt. »Die meisten Leute, die solche Texte schreiben, waren offensichtlich noch nie im Ausland«, schimpfte sie nach ihrer Rückkehr. Als sie ihren Freunden erzählte, dass Ruanda grüner, Kenia moderner und Uganda wohlhabender als Äthiopien sei, wollten viele ihrer Zuhörer das nicht wissen. Sie wollten nicht hören, dass die stolzen, relativ hellhäutigen und gegenüber Menschen mit dunklerer Hautfarbe oft rassistischen Äthiopier von ihren Nachbarn etwas lernen könnten. »Viele Äthiopier glauben, dass viele andere Afrikaner noch nackt im Busch leben«, sagt Senait. Tatsächlich haben Äthiopier mich oft vor den gefährlichen »Schwarzen« gewarnt, bevor ich in eines ihrer Nachbarländer aufbrach.

Solomons erste Auslandsreise fand unter Lebensgefahr, versteckt zwischen Reifen, statt. Für ihn war auch unser gemeinsamer Trip nicht ungefährlich. In der Nähe der eritreischen Grenze versteckte er sich, weil er Angst hatte, wieder in einem äthiopischen Knast zu landen. Mich hätte es nicht gewundert, wenn jemand wie Solomon nie wieder hätte reisen wollen. Doch als ich ihm von meiner geplanten Tour erzählte, wollte Solomon sofort mit. Als Flüchtling aus dem verhassten Eritrea ist sein Leben in Äthiopien nicht immer einfach. Offiziell darf Solomon nicht arbeiten, oft kann er nachts nicht schlafen, weil er nicht weiß, wie er für seine beiden kleinen Töchter und seine Frau sorgen soll. »Mir hat es gut getan, zu sehen, dass es in diesem Land Menschen gibt, denen es noch viel schlechter als mir selbst geht, und die dennoch Hoffnung und Freude haben«, sagte Solomon mir, als wir uns am Flughafen in Mekele verabschiedeten. Solomon war der frommste und gottesfürchtigste meiner Reisebegleiter. Die heiligen Klöster, Quellen und Kirchen zu besuchen, war für ihn das größte Erlebnis der Reise. »Es hat mich beeindruckt, Menschen kennenzulernen, die sich freiwillig entschieden haben, sich von der Welt abzuwenden, um sich ganz Gott zu widmen«, sagte Solomon.

Falk war von Äthiopien zunächst völlig überwältigt. »Am Anfang konnte ich mir gar nicht vorstellen, was ich in Bremen tun müsste, um so viel Aufregung und Abenteuer zu erleben wie in Addis bei nur einem einzigen Schritt vor die Haustür«, sagte er am Ende der Reise. Äthiopien ist kein Afrika-Anfänger-Land, und Falk war das erste Mal auf dem Kontinent. Ich spürte, dass Äthiopien für ihn eine echte Herausforderung und spannend, beängstigend und bedrückend zugleich war. Nie zuvor hatte er existenzielle Armut, wie sie in Äthiopien immer noch allerorten herrscht, gesehen. In den ersten Tagen wich er kaum von meiner Seite und führte mir vor Augen, wie sehr ich, gegen meinen Willen, schon abgestumpft war. Er sah Dinge, die ich manchmal bereits nicht mehr sehe. Einen Hirten, der seine Ziegen in Addis seelenruhig durch den Feierabendverkehr trieb, ein Kind ohne Schuhe, einen sein verkrüppeltes Bein zur Schau stellenden Bettler. Doch bereits nach wenigen Tagen hatte auch Falk einen Weg gefunden, mit dem Elend umzugehen. Schon am dritten Tag marschierte er allein durch Addis, kam in Gassen, in die sich wahrscheinlich noch nie ein *ferenji* verirrt hatte, kehrte in winzigen Cafés ein, um die Touristen normalerweise einen großen Bogen machen. Sobald er den Menschen nicht mehr mit Bestürzung und unterschwelliger Angst, sondern auf Augenhöhe mit Respekt, Interesse und viel Humor begegnete, war mein Freund mit dem Bauchansatz vor allem bei den neugierigen Kindern äußerst beliebt. Wenn er sagte: »My name ist Falk«, konnten sie kaum noch aufhören zu lachen und prusteten immer wieder. »My name is Fuck! My name is Fuck.« In Deutschland löst der Name keine Lachkrämpfe aus. »Nie werde ich das Gefühl von Freiheit in den Straßen vergessen, die kurzen Gespräche und Begegnungen, die meine grußlosen Spaziergänge in Bremen nun oft trist wirken lassen«, erzählte Falk mir, kurz nachdem er wieder in Deutschland gelandet war.

Ich habe auf der Reise viel über ein mir teilweise immer noch rätselhaftes Land gelernt, doch auch, wenn ich reisend lerne und viele Äthiopier zu Hause bleiben (müssen), wissen sie oft mehr über mein Leben in Europa als ich über ihres. Sie fragen mich, ob ich glaube, dass Greuther Fürth noch den Klassenerhalt schaffe (hat nicht geklappt). Sie fragen mich, ob ich es richtig fände, dass Werder Bremen, mein Lieblingsverein, den äthiopischstämmigen tschechischen Nationalspieler Gebre Selassie (nein, nicht den Läufer, den Rechtsverteidiger) verpflichtet habe. Oft wissen sie besser, auf welchem Platz Werder gerade steht. Doch sie wollen mit mir nicht nur über Fußball sprechen: Manchmal fragen sie mich, ob es stimme, dass es in Europa viele Rassisten gebe, und ob der Euro überleben werde. Was in Europa, Amerika und China passiert, erscheint auch auf den alten Röhrenfernsehern in strohgedeckten Hütten. Was in Äthiopien passiert, flimmert nur selten über Flachbildschirme in zentralgeheizten Wohnzimmern.

Viele *ferenji* entdecken in Afrika die Langsamkeit, oder entdecken sie wieder. »Ihr habt die Uhren, wir haben die Zeit«, wurde mir schon oft auf meinen Reisen gesagt. Ich habe die Langsamkeit nicht (wieder-)entdeckt. Ich schaue noch immer oft auf meine Armbanduhr. Oft bringt es nichts. Denn in Äthiopien sind es meist nicht Sekunden, Minuten oder Stunden, die den Tag, das Jahr und das Leben einteilen. Es sind Ereignisse: Tag und Nacht, Regen- und Trockenzeit, Arbeits- und Ruhephasen, Fasten- und Feiertage, Aussaat und Ernte, Krieg und Frieden, Geburt und Tod. Und trotzdem fällt die Geduld mir schwer. Oft habe ich in Äthiopien Menschen gesehen, die einfach nur dasaßen und auf nichts warteten. Mich macht das nervös, doch wer auf nichts wartet, der hat auch nicht das Gefühl, Zeit zu verlieren, etwas zu verpassen – und wird nicht nervös.

Nie zuvor habe ich so viel Zeit mit Warten verbracht wie in Äthiopien. Warten, dass der Strom nach dem Stromausfall wiederkehrt; warten, dass ich endlich am Kopf der Schlange ankomme; warten, dass sich jemand bequemt, sich seiner Aufgaben anzunehmen. Andere warten zu lassen, heißt, seine eigene Macht zu demonstrieren. Je wichtiger man ist, desto länger lässt man die anderen warten. Vor allem die Herren über die Stempel, ohne die in Äthiopien nichts geht, finden sich selbst meist sehr wichtig.

Ich hatte gehofft, dass Lij-Alem, der kleine Junge, den wir in Weldiya auf der Polizeistation kennenlernten, meine Verbindung nach Äthiopien bliebe, wenn ich irgendwann nicht mehr dort leben würde. Die Hoffnung wurde nicht erfüllt. Drei Tage nachdem ich mich von ihm verabschiedet hatte, erhielt ich einen Anruf vom Waisenheim. »Lij-Alem ist verschwunden. Wir haben ihn mit Hilfe der Polizei in der gesamten Stadt gesucht. Er ist weg.« Ich war so naiv, wollte naiv sein, hatte glauben wollen, dass ich Lij-Alem nur eine Chance bieten müsste, die er dankbar nutzen würde. Ich hatte mich getäuscht. Der Leiter der Einrichtung fragte mich, ob ich die Patenschaft für ein anderes Kind übernehmen möchte. Ich lehnte ab.

Zitate und Quellen

Alfred Brehm, »Brehms Tierleben: Die Säugethiere«, 1876 (S. 8)

Hyänen, Wikipedia, http://de.wikipedia.org/, 24.06.2013 (S. 9)

Ryszard Kapuscinski, »König der Könige, eine Parabel der Macht«, Piper-Verlag, 3. Auflage, Dezember 2010 (S. 12/13, S. 215)

Evelyn Waugh, »Befremdliche Völker, seltsame Sitten : Expeditionen eines englischen Gentleman«, Eichborn-Verlag, 2007 (S. 39)

James Bruce, »Zu den Quellen des Blauen Nils: Die Erforschung Äthiopiens 1768 – 1773«, Edition Erdmann, Stuttgart 2000 (S. 58)

Francisco Alvarez, »The Prester John of the Indies«, C. F. Beckingham, G. W. B. Huntingford, 2 Bände, Cambridge 1961 (S. 191)

Wer möchte helfen?

Ich habe auf meinen Reisen durch Äthiopien viel Leid und Elend gesehen – und viele engagierte Menschen und Organisationen, die helfen, etwas gegen die Not zu tun. Wer mit einer Spende dazu beitragen möchte, die Lebensbedingungen in Äthiopien zu verbessern, dem kann ich unter anderem diese Organisationen empfehlen:

TARGET
Die Menschenrechtsorganisation des Abenteurers Rüdiger Nehberg und seiner Frau Annette kämpft in Afrika mit Glaubensführern des Islam gegen weibliche Genitalverstümmelung. In Äthiopien betreibt TARGET in der Danakil ein mobiles Krankenhaus und baut derzeit eine Geburtshilfeklinik am Rand der Wüste.
Internet: www.target-human-rights.com
Spendenkonto:
TARGET e.V. Rüdiger Nehberg
Sparkasse Holstein
Konto: 50500, BLZ: 213 522 40

Deutsche Welthungerhilfe
Seit 1962 kämpft die konfessionell und politisch unabhängige Deutsche Welthungerhilfe nach dem Prinzip Hilfe zur Selbsthilfe gegen Hunger und Armut in der ganzen Welt. In Äthiopien engagiert die Hilfsorganisation sich hauptsächlich in den Bereichen Nothilfe, Ernährungssicherung, ländliche Entwicklung, Wasser- und Sanitärversorgung. Ich habe mit eigenen Augen gesehen, dass die Projekte Äthiopien helfen, sich aus der Armut zu befreien.
Internet: www.welthungerhilfe.de
Spendenkonto:
Deutsche Welthungerhilfe
Sparkasse Köln Bonn,
Konto: 1115, BLZ: 37050198

Deutsche Kindernothilfe e.V.

Die Kindernothilfe zählt zu den größten christlichen Kinderhilfswerken in Deutschland. Sie setzt sich in Zusammenarbeit mit lokalen Organisationen in dreißig Ländern für Not leidende Kinder ein – unabhängig von Religions- oder Kirchenzugehörigkeit. In Äthiopien unterstützt sie vierundzwanzig Schülerwohnheime. Eines davon ist das gut geführte Haus, in dem wir Lij-Alem unterbringen wollten. Außerdem engagiert die Kindernothilfe sich in Äthiopien in rund siebzig weiteren Projekten wie Selbsthilfegruppen.
Internet: www.kindernothilfe.de
Spendenkonto:
Kindernothilfe e.V.
Bank für Kirche und Diakonie eG – KD-Bank
Konto: 45 45 40, BLZ: 350 601 90

Deutsche UNO-Flüchtlingshilfe

Die UNO-Flüchtlingshilfe fördert Hilfsprojekte für Flüchtlinge im In- und Ausland. Der größte und engste Partner dabei ist das UNHCR, das Flüchtlingshilfswerk der Vereinten Nationen. In Äthiopien unterstützt das UNHCR Hunderttausende Flüchtlinge, die aus den Nachbarländern vor Hunger, Krieg und Verfolgung geflohen sind. Yordanos, die mittlerweile in der Schweiz lebt, war eine von ihnen.
Internet: www.uno-fluechtlingshilfe.de
Spendenkonto:
UNO-Flüchtlingshilfe e.V.
Sparkasse Köln Bonn
Konto: 2000 88 50, BLZ: 370 501 98

Attat-Hospital

Senait, die junge äthiopische Ärztin, die mich auf einem Teil meiner Reise begleitete, hat ihre zweijährige Arzt-im-Praktikum-Zeit im 1969 von deutschen missionsärztlichen Schwestern ge-

gründeten Attat-Hospital, 175 Kilometer südwestlich von Addis Abeba absolviert. Ich habe das Krankenhaus selbst besucht, war beeindruckt von der selbstlosen Hilfe, die äthiopische und ausländische Ärzte dort leisten. Im Einzugsbereich des Krankenhauses leben eine Million Menschen. Viele der Patienten sind so arm, dass sie die oft lebensrettenden Behandlungen nicht bezahlen können. Deshalb ist das Krankenhaus dringend auf Spenden angewiesen.
Internet: www.attat-hospital.de
Spendenkonto
Missionsärztliche Schwestern Deutschland
Stichwort: Attat Hospital
Bank im Bistum Essen
Konto: 47 40 00 15, BLZ: 360 602 95

OMO CHILD
Ariyo Dore, der junge Kara, mit dem ich das mingi-Baby im unteren Omo-Tal besucht habe, arbeitet für die Hilfsorganisation Omo Child. Die von seinem besten Freund Lale Labuko gegründete Hilfsorganisation rettet mingi-Babys, die von ihren Eltern verstoßen und zum Sterben ausgesetzt wurden. Die Kinder werden in einem liebevoll geführten Waisenheim in Jinka großgezogen. Durch Bildung und Überzeugungsarbeit versuchen Ariyo und seine Mitstreiter, die Kara, Hamer und Bena davon zu überzeugen, die grausame Tradition endlich aufzugeben. Viele Babys und Kinder wurden so schon gerettet.
Internet: omochild.org (Spenden sind über die Homepage möglich)

Danke

Danke Shinta, dass du mich nach Äthiopien gebracht hast und immer an mich geglaubt hast. Danke Senait und Solomon, dass ihr mir Äthiopien so viel näher gebracht habt. Danke Falk, dass du mich durch Äthiopien begleitet hast. Danke Professor Wolbert Smidt, dass Sie mein Manuskript kritisch gelesen haben.

Über die Anden bis ans Ende der Welt

8000 Kilometer Motorrad extrem

von Thomas Aders

Paperback, 312 Seiten
ISBN 978-3-7701-8254-1
Preis 14,99 € [D]/15,50 € [A]
Auch als E-Book erhältlich

»Ich segne die Motorräder mit den amtlichen Kennzeichen NG 71981 und 71988«. Der wettergegerbte Priester Julio Mamani gießt hochprozentigen Schnaps über die staubigen Straßenmaschinen des Fernsehteams, in der anderen Hand schwenkt er den getrockneten Fötus eines Lamas. Schnellsegen auf 4300 Metern Höhe, in der Nähe eines Andenpasses in Bolivien. Gleich werden ARD-Südamerikakorrespondent Thomas Aders und sein Kollege den »Camino de la muerte« hinunterfahren, eine halsbrecherische Route, die über 3000 Höhenmeter hinunter ins tropische Tal der Yungas führt. Eine enge Schlaglochpiste, glitschig wie Schmierseife, extremes Gefälle, keine Leitplanken, kein Warnschild. Nebenan geht es senkrecht in die Tiefe. Hunderte Menschen sind hier zu Tode gekommen. Der »Weg des Todes« ist die gefährlichste Straße der Welt.
Eine Episode aus der fast siebenwöchigen Tour, die das Team um den Journalisten Thomas Aders von Peru über Bolivien bis nach Feuerland bringt. Spannungsgeladen und dramatisch, witzig und hautnah schildert der Autor seine Erlebnisse in Südamerika. Sie sind extrem für Technik und Team, bis hin zu Höhenkrankheit, Lungenentzündung, vollkommener Erschöpfung und mehreren Beinahe-Katastrophen.

DUMONTREISE.DE

DUMONT

»Im wahrsten Sinne eine Reise der Extreme«
Axel Lischke, Tontechniker

Paperback, 280 Seiten
ISBN 978-3-7701-8252-7
Preis 14,99 € [D]/15,50 € [A]
Auch als E-Book erhältlich

dumontreise.de

Als Spion am Nil

4500 Kilometer ägyptische Wirklichkeit

von Gerald Drißner

Große Kulturgüter und großartige Strände – so kennt man Ägypten. Der überwiegende Teil des nordafrikanischen Landes jedoch ist anders. Die Menschen sind arm, folgen den alten Regeln und sind zutiefst religiös. Sie sind herzlich, humorvoll und liebenswert. Der Autor nimmt den Leser mit auf seine Reisen in fünfzehn Dörfer und Städte. Er fährt mit dem Minibus, der ihn in fast jeden Winkel des Landes bringt. Die Gespräche im Bus drehen sich um Gott, den ägyptischen Alltag, Korruption und abstruse Verschwörungstheorien. Die Fahrten münden mal in Pannen und nicht selten in einem Abenteuer. So erfährt der Autor, warum die meisten Ägypter noch nie die Pyramiden besucht haben und was eine deutsche Firma, die Autokennzeichen herstellt, mit dem korrupten Mubarak-Regime verbindet. Er besucht das Dorf im Nildelta, in dem der Terrorpilot des 11. September aufgewachsen ist, und die Stadt, in der die mächtige Muslimbruderschaft gegründet wurde. Er fährt in Gegenden, in denen die Revolution bis heute nicht angekommen ist und wird dort von der Polizei auf Schritt und Tritt verfolgt.
Und immer wieder wird er bei seinen Reisen als Spion verdächtigt und landet deshalb fast in einem Militärgefängnis.

Paperback, ca. 352 Seiten

ISBN 978-3-7701-8256-5

Preis 14,99 € [D]/15,50 € [A]

Auch als E-Book erhältlich

dumontreise.de

DUMONT

Empire Antarctica

Eis, Totenstille, Kaiserpinguine

von Gavin Francis

Übersetzt von Christina Schmutz und Frithwin Wagner-Lippok

Für Gavin Francis erfüllt sich ein Lebenstraum, als er die Arztstelle in Halley, dem Basislager einer britischen Forschungsstation, bekommt. Halley liegt völlig abgeschieden an der antarktischen Caird Coast und weit von allen bewohnten Kontinenten entfernt. An diesem äußersten Ende der Welt erlebt Francis im Kreis eines kleinen Forscher- und Technikerteams das ewige Schweigen der Eismassen und eine tiefe Einsamkeit – ohne Zerstreuung, ohne Abwechslung, ohne Spuren menschlicher Geschichte. Von konstant taghellen Sommertagen über den dreieinhalbmonatigen dunklen Winter führt er den Leser durch ein antarktisches Jahr. Er erlebt die physischen und mentalen Belastungen bei Temperaturen von minus 50 Grad Celsius, die Stimmungen, die das Leben im Eis auslöst, eine immerweiße Landschaft, in der die Legenden und Mythen von Polarforschern wie Shackleton, Scott, Amundson oder Admiral Byrd weiterleben. Auf seinem Außenposten im Eis verschaffen Gavin die Kaiserpinguine überraschenden Trost. »Empire Antarctica« ist eine bewegende Erzählung über die Dienstzeit eines Arztes auf dem einsamsten Kontinent unseres Planeten.

Paperback, ca. 336 Seiten
ISBN 978-3-7701-8250-3
Preis 14,99 € [D]/15,50 € [A]
Auch als E-Book erhältlich

DUMONTREISE.DE

DUMONT

Die Suche nach Indien

Eine Reise in die Geheimnisse Bharat Matas

von Dennis Freischlad

Über viele Jahre hinweg hat der Dichter und Künstler Dennis Freischlad in Indien gelebt, er hat sich als Übersetzer und Bibliothekar, Farmer, Koch und Hostelmanager verdingt. Nun begibt er sich auf einen weiteren Roadtrip durch *Bharat Mata,* Mutter Indien, um jenen indischen Geheimnissen nahezukommen, die zwischen Mensch und Mythologie einen einzigartigen Zugang zur Welt bilden. Auf der Suche nach Indien reist Dennis Freischlad auf abenteuerlicher Route mit seinem Motorrad vom tempelreichen Süden des Landes über das paradiesische Kerala und das schillernd-zerstörerische Mumbai bis in die Steppe des romantischen Rajasthan. Weiter geht es mit dem Zug in den Punjab, um schließlich an den Ufern des Ganges im mystischen Varanasi anzukommen, der heiligsten Stadt der Hindus. Hinsichtlich Erfahrungen, Begegnungen und Intensität wird es eine Reise durch das »reichste Land der Welt«. Der Indienkenner schildert den Alltag, die Geschichte und Gegenwart der Inder in spannenden, poetischen und oft skurrilen Begegnungen und erzählt aus erster Hand von ihren Träumen und Realitäten, immerwährenden Katastrophen und Hoffnungen.

PAPERBACK, 384 SEITEN
ISBN 978-3-7701-8258-9
PREIS 14,99 € [D]/15,50 € [A]

DUMONTREISE.DE

DUMONT

»Ein spektakuläres Reportage-Buch«
Stern

Mein russisches Abenteuer

Auf der Suche nach der wahren russischen Seele

von Jens Mühling

Als der Journalist Jens Mühling in Berlin den russischen Fernsehproduzenten Juri kennenlernt, verändert sich sein Leben. Juri, der deutschen Sendern erfundene Geschichten über Russland verkauft, sagt: »Die wahren Geschichten sind viel unglaublicher als alles, was ich mir ausdenken könnte.« Seitdem reist Jens Mühling immer wieder nach Russland, getrieben von der Idee, diese wahren Geschichten zu finden.
Die Menschen, denen er unterwegs begegnet, sind das echte Russland. Eine Einsiedlerin in der Taiga, die erst als Erwachsene erfahren hat, dass es jenseits der Wälder eine Welt gibt. Ein Mathematiker, der tausend Jahre der russischen Geschichte für erfunden hält. Ein Priester, der in der atomar verseuchten Sperrzone von Tschernobyl predigt. »Mein russisches Abenteuer« ist eine Reiseerzählung, die durch das heutige Russland führt. Aus ganz persönlicher Perspektive porträtiert Jens Mühling eine Gesellschaft, deren Lebensgewohnheiten, Widersprüche, Absurditäten und Reize hierzulande nach wie vor wenigen vertraut sind.

Paperback, ca. 512 Seiten
ISBN 978-3-7701-8259-6
Preis 16,99 € [D]/17,50 € [A]
Auch als E-Book erhältlich

dumontreise.de

DUMONT

»Ein poetisches Buch – interessant, schockierend und zutiefst fesselnd ...«
Daily Telegraph

Im Schatten der Seidenstraße

Entlang der historischen Handelsroute von China nach Kurdistan

von Colin Thubron

Übersetzt von Werner Löcher-Lawrence

In Bussen, Zügen, klapprigen Taxis und Geländewagen, auf Eselskarren und Kamelen folgt Colin Thubron dem Verlauf der ältesten und berühmtesten aller historischen Handelsrouten. Im Herzen Chinas beginnend, steigt sie auf in die zentralasiatischen Gebirgsmassive, führt durch Uiguren-Land, durch Usbekistan, Kirgisistan und Afghanistan und zieht sich schließlich durch die weiten Ebenen des Iran und den kurdischen Teil der Türkei bis ins alte Antiochia am Mittelmeer. In sieben Monaten legt Colin Thubron mehr als elftausend Kilometer zurück. Mit Zähigkeit, Ausdauer und bewundernswertem Durchhaltevermögen meistert er die Strapazen und Gefahren seiner geradezu epischen Reise. Den Rucksack nur mit dem Nötigsten gefüllt, das Geld in einer leeren Flasche Mückenschutzmittel versteckt, Sandstürmen, Schnee und Hitze trotzend, sucht er nach den Spuren einer Jahrtausende alten Geschichte und ist immer und überall ein sensibler Beobachter, neugieriger Gesprächspartner und glänzender Erzähler, der sich auf die Menschen, denen er begegnet, einlässt und ihre Identität erspürt. Das geradezu poetisch geschriebene Werk zeigt Thubrons tiefe Passion für die Belange und die Geschichte einer Weltgegend, die uns weithin unbekannt ist.

DUMONTREISE.DE

DUMONT